婚姻法 前沿问题研究

HUNYINFA
QIANYAN WENTI YANJIU

徐静莉　王　坤　著

知识产权出版社
全国百佳图书出版单位

图书在版编目（CIP）数据

婚姻法前沿问题研究／徐静莉，王坤著．—北京：知识产权出版社，2016.6

ISBN 978－7－5130－4231－4

Ⅰ.①婚…　Ⅱ.①徐…　②王…　Ⅲ.①婚姻法—研究—中国　Ⅳ.①D923.904

中国版本图书馆CIP数据核字（2016）第134318号

责任编辑：彭小华　　　　责任校对：董志英

特约编辑：郭广通　　　　责任出版：刘译文

封面设计：SUN工作室

婚姻法前沿问题研究

徐静莉　王坤　著

出版发行：知识产权出版社有限责任公司　　网　址：http：//www.ipph.cn

社　址：北京市海淀区西外太平庄55号　　邮　编：100081

责编电话：010－82000860转8115　　责编邮箱：huapxh@sina.com

发行电话：010－82000860转8101/8102　　发行传真：010－82000893/82005070/82000270

印　刷：北京科信印刷有限公司　　经　销：各大网上书店、新华书店及相关专业书店

开　本：880mm×1230mm　1/32　　印　张：10.125

版　次：2016年6月第1版　　印　次：2016年6月第1次印刷

字　数：278千字　　定　价：38.00元

ISBN 978－7－5130－4231－4

目　录

第一章　中国婚姻家庭法百年回眸

一、传统婚姻家庭法的基本精神

（一）从婚姻的功能看——重在人口繁衍与祭祀

1. 从婚姻的意义及功能来看——强调婚姻的继嗣功能

我国传统社会重宗法伦常，受其影响，婚姻重视家族的延续与祖先的祭祀而非男女之间的个人意愿与情感。所谓“婚姻者合二姓之好，上以祀宗庙，下以继后世也”①，就是对传统婚姻特点的精确表述。传统的婚姻上以承先祖、供祭祀，则必下以继后世。如果继嗣匮乏，则宗系斩绝，祭祀也就没有办法实现。故孟子曰：“不孝有三，无后为大”。② 所以结婚为求后续有人，历来观念，大抵如此。《白虎通·嫁娶篇》也云：“人道所以有嫁娶何？……重人伦，广继嗣也。”③

① 《礼记·昏义》。
② 《孟子·离娄上》。
③ 《白虎通·嫁娶》。

所以，传统婚姻的目的与功能重在香火的延续，对上能实现对先祖的祭祀，对下能将祖宗的血脉传承。在古代宗法社会，婚姻不是当事者的个人行为，而是关乎两姓宗族利益的大事，因此，男子与其说是为个人娶妻，不如说是为宗族娶妇。就婚姻的目的而言，首先是传宗接代。婚姻是构成家族、产生亲族的基础，宗法观念支配下的婚姻以广家族、繁子孙为首要目的。[①] 孔子说："大昏，万世之嗣也。"[②]有夫妇而后有子嗣，由合法婚姻所生之长子才是嫡子，在实行嫡长子继承制的宗法社会，传宗接代关系到家族的延续，"继后世"自然成为娶妻的首要目的。

2. 强调对祖先的祭祀功能

宗法社会重视血缘，把祖先血脉不绝视为家族的头等大事。所以，古时家族制度，一家之权，统于父祖；子孙崇先报本，生养死葬。所谓孝也，故娶妻者，父母在，则奉事舅姑；舅姑殁，则供祭祀。[③] 所以《礼记・礼器》曰："太庙之内，敬矣。君亲牵牲，大夫赞币而从。君亲制祭，夫人荐盎。君亲割牲，夫人荐酒。卿大夫从君，命妇从夫人。洞洞乎其敬也，属属乎其忠也，勿勿乎其欲其飨之也。"[④]《仪礼・少牢馈食礼》也有记载："有司賛者取爵于篚以升，授主妇賛者于房户。妇賛者受以授主妇。主妇洗于房中，出，酌，入户，西面拜，献尸。尸拜受。主妇主人之北西面拜送爵。尸祭酒，卒爵。主妇拜。祝受尸爵。尸答拜。"[⑤]《礼记・礼运》也言："作其祝号，玄酒以祭，荐其血毛，腥其俎，孰其肴，与其越席，疏布以幂，衣其澣帛，醴盏以献，荐其燔炙，君与夫人交献，以嘉魂魄，是谓合莫。"[⑥]贾公彦疏："君与夫人交献，第一君献，第二夫人献，第三君献，第四夫人献，是君与夫人交

---

① 陈鹏：《中国婚姻史稿》，中华书局 2005 年版，第 7～8 页。

② 《孔子家语・大婚》。

③ 陈鹏：《中国婚姻史稿》，中华书局 2005 年 1 月版，第 6 页。

④ 《礼记・礼器》。

⑤ 《仪礼・少牢馈食礼》。

⑥ 《礼记・礼运》。

错而献也。”[①]《朱子家礼·祭·四时祭》也言:“主人升,主妇从之,执事者一人以盘奉鱼肉,一人以盘奉米麪食,一人以盘奉羹饭从升,至高祖位前。主人搢笏,奉肉,奠於盘盏之南。主妇奉麪食,奠於肉西。主人奉鱼,奠於醋碟之南。主妇奉米食,奠於鱼东。主人奉羹,奠於醋碟之东。主妇奉饭,奠於盘盏之西。主人出笏,以次设诸正位,使诸子弟妇女各设祔位。皆毕,主人以下皆降复位。”[②]这些记载均标明,男女共同祭祀的例子比比皆是,上至后妃下至民妇,无不例外,都要随夫参与祭祀。女子不仅仅“事前准备祭品”,祭礼场合更可以担当亚献,出入于太庙家庙。所以古代婚礼常在祖先牌位前举行,叫作“庙见”,表示新婚夫妇共承祖先,同奉宗庙。《唐律疏议·户婚》也说:“妻者,传家事,承祭祀。”传统婚礼仪式中的夫妻拜堂,就包括拜公婆、拜天地及拜祖先的内容。这其实体现了传统婚姻的功能和目的。

总之,在中国传统的观念中,婚姻具有十分神圣的意义,男女婚姻是“承天体之性”配合而成,当时的婚姻观基本上都属于生育型。封建社会的纲常伦理注定使婚姻不能走上“自愿”“结合”式的爱情型道路。春秋时期,齐桓公下令“男二十而室,女子十五而嫁”;越王勾践曾下令“男二十,女十七不婚,其父母有罪”;汉惠帝时为了发展经济,增加国库收入,下令“女子十五以上不嫁者,五算(增收五倍的人头税)”;而至今农村依旧流传有“早种稻子早得谷,早娶媳妇早得助,早生儿子早得福”的谚语,反映了婚姻在当时的主要作用在于繁衍人口。只有人口的繁衍,才能实现“上以事宗庙,下以继后世”的目的。

(二)从观念到法律:男尊女卑

中国历经几千年的父系氏族社会,男尊女卑、重男轻女的思想一直传承至今,婚姻中的重男轻女的情况可以分为两种:一种是在婚姻

---

① 贾公彦的《周礼疏》。

② 《朱子家礼·祭·四时祭》。

观念上强调男主女从；另一种情况是在法律上确定男女之间的不平等地位。

1. 在观念上，从成婚到夫妻关系：强调男主女从

首先，成婚不仅强调行媒妁，即“男女非有行媒，不相知名，非受币，不交不亲”[①]。而且明确“昏礼者，将合二姓之好，上以祀宗庙，下以继后世也”[②]。就男女成婚的目的而言，更重要的是男方家的利益，他们认为婚姻是两个异姓家族结为友好的象征。男子娶妻一则是为了宗庙祭祀，二则为了传宗接代；这是事关宗法血缘传承的大事，因此马虎不得，必须严格按照六礼（纳彩、问名、纳吉、纳征、请期、亲迎）的程序进行。而六礼产生的基础是以妇女交换为目的的婚礼程序，成婚意味着妇女从父亲所有转移给丈夫所有。从婚姻的仪式来看，所有的仪式必须经过族中男性长辈的过问，女子出嫁的时候，父母会告知：“必敬必戒，无违夫子。”

其次，成婚后，强调要严守男女之别。如《礼记·曲礼上》云：“女子许嫁，缨，非有大故，不入其门”。郑玄注：“女子许嫁系缨，有从人之端也。”[③]女子许嫁以后系缨，表示她已经有了归属，因此她的房间其他人不能随便进入。《礼记·内则》也云：“礼始于谨夫妇，为宫室，辩外内。男子居外，女子居内。深宫固门阍寺守之，男不入，女不出。男女不同椸枷，不敢县于夫之军椸，不敢藏于夫之箧笥，不敢共湢浴”。“男不言内，女不言外，非祭非丧，不相授器。其相授，则女授以篚，其无篚，则皆坐。奠之，而后取之。外内不共井，不共湢浴，不通寝席，不通乞假，男女不通衣裳。内言不出，外言不入……道路，

① 《礼记·正义》卷四三《杂记下》，中华书局影印阮元十三经注疏本1980年版，第1567页。

② 《礼记·正义》卷六一《昏仪》，中华书局影印阮元十三经注疏本1980年版，第1680页。

③ 《礼记·正义》卷二《曲礼上》，中华书局影印阮元十三经注疏本1980年版，第1240～1241页。

男子由右，女子由左。”①这些规定强调男女之别，将女性安排在内室之中，男性安排在宫室之外，男主外女主内，男不入女不出，以此达到防嫌的目的。即便在内室之中，夫妻也要谨守男女之别，衣物洗浴都要分开，就是走在路上也要男右女左分开而行。

在先秦宗法制社会里，这些源于原始禁忌的男女之别已然成为维护父权宗法制稳定的有力工具。因为礼只有源于谨夫妇，别男女才能实现父子亲的宗法社会，即“男女有别，然后父子亲。父子亲然后义生，义生然后礼作。礼作然后万物安”。

此外，礼记也强调男主女从，夫权至尊。如《礼记，郊特性》曰：“天地合，而后万物兴焉。夫昏礼，万世之始也，取于异姓，所以附远厚别也。……信，事人也；信，妇德也，一与之齐，终身不改，故夫死不嫁。男子亲迎，男先于女，刚柔之义也……出乎大门而先，男帅女，女从男，夫妇之义，由此始也。妇人从人者也，幼从父兄，嫁从夫，夫死从子。夫也者，夫也。夫也者，以知帅人者也。”②《礼记·丧服》也云：“妇人有三从之义，无专用之道。故未嫁从父，既嫁从夫，夫死从子。”③这些规定强调妻子一定要顺从丈夫，并强调妻子一定要对丈夫守贞与守节。尤其是西汉以后，随着儒家三纲五常思想的确立，两性关系也由先秦的男女有别与男主女从发展为汉代的父权至上、夫为妻纲，妇女从精神到肉体都被男性控制，从一而终、夫死不嫁、三从四德，变成了女性的道德规范。礼仪制度就是这样通过对男女关系的定位而建立起传统社会的性别等级，进而通过礼法结合影响了历代的法律，又构建了男女两性不平等的法律制度。

---

① 《礼记·正义》卷二七《内则》，中华书局影印阮元十三注经疏本 1980 年版，第 1462 页、第 1468 页。

② 《礼记·正义》卷二六《郊特性》，中华书局影印阮元十三注经疏本 1980 年版，第 1456 页。

③ 《仪礼注疏》卷三十《丧服》，中华书局影印阮元十三经注疏本 1980 年版，第 1106 页。

2. 法律上,强调两性法律地位上的不对等

(1)从成婚到夫妻关系:强调男女地位的不对等。既然婚姻承载的是合男女两家之好,自然婚姻要依“父母之命,媒妁之言”[①]的安排,强调成婚“男不自专娶,女不自专嫁,必由父母,须媒妁”。传统法律吸收礼教的精神,明确规定:“嫁娶皆由祖父母、父母主婚,父母俱无者,从余亲主婚。”[②]按照这一规定,婚约以父母、祖父母(尤其父、祖父)或尊长为主体,婚约成立以父母之意愿为实质要件。这样的规定使妇女完全丧失了婚姻自主权,由于妇女在家要“从父”,所以婚姻大权就落到了父亲手里,通过“父母之命”、“媒妁之言”决定女儿的终身大事,女儿自己完全没有选择的余地,父母为了家族的利益,婚姻往往从财产和权势上考虑。妇女成了被买卖的客体,彩礼成了买卖妇女的象征。

因为礼经认为婚姻是合二姓之好,其目的是“上以祀宗庙,下以继后世”,所以婚约订立后,法律的着重点强调的是正常婚姻秩序的维持。悔婚行为被认为是对传统婚姻秩序的破坏,“不仅法律而且习惯上也明显地有一旦定了婚就不得取消的法律意识”。[③] 所以历代法律都严惩悔婚行为,并同时要求女方强制履行婚约。例如唐律户婚律第175条规定:“诸许嫁女,已报婚书及有私约,而辄悔婚者,杖六十。虽无婚书,但受聘财亦是。但男家自悔者,无罪,财礼不追。若更许他人者,杖一百,已成者,徒一年半,后娶者知情,减一等,女追归前夫,前夫不娶,还聘财,后夫婚如法。”[④]明律、清律于此均有相同之规定,只是处刑稍微减轻而已。可见婚约之效力在传统法律上非

---

① 吴树平等点校:《十三经》《孟子·滕文公下》,北京燕山出版社1992年版,第2197页。

② 田涛、郑秦点校:《大清律例》,法律出版社1999年版,第204页。

③ 当时江苏江北各县民间习惯认为:“婚约一经双方主婚者交换婚书,即发生婚姻效力,纵他日配偶者之一方有因事悔婚、亦难撤消婚约、盖退婚之举、一般社会认为丑事,故宁可牺牲夫妇一生幸福、不肯轻率请求离婚。”见南京国民政府司法行政部编:《民事习惯调查报告录》,中国政法大学出版社2005年版,第686页。

④ 刘俊文:《唐律疏义笺解》,中华书局1996年版,第1009~1010页。

常强大，婚约一旦订立，就有了国家强制力来保证其履行即成婚，这种强制性有力地约束着男女双方，尤其是女方。①

传统礼经上认为夫妻是一体的，强调妻对夫的服从，即"既嫁从夫"。故妻结婚后，其自有之人格即为夫所吸收，妻完全丧失其独立性，无行为能力，也无财产所有能力，一切身份上和财产上的行为均受夫支配。历代法律因受礼经影响，也均采夫妻一体主义，不承认妻独立的法律主体资格。

在法律上，夫妻关系义同尊卑，这是唐律的明确规定，"夫者，妇之天也。"②"妻之言齐，与夫齐体，义同于幼。"③夫的地位如尊长，妻的地位如卑幼。如《唐律·斗讼》关于夫妻相殴相斗的规定："诸殴伤妻者，减凡人二等；死者，以凡人论。……过失杀者，各勿论。"而对于妻殴杀夫者，《唐律》规定："诸妻殴夫，徒一年；若殴伤重者，加凡斗伤三等；死者，斩。"④可见在夫妻同犯、斗伤情况相当的情况下，与普通人相比，一个是加刑，一个是减刑。妻只要殴夫即为有罪，而夫殴伤妻才为有罪；妻殴伤夫要加重三等，而夫殴伤妻却要减凡人二等。显然，对妻的处罚远重于夫。同样，在《唐律·斗讼》篇中，还有一条关于妻告夫的规定："诸告期亲尊长、外祖父母、夫、夫之祖父母，虽得实，徒二年；其告事重者，减所告罪一等。"⑤在这一条规定中，又把妻子归入到卑幼之列，妻子告夫虽然所告属实，也要处罚。但关于夫告妻的规定是："其妻虽非卑幼，义与期亲卑幼同。夫若诬告妻，须减所诬罪二等。"⑥这说明夫只有在确定是诬告妻的情况下才受罚，而且还是要减刑的。此外，在礼制贞洁观念的影响下，对于男女通奸罪的规定也显示了明显的夫妻不平等。如唐律规定："诸奸者，徒一

---

① ［日］滋贺秀三著：《中国家族法原理》，张建国、李力译，法律出版社2003年版，第381页。

② 刘俊文：《唐律疏义笺解》，中华书局1996年版，第1543～1547页。

③ 刘俊文：《唐律疏义笺解》，中华书局1996年版，第1544页。

④ 刘俊文：《唐律疏义笺解》，中华书局1996年版，第1543～1547页。

⑤ 刘俊文：《唐律疏义笺解》，中华书局1996年版，第1629页。

⑥ 刘俊文：《唐律疏义笺解》，中华书局1996年版，第1634页。

年半；有夫者，徒二年。”[①]明清律犯奸条也规定：“凡和奸，杖八十；有夫，各杖九十。奸妇从夫嫁卖，其夫愿留者，听。若嫁卖与奸夫者，奸夫本夫各杖八十，妇人离异归宗，财物入官。”[②]由此可见，与人通奸的妇女，不只是接受杖责而已，其命运主要掌握在丈夫的手中。而且，特别强调不能嫁卖给奸夫，否则有“违断纵淫”之嫌，这似乎也是对妇女的一种处罚。如果是有夫之妇与人通奸，要比有妻室的男子与人通奸罪加一等……即便是未嫁之女、寡居之妇的性自由也要受到无夫奸罪名的制约。相反，男性不但可以纳妾、嫖妓，而且不受法律的处罚。传统法律所规定的这些男女不平等的原则，使妇女不仅失去了人身自由，而且没有了独立人格，充分体现了夫妻关系中“夫为妻纲”的伦理准则。

（2）从七出到义绝：夫妻离婚权利的不对等。礼经关于夫妻关系的解除，主要是“七出三不去”的规定。如《大戴礼记·本命篇》载：“妇有七出：不顺父母，去；无子，去；淫，去；妒，去；有恶疾，去；多言，去；窃盗，去”。按照周礼的这一规定，不孝顺父母，属道德沦丧；无子，会使丈夫断绝后嗣；淫乱，不仅破坏伦理纲常秩序，还会混乱男方家的血统；妒忌，影响夫妻及妻妾之间的家庭关系；有严重疾病，影响丈夫或后代子孙健康；多嘴多舌，影响家庭和睦；偷盗，则属背信弃义。凡妻子有此类行为的，丈夫或夫家有权将其休弃。“三不去”是对丈夫或者夫家休弃妻子的三个限制，即“有所取无所归，不去；有更三年丧，不去；前贫贱后富贵，不去”。[③] 即一是妻子无家可归，二是为公婆养老送终并服过三年大丧，三是丈夫婚后由贫贱上升为富贵，凡有这三种情况之一的，丈夫或夫家不应休弃妻子。虽然三不去是对七出的某种限制，但并非基于对妇女权益的保护，而是为了符合礼

① 刘俊文：《唐律疏义笺解》，中华书局 1996 年版，第 1836 页。

② 怀效峰点校：《大明律》，法律出版社 1999 年版，第 197 页。田涛，郑秦点校：《大清律例》，法律出版社 1999 年版，第 521 页。

③ 《大戴礼记·本命篇》，转引自张晋藩主编：《中国法制史》，高等教育出版社 2007 年版，第 36 页。

的要求，巩固礼所提倡的伦理道德秩序。总之，无论是七出还是三不去，都是保障丈夫单方面利益的法律规定，是维护夫权和男尊女卑等级制度的离婚原则。

传统法律吸收礼教精神，也将这种不平等的离婚原则规定在法律之中。如《唐律疏议》曰："七出者，依令：'一无了，二淫佚，三不事舅姑，四口舌，五盗窃，六妒忌，七恶疾'。"明确丈夫在这七种情况下均可出妻。从上述七出的各项内容来看，属于女子主观过错的有淫佚、不事舅姑、口舌、盗窃、妒忌五项，而无子、恶疾则是女子根本无法把握的客观事由，与女子主观无丝毫关系。由此可见，七出之条完全是从维护夫权的地位出发的，男方可以以"七出"为由任意休弃妻子，而女性却"无去天之理"。《唐律》对休妻也做了一定的限制。如《疏议》解释曰："三不去者，谓：一，经持舅姑之丧；二，娶时贱后贵；三，有所受无所归。"①即只要具备"三不去"的条件之一，丈夫就不能休妻。但是"三不去"并不完全排除七出适用的效力，妻犯恶疾及奸，虽有"三不去"的条件，夫仍可以出妻。因而有学者认为"七出"与"三不去"这一套复杂的休妻制度，与其说是要解决两性之间的对抗，不如说是靠牺牲女方利益来维护宗法统治秩序。

传统法律除了维护确认礼经中的"七出三不去"不平等的离婚原则外，还规定了非常不平等的"义绝"离婚制度。义绝是我国封建社会特有的一种强制离婚制度。《唐律》对其做出了完整的解释，其具体规定如下："夫殴妻之祖父母、父母；夫杀妻之祖父母、父母、伯叔父母、兄弟姑姐妹；夫与妻母奸；妻殴詈夫之祖父母、父母；妻杀伤夫之外祖父母、伯叔父母、兄弟姑姐妹；妻与夫之缌麻以上亲奸；妻欲害夫；夫妻之祖父母、父母、外祖父母、伯叔父母自相杀。"②以上所列五项原因，除第一项尚属平等外，其余几项妻所负的责任都重于夫，如

---

① 刘俊文：《唐律疏义笺解》，中华书局 1996 年版，第 1055～1056 页。

② 刘俊文：《唐律疏义笺解》，中华书局 1996 年版，第 1055～1056 页。

夫殴妻至折伤以上，妻才可以请求离婚；而妻殴夫却不问有伤无伤及伤之轻重，即属义绝，夫即可主张离异。又妻与夫之缌麻以上亲奸通，即属义绝；夫与岳母奸才属义绝。妻欲害夫为义绝，夫欲害妻则不在此限。夫殴妻之祖父母、父母才属义绝，而妻詈（骂）夫之祖父母、父母就属义绝。

由此可以看出，传统的离婚制度无论是“七出”离婚还是“义绝”强制离婚，显然都吸收了礼经上男女不平等的精神，都集中地体现了男尊女卑、夫权至上、男女不平等的特点。尤其是在丈夫专擅离婚的“七出”制度下，妇女根本没有离婚权可言，离婚的专权归之于夫。妻子在离婚中完全是一个任丈夫或夫家处置的客体，没有丝毫人格可言。法律虽然也规定妻子在丈夫“逃亡三年”“夫殴妻至折伤以上”“夫典雇妻妾”及“抑勒或纵容妻妾与人通奸”的情况下，可以提起离婚，但由于传统的礼俗对妇女再嫁存在偏见，所以“官方所赋予已婚妇女的离婚权利很少为妇女用来保护自己的利益。她们即使在利益受到侵害时，如被嫁卖等，多数妇女表现出对丈夫安排的屈从。即使有不满，也多借助于民间手段来解决，妇女社会地位之低在这些方面充分显现出来”。①

可见，在宗法制度里，一切制度的设计都是为了推崇父权、夫权，而压抑女权。这样的价值理念也影响了历代的法律，各代的法律制度，也明显体现了张扬父权、夫权，压抑母权、妻权的特点，使男尊女卑进一步定型化、法律化。

二、婚姻家庭法近代转型的开端——《大清民律草案》（亲属编）的制定

（一）《大清民律草案》（亲属编）的制定背景

严格地讲，在《大清民律草案》修订之前，中国并没有近现代意义上的民法，传统的“中国律例，民刑不分，而民法之称，见于尚书，孔

① 王跃生：《清代中期婚姻冲突透析》，社会科学文献出版社2003年版，第27页。

传。历代律文,户婚诸条,实近民法,然皆缺焉不完”[①]。当然也没有专门的亲属法,用来调整亲属关系的法律主要是传统法律中有关户役、婚姻中的相关规定。清末制定的亲属法草案作为《大清民律草案》的组成部分,是以民律草案的制定为背景的。

清朝进入20世纪初,在内忧外患、国势衰微的情况下,为了图谋收回领事裁判权、实现救亡图存的政治目的,于1901年逃亡西安的慈禧太后下诏,提出“世有万古不易之常经,无一成罔变之治法……大抵法久则弊,法弊则更”,“法令不改,锢习不破,欲求振作,当议更张”。[②]并要求大小臣工结合中西政要,各抒己见谋求改制更法。随后于光绪二十八年(1902年)谕派沈家本和伍廷芳“按照交涉情形,参酌各国法律,细心考订,妥为拟议,务期中外通行,有裨治理”的原则,[③]修订现行律例,从此揭开了清末变法修律的序幕。

民律的修订作为清末法律变革的一部分,其修订始于光绪三十三年民政部奏请厘定民律为标志。于1907年9月,清廷遂派定沈家本、俞廉三、英瑞等为修订法律大臣主持修订民律。其中民律中的前三编总则、债权、物权由修订法律馆聘任的日本法学博士志田钾太郎和松冈义正专任起草。亲属、继承两编关涉礼教,所以由修订法律馆商同礼学馆编订,并于宣统三年八月脱稿。这就是我国历史上的第一部民律草案《大清民律草案》。

关于《大清民律草案》中的亲属、继承两编的立法宗旨,可从1911年的《奏编辑民律前三编草案告成缮册呈览折》中提出的4条编辑宗旨:“一、注重世界最普遍之法则。二、原本后出最精确之法理。三、求取最适于中国民情之法则。四、期于改进上最有利益之法则”中的第3条窥见一斑。而对于第3条宗旨“最适于中国民情之法

① 《光绪朝东华录》(五),总第5747页。
② 《光绪朝东华录》,总第4655页。
③ 《大清法规大全》,卷首第1页。

则"的解释是,"立宪国政治几无不同,而民情风俗,一则由于种族之观念,一则由于宗教之支流,则不能强令一致,在泰西大陆尚如此区分,矫其为欧亚礼教之殊,人事法缘于民情风俗而生,自不能强行规抚,致贻削趾就履之诮。是凡亲属、婚姻、继承等事,除与立宪相背酌量变通外,或取诸现行法制,或本诸经义,或参诸道德,务期整饬风纪,以维持数千年民彝于不敝"。①

由此可见,清末修订民事法律,在财产法领域,以"注重世界最普遍之法则、原本后出最精确之法理、期于改进上最有利益之法则"为立法的基本原则,注重吸收借鉴世界各国最新最先进的民事法律原则、法典编纂技术制定我国民法,因而前三编具有资本主义民法的先进性和科学性。而在亲属、继承法领域却以"求取最适于中国民情之法则"为宗旨,所谓"最适于中国民情之法则"实际就是"维持数千年之民彝"。在中国,延续了数千年之民彝就是宗法等级原则,即传统的纲常经义、伦理规范。亲属、继承两编的制定者以维护和保持中国传统的纲常伦理为原则,"或本诸经义,或参诸道德,或取诸现行法制"进行修订。

在这样的原则指导下完成的亲属编继续坚持"家属主义",积极捍卫封建宗法伦理道德下的身份等级制度,仍然体现了男尊女卑的宗法伦理精神。其中亲属编的条款处处以其传统身份为基础,无视女性的独立人格和平等地位,继续着固有伦理法中义务本位的特征,集中体现了维护家长权、夫权的特点。但《大清民律草案》毕竟是在吸收借鉴近代西方先进民法原则、理念基础上修订而成的第一部民事法律,其有关亲属编中的规定与清律例及清之前的规定相比,进步还是很明显的。

(二)大清民律草案(亲属编)对传统婚姻制度的主要变革

清末开始的法律近代化是以救亡图存为主要目的的政治变革

---

① 谢振民编著:《中华民国立法史》(下册),中国政法大学出版社2000年版,第745页。

的一部分，其宗旨在于收回领事裁判权，所以，传统伦理道德、纲常名教及宗法关系不是变革的主要对象。与清末法律变革这种功利性目的相适应，清末修订的《大清民律草案》虽然吸收了西方近代民法自由、平等的价值理念，但同时也深受伦理纲常及男尊女卑观念的影响，在具体制度的设计上表现出了很不协调的两面性：一方面在财产法律领域，全面引进西方近代法律理念及原则；另一方面，在集中体现男女平等的家庭关系、亲属伦理、财产继承方面则以“维持数千年民彝于不敝”为宗旨，采“家属主义”，基本保留了固有身份法的主要内容，仍然集中体现了维护父权、夫权等纲常伦理、身份等级的特点：

第一，在婚姻成立问题上，采取允诺婚主义，将传统法律中父母的主婚权变为允诺权。如“草案”第1338条规定：“结婚须由父母允许”。按照法律馆的解释，“婚姻为男女终身大事，若任其自由结合，往往血气未定，不知计及将来，卒贻后悔……况家属制度，子妇于成婚后，仍多与父母同居，则姑媳间之感情，亦宜先行筹及”。①

第二，在婚姻关系中，采取夫妻别体主义，妇女的地位有了一定的提高。明确规定：“妻于寻常家事视为夫之代理人”（第1355条）；在夫妻财产关系上规定了夫妻约定财产制，即“夫妇于成婚前，关于财产有特别契约者，从其契约”（第1357条）；此外还明确承认妻之特有财产，规定“妻于成婚时所有之财产及成婚后所得之财产为其特有财产。”虽然“就其财产，夫有管理使用权及收益权”，但对于夫之管理的不适行为赋予了妻法律上的抗辩权，即“夫管理妻之财产，显有足生损害之虞者，审判厅因妻之请求，得命其自行管理”（第1358条）；同时明确妻之个人财产在离婚时也归妻，即“两愿离婚者于离婚后，妻之财产仍归妻”（1368条规定），“呈诉离婚者，得准用前条之规

---

① 《“中华民国民法”制定史料汇编》（下册），中国台湾司法行政主管部门1976年印行，第849页。

定”（第1369条）。

第三，打破了男性专断的离婚权，赋予了女性更为宽泛的离婚权利。第1362条中规定了9个离婚理由：“重婚者；妻与人通奸者；夫因奸非罪被处刑者；彼造谋杀害自己者；夫妇之一造受彼造不堪同居之虐待或重大侮辱者；妻虐待夫之直系尊属或重大侮辱者；受夫直系尊属之虐待或重大侮辱者；夫妇之一造以恶意遗弃彼造者；夫妇之一造逾三年以上生死不明者。有以上理由之一者，夫妻双方均可提起离婚诉讼。”不仅如此，还引入西方近代民法的“过错离婚赔偿”制度，明确规定了妻子的过错离婚损害赔偿请求权，即呈诉离婚者，依第1362条应归责于夫者，夫应暂给妻以生计程度相当之赔偿（第1369条）。

三、民国初年民法（亲属法）的被动近代化（1912—1928年）

（一）民初的社会背景

民国初年，整个中国社会正处于一个百废待兴的过渡时期。而作为调整和规范社会关系、维持社会秩序正常运转的法律制度，也处于一个新旧交替的过渡时期。民法作为调整和规范与人民生活生产息息相关的人身关系和财产关系的重要法律制度，也必然会打上这个特定时代的烙印。

民国初建，新的法律制度还未制定，但面对各种各样的社会关系及涉及人民生产生活的利益，国家又不得不予以保护与调整。在这种无序的法制状态下，当时的北京政府司法部向临时大总统提请援用清末修订法律馆编订的《大清民律草案》。司法部长伍廷芳的呈请适用理由是“窃自光复以来，前清政府之法规既失效力，中华民国之法律尚未颁行，而各省暂行规约尤不一致。当此新旧递嬗之际，必有补救方法，始足以昭划一而示标准。本部现拟就前清制定之民律草案……皆由民国政府声明继续有效，以为临时适用法律，俾司法者有所根据。谨将所拟，呈请大总统咨由参议院承认，然后以命令公布，通饬全国一律遵循，俟中华民国法律颁布，即行废止”。① 结果参议院于4月3日对咨文作出的决议却否决了援用《大清民律草案》的呈请。参议院的决议中称：“现任国体既更，所有前清之各种法，已归无效。但中华民国之法律，未能仓促一时规定颁行，而籍此新旧递嬗之交，又不可不设补救之法，以为临时适用之资。此次政府交议，当新法律未经规定颁行以前，暂酌用旧有法律，自属可行。……除与民主国体抵触之处，应行废止外，其余均准暂时适用。惟民律草案，前清时并未宣布，无从援用。嗣后凡关民事案件，应仍照前清现行律中规定各条办理。”②参议院否决的唯一理由就是《大清民律草案》“未经宣布”。

民国元年4月3日，民国参议院在否决司法部呈请援用《大清民律草案》的同时，以决议的形式明确了“嗣后凡关民事案件，应仍照前清现行律中规定各条办理”。此后在大理院民国3年上字第304号判例中也明确了“民国民法典尚未颁行，前清现行律除与国体及嗣后颁行成文法相抵触之部分外，当然继续有效。至前清现行律虽名为现行刑律，而除刑事部分外，关于民商事之规定仍属不少，自不能以名称为刑律之故即误会其为已废”。③ 大理院通过判例的形式确认了《现行刑律》（民事有效部分）在民初的民事基本法地位。

这一决议意味着民初适用的民事法律由清末继受西方私法理念和制度结构而修订的新型民事法律《大清民律草案》退回到了固有民法《现行刑律》（民事有效部分）。而亲属法律则完全退回到了大清国律例的状态下。但“这种退却只是形式上的，与民法近代化却有着实质上的推动作用”④。因为民国初年的中国正处于新旧交替的变

---

① 《“中华民国民法”制定史料汇编》（下册），中国台湾司法行政主管部门1982年印行，第1~2页。

② 《“中华民国民法”制定史料汇编》（下册），中国台湾司法行政主管部门1982年印行，第2页。

③ 郭卫：《大理院判决例全书》（上），成文出版社1972年版，第29页。

④ 张生：《民国初期民法的近代化》，中国政法大学出版社2002年版，第24页。

革时期，民事法律直接援引《现行刑律》（民事有效部分）的规定，而这部法律中的民事部分基本上保留了大清律例的民事规范，其内容与当时的社会情形有很大的差距，根本无法应对司法实践及社会关系的变化需要，这为多种民事法源在民事司法实践中的应用提供了历史机遇。所以众多的民事习惯、条理、大理院判解先例等也成为民初民事裁判的法源依据，[①]共同弥补了制定法的不足，并以司法实践的方式具体实践着中国民事法律的近代化。

（二）《现行刑律》（民事有效部分）的修订背景及主要特点

1.《现行刑律》（民事有效部分）的修订背景

《现行刑律》（民事有效部分）是指《大清现行刑律》中的民事部分。《大清现行刑律》，于光绪二十九年（1903 年）由沈家本奏请将大清律例交刑部先行删修，以备过渡之需而修订，作为过渡时期适用的一部刑法。该法于光绪三十年（1904 年）4 月，开始修订，至光绪三十一年修订完成，共删除大清律例 345 条后，命名为《大清现行刑律》，并于宣统二年四月初七日奉上谕："著即刊刻成书，颁行京外，一体遵守。"[②]《大清现行刑律》虽名为刑律，却包含有民事法律规范。大理院三年上字第 304 号判例所指的《现行刑律》（民事有效部分），包括大清律中的服制图、服制、名例、户役、田宅、婚姻、犯奸、斗殴、钱债各条，同时还包括清朝《户部则例》中的户口、田赋。[③] 只是对于属于民事责任者，不再科以刑罚，以示民刑区分。民国北京政府参议院在决议中所指的民初民事案件的适用依据即为其中的民事部分，这些规定即为民初司法裁判的民事基本法，史称《现行刑律》（民事有效部分）。

---

① 大理院于 1912 年上字第 64 号判例明确了习惯在民事司法实践中的应用，"判断民事案件，应先依法律所规定，法律无明文者依习惯法，无习惯法者，依条理"。此后又于 1915 年上字第 122 号的判例中明确"法律无明文者从习惯；无习惯者，从条理"。这两个判例使民初的民事审判呈现出多元民事法源并存的状况。

② 谢振民：《中华民国立法史》（下册），中国政法大学出版社 2000 年版，第 742 页。

③ 杨鸿烈：《中国法律发达史》，上海书店 1990 年 10 月版，第 1057 页。

2.《现行刑律》(民事有效部分)的主要特点

《现行刑律》(民事有效部分)从编排体例结构看,基本上按照传统法典的模式进行编排,完全是大清律例的延续,还不具备近代民法的制度体系。从内容方面观察,《现行刑律》(民事有效部分)的条文并不多,其中包含相当多的身份法(亲属、继承)方面的条款,集中维护尊卑长幼、亲疏嫡庶、男尊女卑等宗法关系。故可以说《现行刑律》(民事有效部分)"所体现的依然是'伦理法'所蕴含的秩序价值,其屈从于身份法的价值取向决定,任何享有权利、承担义务的民事主体在此情况下,都依旧只能是宗法社会身份之网上的一个环节,在其财产法内容中难以有独立的原则性规范。而且在这些渗透着旧法身份差等的伦理秩序精神的有关身份的规定中,既不会规定独立人格的制度,更不可能规定抽象的平等和自由等基本原则,所有的关于民事主体的规定都依然是身份秩序的安排"①。这些渗透着身份特点的条款就是民国初年用以规范民事行为、调整民事关系以及解决涉及婚姻家庭纠纷的主要民事实体法。它与民事习惯、条理以及大理院判例,共同构成一个较为完整的法律规范系统,为维持民初的民事法律秩序、推进民事法律的近代化起到了一种承上启下的作用。

(三)婚姻法的实质进步——民初司法判解中婚姻家庭法的缓慢演进

从立法层面来看,政局动荡的民初的确没有给我们提供一个"权威"的民事法律文本,但民初民事立法的阙如绝不意味着民初的民事法律制度缺乏实质性的变化,因为动荡的政局必然会产生更多的社会问题,法律回应这些问题必然会导致法律本身的变化。民初暂行援用前清的《现行刑律》(民事有效部分)来解决民事问题,似乎必然会使人格平等、男女平等法律原则的发展遭遇挫折,但这是表面上的。因为《现行刑律》(民事有效部分)虽然被确定为民初的民事基本法,但民初的最高审判机关大理院在司法裁判中对这部所谓的民事基本法

---

① 李显冬:《从大清律例到民国民法典的转型》,中国人民公安大学出版社 2003 年版,第 130 页。

并非只是机械地适用，与此相反，大理院常常以“条理”的形式将《大清民律草案》（亲属编）中的进步性规定引入具体的审判实践中，并对《现行刑律》（民事有效部分）中不适合社会潮流及世界立法精神的规定进行了一定程度的变通解释。对于这一点，当时已有学者指出，“近年院例虽仍多征引现行律，然貌存而实已亡者，在在皆是，更有明白变及律文者，盖皆出于迎合现代潮流之隐衷也”。[①]这样，大理院在涉及身份关系的婚姻家庭司法判解中，通过判解的方式推动了民初亲属法的演进。

第一，在婚约订立、婚约的效力、婚约解除中，通过判解提升了婚姻当事人及其女性的法律地位，削弱了父母在子女婚姻中的权利。这体现在三个方面：其一，大理院将婚约视为一种契约，明确婚姻契约应当尊重婚约当事人的意愿（八年上字第 284 号判例）。认为主婚权主要是为婚约当事人的利益而设，没有当事人的意愿，即使具备了婚约的形式要件也难认为有效（七年统字第 909 号解释例）。甚至明确即使“父母为未成年子女所定婚约，子女成年后，如不同意，则为贯彻婚约应尊重当事人意思之主旨，对于不同意之子女不能强其履行”（十一年上字第 1009 号判例）。其二，大理院明确婚约义务为一种人身性质的义务，既不能替代履行，也不能强制履行（五年统字第 510 号解释例），使女性不再被视为强制履行婚约的客体，[②]而变成了可以以自己的意愿选择婚姻配偶的主体。其三，大理院明确将婚约解除权赋予双方当事人，即婚约经双方当事人合意，可以解除，他人不得干涉（四年上字第 844 号判例）。通过这样的逻辑构建起来的婚约成为男女两个人之间的事情，并非是两个家庭之间甚至两个家族间的利益联

---

① 傅圣严：《判例商榷》（夫犯奸与离婚），《法律评论》197（8）。

② 婚约之效力在传统法律上非常强大，婚约一旦订立，就有了国家强制力来保证其履行即成婚，这种强制性有力地约束着男女双方，尤其是女方。《现行刑律》（民事有效部分）是清律例的延续，仍然将悔婚女子的命运交到前夫手中，赋予“第一个许婚者有收回该女或者抛弃该女，并收回聘财的选择权”。婚约的这种强制效力，实际是将女子的人身作为强制执行的客体，象债权契约中的物品一样，只要男方坚持娶她，就无条件地被当作婚约之客体强制送归前夫之家，女子的生死与意愿根本不在考虑之列。参见［日］滋贺秀三：《中国家族法原理》，张建国、李力译，法律出版社 2003 年版，第 381 页。

盟。故在司法实践中，女子的意愿同男性的意愿一样成为决定婚约效力的关键因素，女性由传统婚约中“被安排”①的客体、婚约义务履行中被强制执行的客体变成了婚约订立及解除中的主体。

第二，在夫妻关系上，大理院通过司法判解赋予妻子一定的人身自主权。比如，赋予了妻子日常家事代理权（五年上字第 364 号判例）、请求丈夫同居权（五年上字第 444 号判例），允许妻子与丈夫别居，并在别居期间有请求获得丈夫扶养的权利（三年上字第 454 号判例）；赋予妻子私有财产权（二年上字第 33 号判例），并在离婚时也一样给予相应的保护，使婚姻中女性的附庸地位有了独立的倾向；此外，大理院还明确寡妇在夫亡后有请求获得夫家尊亲属扶养的权利（三年上字第 1175 号判例），使当时经济不独立的女性在夫亡后仍然可以获得赖以生存的基本生活保障。

第三，在离婚中，大理院不仅吸收近代西方离婚法中的新概念，将“不堪同居之虐待”“重大侮辱”“重婚”“丈夫通奸被处刑”②等作为女方可以提起离婚的理由，扩大了妻子离婚的权利。使女性不仅由原来的被动的、被男性休弃的客体变成了离婚诉讼中的主体，而且赋予了妻子离婚过错赔偿请求权（三年上字第 420 号判例），使女性

---

① 《现行刑律》（民事有效部分）规定，“婚嫁皆由祖父母、父母主婚，父母俱无者，从余亲主婚。”按照这一规定，婚约以父母、祖父母（尤其父、祖父）或尊长为主体，婚约成立以父母之意愿为实质要件。若婚约不具备主婚权人“主婚”这一条件，则主婚权人可以主张撤销该婚约。至于男女双方并非婚姻的主体，可以说他们是被结合者。在这样的法律制度下，女性和男性一样没有意思自由，仅是婚约中的客体，只能被动地接受父母的安排而没有丝毫权利。（参见戴炎辉：《中国法制史》，三民书局 1966 年印行，第 220 页。）同样有关婚约的解除，事实上也多由主婚权人决定，婚姻当事人不能自作主张。尤其是妇女，在婚姻案件中，不是作为享有平等权利的当事人参加诉讼和调处，而只是有关纷争的“标的物”。同样是“被安排者”。（参见郑秦：《清代司法审判制度研究》，湖南教育出版社 1988 年版，第 226 页。）

② 大理院的相关判解有：七年统字第 828 号解释例：“妻受夫不堪同居之虐待，应认义绝，准予离异”。五年上字第 1073 号判例明确：“夫妇之一造，因受他造重大侮辱而提起离婚之诉者，一经查明实有重大侮辱之情形，自应准其离异”。十五年上字第 1484 号判例：“夫犯奸通常固不可与妻犯奸并论而迳许离异，但若已因犯奸处刑则情形又有不同，为保护妻之人格与名誉计，自应援用现行律未婚男犯奸听女别嫁之规定，许其离异。”九年上字第 1124 号判例：“按现行律载，有妻更娶，后娶之妻离异归宗。至于先娶之妻能否以其夫有重婚事实主张离异，在现行法上并无明文规定，惟依一般法理，夫妇之一造苟有重婚情事，为保护他一造之利益，应许其提起离异之诉以资救济。故先娶之妻如以其夫重婚为理由主张离异自不得认为不当。”

因为丈夫的过错导致离婚而受到的人格侵害通过经济的方式得到一定的补偿与尊重。

总之,民国初年,在民事法律不完备并难以适应日新月异的社会变化的情况下,大理院作为站在司法实践最顶端、最前沿的裁判机构,不是消极应对,而是卓然独立于政治更迭之外,积极作为,因应西方民法人格平等、个人本位等价值取向及民初蓬勃发展的妇女运动的诉求,在司法实践中通过判解的方式对《现行刑律》(民事有效部分)的规定进行灵活解释、类推适用,甚至以"条理"的形式直接引用《大清民律草案》(亲属法)的相关规定或外国先进的法律理念,对《现行刑律》(民事有效部分)的规定和旧有习惯进行了变通改造。大理院这些迎合世界法律发展潮流及因应国内妇女运动诉求的司法判解,使民初婚姻当事人特别是女性在婚姻判解中的权利明显扩张,使女性权利在司法实践中向男女平等的目标迈进了一大步。这些进步性的变化作为法律近代化的一部分,也深深影响了《民国民律草案》关于亲属法律制度的制定。

四、婚姻家庭法的进一步推进:《民国民律草案》(亲属编)(1926 年)的制定

从立法层面来看,民初亲属法的演进经历了曲折、倒退,但并非完全乏善可陈。因为《民国民律草案》(亲属编)也是我们考察民初身份制度的重要文本。虽然《民国民律草案》编订的直接动因仍然是为了收回领事裁判权,但在《民国民律草案》的制定过程中,一方面,正值国内女权运动获得阶段性胜利之时,[①]所以《民国民律草案》受

---

① 1923 年 6 月,中国共产党第三次全国代表大会在广州召开,大会通过了《妇女运动决议案》。该案中明确提出了"打破奴隶女子的旧礼教""女子应有遗产继承权""结婚离婚自由"等男女平等的口号。随后在 1924 年 4 月通过的《国民党第一次全国代表大会宣言》中,也正式确立了男女平等的原则。紧接着在国共合作期间的 1926 年 1 月,国民党第二次全国代表大会上正式通过了《妇女运动决议案》。该案内容与共产党的《妇女运动决议案》内容基本相同,认为应当根据"男女平等之原则,助进女权之发展"的党的政纲修改制定法律,主要指:制定男女平等的法律;规定女子有财产继承权……根据结婚、离婚绝对自由的原则,制定婚姻法;保护被压迫而逃婚的妇女等主张。并于 1926 年,国民政府司法行政委员会发布了《审判妇女诉讼案件应根据妇女运动决议案之原则令》,命令各级司法机关"未制定新法规以前,凡属于妇女诉讼案件,应依照中国国民党第二次全国代表大会妇女运动决议案法律方面之原则而为裁判"。

女权运动之影响，在亲属法中稍采男女平等原则；另一方面，由于《大清民律草案》中“亲属、继承之规定，于社会情形悬隔天壤，适用极感困难”，①故《民国民律草案》（亲属编）对传统的身份法律进行了一定的修正，不仅吸收了大理院历年有关身份法律的进步性判解，而且在婚姻制度方面也吸收了《妇女运动决议案》中涉及保护女权的内容，使集中关涉女性权利、男女平等的亲属法的规定在《大清民律草案》的基础上又有了进一步的发展。

首先，关于自然人的规定中，对于《大清民律草案》中体现男女不平等的条款进行了一定的修正。规定只要妻达成年年龄并未经法定宣布为禁治产人情形的，即与其他自然人一样享有权利能力和行为能力，使妻享有了平等独立的法律人格（第 9 条、第 12 条）。

其次，在婚约的效力上，明确规定：“男女双方虽经定婚，仍不得以之提起履行婚约之诉。但父母或监护人于定婚后反悔，而当事人两相情愿结婚者，不在此限”（第 1093 条）。按照这一规定，婚约义务不能请求强制履行，使女性不再是婚约义务中被强制履行的客体；在成婚的规定中，没有明确规定尊长及家长的主婚权，只是规定了家长、尊长的同意权，即“结婚须经父母允许”（第 1105 条），体现了尊重婚姻关系中男女双方当事人意思自治的特点。

最后，在夫妻关系上稍采男女平等原则，改夫妇一体为夫妻别体，妻之于夫有独立人格存在：（1）增设了“夫妻之权利义务”的条款，规定妻不仅可以就日常家务视为夫之代理人（第 1125 条），而且“妻得夫允许可为一种或数种营业者，在其营业范围内，对于一切营业事务，有自由处决之权”；（2）规定了夫妻约定财产制，开始承认妻有与夫对等的契约地位；（3）确认妻对自己特有财产的所有权与合理的处分权。明确“妻于成婚时所有之财产及婚后所得之财产，为其特有财产”（第 1135 条），另“专供妻之衣服、首饰及日用器具等物，推

---

① 谢振民：《中华民国立法史》（下册），中国政法大学出版社 2000 年版，第 747～748 页。

定为妻之特有财产”（第1136条）。使妻子有了一定的独立经济基础。虽然同时规定了夫对妻之特有财产有管理、使用和收益之权，但也强调夫的义务：“夫于管理开始时，须即开具特有财产清册，交付于妻，并因妻之请求，有定期开具清册及随时报告管理情形之义务”（第1138条）；如“夫以妻之名义借债，或让与特有财产，或以其特有财产供担保或增加重大担负者，须得妻之同意”（第1141条）；“在夫管理期内，如有必要情形，妻得向夫请求提供相当之担保”（第1143条）；“在夫管理期内，妻欲处分其特有财产，夫无正当理由不与允许，而妻能证明其处分为有利益者，无须经夫允许”（第1144条）；“管理终止时，夫或其继承人，须即清算交代，将所管财产交还”（第1145条）。所有这些条款始终坚持妻对特有财产独立的所有权及合理的处分权，使妻的个人财产所有权得到了充分的享有。此外还规定“妻不经夫允许，得自立遗嘱”（第1128条），使妻子对自己财产的处分权利从生前延续到死后。

《民国民律草案》（亲属编）的这些规定均表明，草案不仅对西方近代民法中的人格独立、平等、自由原则有了更进一步的认同，而且对社会变革关于女性权利诉求的呼声也给予了一定程度的回应。这种变化使亲属法在立法层面的身份差等有了非常大的淡化，使女性权利获得实质性进步，虽然这些权利还非常有限，但与《大清民律草案》及《现行刑律》（民事有效部分）的规定相比，显然迈出了一大步。

五、婚姻家庭法的革命性变革——《民国民法典》（亲属编）的制定

（一）男女平等原则的正式确立

男女平等法律原则的最终确立是在《民国民法典》（1931年）中确立的。作为20世纪中国最好的民法典，从价值层面来讲，《民国民法典》以三民主义——自由、平等、博爱为其统一的立法精神，[1]这是其能够真正确立男女平等法律原则的关键。如果说《大清民律草案》

① 张生：《中国近代民法法典化研究》，中国政法大学出版社2004版，第198页。

《民国民律草案》因为身份法中对传统的保留只是部分地体现了男女平等，那么《民国民法典》则真正完成了超越：将平等精神一体贯彻到财产法及身份法中，在各个制度上均建立了男女平等的制度。

在《民国民法典》制定之时，明确将“男女平等之确定”作为民法总则的立法原则。其理由是：“男女平等之原则，本为吾党对内政策所规定，自应期其实现。惟重男轻女，由来已久，积重难返，苟不以革命之手段，彻底改革，则仍难达平等之目的。此编对于特别限制女子行为能力之处，一律删除。并以我国女子，于个人之财产，有完全处分之权，复规定已结婚之妇人，关于其个人之财产，有完全处分之能力。至其他权义之关系，亦不因男女而有轩轾。”①这一原则的采纳，在民法制度层面，彻底纠正了《大清民律草案》中关于“妻为限制行为能力人”的规定，赋予了女性与男性同等的民事主体资格。

（二）《民国民法典》（亲属编）的主要变革

第一，认为旧律中的亲属分为“宗亲、外亲、妻亲”的分类以男性为主，与男女平等原则不符，所以《民国民法典》将亲属的分类改为“配偶、血亲、姻亲”三类（第 967 条、第 969 条），更显男女平等之义。

第二，明确实行一夫一妻制，规定“有配偶者不得重婚”（第 985 条），对男性三妻四妾的习俗进行了否定。

第三，关于夫妻的姓氏及同居事务问题上，《大清民律草案》（亲属编）规定同居事务由夫决定，《民国民律草案》（亲属编）规定妻本姓上要冠夫姓，同居事务由夫主持。而《民国民法典》（亲属编）为求男女平等之实现，规定“妻以其本姓冠以夫姓，赘夫以其本姓冠以妻姓。但当事人另有订定者不在此限”（第 1001 条）。在住所问题上规定“妻以夫之住所为住所，赘夫以妻之住所为住所”（第 1003 条）。

第四，摒弃了前两次民律草案关于离婚条件宽于男而严于女的规定，一体平等地规定了男女对等的离婚权（第 1054 条）。

---

① 谢振民：《中华民国立法史》（下册），中国政法大学出版社 2000 年版，第 756 页。

第五,修正了历次草案关于亲权之行使,均以父为先,必父不能行使亲权时,始由母行使之的不平等规定,一体规定“父母对于未成年子女,有保护及教养之权利、义务”(第1086条)。①

第六,历次草案于一定制度内,仍承认夫权之存在,而民国民法典则无夫权之明文。以此实现男女平等之精神。②

可见,《民国民法典》(亲属编)对《大清民律草案》(亲属编)及《民国民律草案》(亲属编)中关于“妻为限制行为能力人”的规定及在离婚条件上、在财产继承上差别对待夫与妻的规定进行了彻底的修正,使女性与男性在行为能力、婚姻关系、离婚条件、亲子关系、财产继承关系方面均获得同等的权利。正如史尚宽先生对该法典的评价一样,“男女平等为民法所采用之原则,而于亲属、继承两编尤为显著。在我国以往夫为妇纲,夫权与父权、家长权三者鼎立,故于夫妻殴伤、离婚等,俱见夫尊妇卑,历次民律草案均规定妻为限制行为能力人,离婚原因亦宽于夫而严于妇。现行民法不复有此种差别。他如亲权之行使、家长之担任、夫妻财产制之自由选择等,莫不承认男女平等之地位”。③ 至此,以确立女性独立法律人格为核心的男女平等原则正式被确立为近代中国民法的基本原则之一,并在民法的各项制度中一一体现。

六、共产党领导的革命根据地时期的婚姻家庭法

我国革命根据地时期的婚姻家庭法,是中国共产党领导人在新民主主义革命过程中,在革命根据地里,由人民民主政权制定的有关废除封建性的、以强迫包办早婚为特征的旧式婚姻制度,建立以男女平等、自主自愿、一夫一妻制、保护妇女儿童为基本原则的新民主主义婚姻家庭制度的一切法律规范的总和。

---

① 《“中华民国民法”制定史料汇编》(下),中国台湾司法行政主管部门1976年印行,第606~618页。

② 谢振民:《中华民国立法史》(下册),中国政法大学出版社2000年版,第794页。

③ 史尚宽:《亲属法论》,中国政法大学出版社2000版,第7页。

革命时期的共产党与国民党不同，共产党采取激进的方式改造中国。当时一个基本的认识是：封建婚姻家庭制度建立在男性掌握封建财产权基础上，依靠封建统治的四种权力——政权、族权、神权和夫权维护的反动制度，个人特别是女人是这种制度的牺牲品。所以作为革命政党的共产党的责任就是将所有在封建婚姻制度支配下的男女群众特别是妇女解放出来。在所有的改革中，妇女的解放是婚姻家庭制度废旧立新的关键。沿着这样的逻辑，我们可以看到这样一个实现婚姻家庭制度革命的途径：政治革命—经济革命—妇女解放—新婚姻家庭制度确立。① 综观革命时期的婚姻家庭立法，大体分为四个阶段：

第一阶段：中国共产党成立后和第一次国内革命战争时期（1921—1927 年）。

第二阶段：第二次国内革命战争时期，新民主主义婚姻立法的形成和确立阶段（1927—1937 年）。

第三阶段：抗日战争时期，新民主主义婚姻立法的全面发展阶段（1937—1945 年）。

第四阶段：第三次国内革命战争时期，新民主主义婚姻立法逐步推向全国，并为新中国成立后制定全国统一的婚姻法创造有利条件（1945 -1949 年）。②

（一）第一次国内革命战争时期的婚姻政策

在第一次国内革命战争时期，中国共产党没有制定统一的婚姻法，只是在党的历次代表大会的宣言和决议案中，提出了关于妇女解放和改革婚姻家庭制度的基本原则。

如 1922 年 6 月 15 日，在《中国共产党第一次对于时局的主张》中，明确提出，“承认妇女在法律上与男子有同等的权利”。③

---

① 金眉：《中国亲属法的近代转型——从大清民律草案 · 亲属编到中华人民共和国婚姻法》，法律出版社 2010 年版，第 41 ~ 42 页。

② 张希坡：《中国婚姻立法史》，人民出版社 2004 年版，第 104 页。

③ 《中共中央文件选集》（第一册），中共中央党校出版社 1982 年版，第 56 ~ 57 页。

1922 年 7 月，在《中国共产党第二次全国代表大会宣言》中提出的革命政纲中，有“废除一切束缚女子的法律，女子在政治上、经济上、社会上、教育上一律享有平等的权利”。[①]

1923 年 6 月，中国共产党第三次全国代表大会通过的《妇女运动决议案》及 1924 年四大通过的《对于妇女运动之决议案》，也都提出了“男女社会地位平等”“男女教育平等”“男女职业平等”“结婚离婚自由”[②]的原则。根据“结婚离婚自由”原则，在湖南、江西等省农民代表大会通过的《农村妇女问题决议案》，确定了以下婚姻家庭关系的基本政策：(1)严禁摧残妇女和买卖人口，反对恶姑残害媳妇、丈夫虐待妻子，禁止童养媳，禁止妇女缠足穿耳恶习；(2)严禁多妻制，反对买卖婚姻，取消聘金制度，结婚须男女双方自愿，允许寡妇再嫁，根据结婚离婚自由的原则制定婚姻法；(3)保护母性和儿童，严禁虐待子女(特别是非婚生子女)和溺婴的行为，特别强调严禁虐待女孩及溺毙女婴。[③]

对于这一时期的婚姻立法需要注意两个特点：第一，妇女解放必须以在政治、经济上获得与男子平等的地位为前提；第二，虽然提出了“结婚离婚自由”的基本原则，但没有提出具体的实现途径；第三，把婚姻改良和废除压迫妇女的社会陋俗结合在一起。

(二)第二次国内革命战争时期《中华苏维埃共和国婚姻法》的制定

第二次国内革命战争时期各地工农民主政府先后制定了婚姻制度的法令。1931 年 11 月 26 日，中华苏维埃共和国中央执行委员会第一次会议通过了《中华苏维埃共和国婚姻条例》，12 月 1 日中央执行委员会主席毛泽东同志签署公布了这个法规，到 1934 年 4 月 8 日又正式颁布了《中华苏维埃共和国婚姻法》。其主要内容如下：

---

① 《中共中央文件选集》(第一册)，中共中央党校出版社 1982 年版，第 78 页。

② 中共中央档案馆编：《中国共产党第二次至第六次全国代表大会文件汇编》，人民出版社 1981 年版，第 119 页。

③ 张希坡：《中国婚姻立法史》，人民出版社 2004 年版，第 111～112 页。

(1)确定了男女婚姻以自由为基本原则。废除一切包办强迫和买卖的封建婚姻制度,禁止一夫多妻和童养媳,实行男女平等、一夫一妻、禁止一夫多妻的婚姻制度。

(2)关于结婚。明确了结婚的条件:首先,男女结婚须双方同意,不许任何一方或第三者加以强迫。其次,结婚的年龄,男满 20 岁,女满 18 岁;禁止五代以内的血亲通婚。最后,明确有危险性的传染病如花柳病、麻风病、肺病、精神病及疯人等人不得结婚。明确结婚的程序:只要男女同到苏维埃政府登记领取结婚证,即为合法。

(3)关于离婚。确定离婚自由,凡是男女双方同意离婚者,即行离婚。一方坚决要求离婚的,也可离婚。男女离婚须向苏维埃政府进行登记。此外,对于离婚后的财产处理和子女抚养问题,都作了原则的规定。男女离婚时婚前财产各自保留,结婚满一年后双方共同经营增加的财产平分。关于离婚前的子女,一般归女方抚养,男子应承担孩子 2/3 的生活费用,直至孩子年满 16 岁。如女子不愿抚养孩子,则归男子抚养,承担全部抚养费用。女子再婚后,后夫如果愿意抚养前夫子女,前夫才得以解除承担子女抚养费用的责任。私生子女享有与婚生子女完全同样的权利,禁止虐待、抛弃私生子女。明确红军战士之妻要求离婚,须得其夫同意。

此外,《中华苏维埃共和国婚姻法》规定男女同居时的共同债务在离婚后应由男方负责清偿。离婚后女子生活困难的,男子应帮助女子耕种土地或负责维持其生活。

这一时期的婚姻立法特点表现在两个方面:(1)强调婚姻自由、男女平等;(2)体现着重保护妇女、儿童权益的原则。

(三)抗日民主政权的婚姻条例

抗日战争时期的婚姻立法并不统一。这主要是由于当时实行抗日民族统一战线的政策,所以在中国共产党领导的抗日根据地里,没有建立全国统一的革命政权,而是由各个边区政府分别制定了若干地区性的婚姻法。但各根据地的婚姻立法基本继承了苏区婚姻法的主要精神,并利用《民国民法典》(亲属编)的一些内容,制定了不少适合本地情况的婚姻单行条例。较为典型的有《陕甘宁边区婚姻条例》《晋察冀边区婚姻条例》《晋冀鲁豫边区婚姻暂行条例》《晋绥边区婚姻暂行条例》《山东省婚姻暂行条例》等。这些婚姻条例的基本原则,与苏区的婚姻法大体相同,只是在若干细节方面,作了具体而灵活的规定:

(1)关于结婚年龄,各地区各有不同。陕甘宁边区为男满 20 岁,女满 18 岁;晋冀鲁豫边区为男满 18 岁,女满 15 岁。为了照顾民间传统习惯,还对“订婚”作了具体规定,但订婚并非结婚必经程序,因而没有法律效力。同时明确,结婚须向当地乡、市政府请求登记,领取结婚证。

(2)关于离婚,规定了离婚的条件和程序。男女一方如有充当汉奸者、重婚或与他人通奸者、恶意遗弃或谋害他方者、生死不明已过3年者、感情意志根本不合无法继续同居者或男女一方不务正业,经劝解无效者,他方可向政府请求离婚。同时也规定抗日军人之配偶提出离婚者,须得军人本人同意,或者 5 年以上没有该战士的音讯,女方也得请求离婚。女方怀孕期间或产后 1 年内,男方不得提出离婚。双方自愿离婚者,不在此限。

(3)各边区的婚姻条例都注重对于妇女及子女利益的保护。比如都规定在女方怀孕期间及哺乳期间(有的规定为 3 个月、有的规定为 1 年)男方不得提起离婚。非婚生子女享有与婚生子女同等的权利,不得抛弃。男女离婚时,年幼的子女(有的规定为 6 岁、有的规定为 5 岁、有的规定为 4 岁)原则上归女方抚养,男方应支付抚养生活费用。女方再婚时,归其抚养的子女由女方与后夫共同负责抚养。

从抗日根据地初期所颁布的婚姻条例来看,最初,根据地婚姻改革力求将近代以来的自由主义原则在婚姻家庭中付诸实施,推行“婚姻自由”原则,以此来彻底变革旧的封建性包办婚姻、买卖婚姻,杜绝将妇女作为商品进行交易,使男女平等,从而实现婚姻历史性的变革。但是,婚姻自由原则的实行在实践中不仅遇到很多困难,而且引发了不少新的社会矛盾,这是过分强调婚姻自由原则,忽视当时社会历史条件的局限性和婚姻家庭制度的复杂性所致。如果将视角仅仅放在男女两性的现实不平等的表面性上，找不到这种不平等的社会根源，就无法化解根据地当时婚姻制度变革中的矛盾。在当时历史条件下，实行婚姻自由、男女平等实际上受到很多社会因素的制约，不是靠改变婚姻观念可以实现的，因为观念是对社会实际生活的反映，观念转变需要在社会其他因素基础上来实现。即使就当时普遍的社会观念来说，婚姻自由也远没有成为潮流。青年农民说“八路军什么都好，就是离婚不好”，“这样下去，穷人就没有老婆了”。从女性来看，对县立女子小学的调查说明，大部分女性并不赞同自由婚姻①。实际上我们还应该看到，这个调查还只是对于容易受到新思想影响的县立女子学校调查的结论，由此我们可以想象广大的农村地区，人们对婚姻自由所持的实际态度。

婚姻自由原则主要强调保护妇女，旨在实现男女平等。从陕甘宁边区的情况来看，随着婚姻条例的颁行，倡导婚姻自由带来了当时的离婚高潮：陕甘宁边区各县从1938年婚姻法颁布起离婚案件逐年增加，1943年边区离婚案件较之1938年上升了225%②。学者们用离婚率上升事实来说明妇女地位的提高，因为女性可以提出离婚，③这在几千年的封建社会里是无法做到的。但是事实上，实行离婚自由所引发的社会矛盾以及对根据地所产生的影响更值得我们研究。分析当时的离婚案件，一方面我们可以发现，离婚的提出者大多数都是女性；另一方面我们可以发现，当时离婚案件中的当事人家庭状况以贫农为主。④ 前一个方面被学者们强调的同时，后一方面往往被学

---

① 秦燕：“抗日战争时期陕甘宁边区的婚姻家庭变革”，载《抗日战争研究》2004第3期。

② 《陕甘宁边区婚姻问题》，陕西省档案馆，全宗号46，案卷号65。

③ 历史资料显示，当时离婚案件的主动提出者大多数是女性（参见《不完全的统计》，陕西省档案馆，全宗号4，案卷号65）。

④ 绥德分区统计1944年离婚案件的统计总数44件，当事人家庭中贫农为25件，中农为5件，工人为2件，富农为1件（参见《记绥德分区婚姻问题》，陕西省档案馆，全宗号4，案卷号64）。

者们有意无意地忽略。大部分离婚案件的当事人家庭为穷苦农民，在当时的社会条件下，这会引起什么社会矛盾？对根据地产生什么后果？这样的离婚自由所反映出来的仅仅就是妇女地位的提高吗？这些问题才是当时婚姻制度变革中的核心问题。

这种单一强调婚姻自由原则所带来的社会矛盾等消极方面，使边区政府注意到早期工作中过分强调男女两性之间的平等、强调妇女解放只是问题的表面，并非是解决婚姻变革的治本之道，后期婚姻条例因此而做了相应的调整。1943 年 2 月，中共中央发布《抗日根据地目前妇女工作方针的决定》（简称《四三决定》），调整了工作重点，改变了单纯强调男女平等、婚姻自由、妇女解放等容易导致男女两性对立的工作方式，政府开始把发展根据地家庭生产作为变革婚姻家庭的主要内容。《四三决定》指出，“动员妇女参加生产是保护妇女切身利益的最中心的环节”。这样一方面缓解了当时倡导婚姻自由带来的社会矛盾，另外一方面也找到了变革旧式婚姻家庭的根本出路。

1944 年，边区政府重新颁布的《修正陕甘宁边区婚姻暂行条例》与 1939 年的条例相比有很大的变化：没有明确禁止童养媳、买卖婚姻；增加了限制抗属离婚的条款，去掉了保护妇女的一些条款。① 这种政策变化说明根据地政府已经认识到，旧的婚姻家庭结构在当时特定的历史社会背景之下仍然有其存在的社会客观依据。因此对于婚姻制度的变革绝不能单一倡导婚姻自由，而必须依赖于当时的经济、文化、政治等社会条件的全面变革才能真正实现男女平等和婚姻自主。

（四）解放战争时期的婚姻法

第三次国内革命战争时期，各解放区制定的婚姻法规，基本上沿用抗战时期的规定，有的作了少量补充修订，使之更加完善。此外。各解放区的施政纲领中，都有关于男女平等、婚姻自由的原则规定。

---

① 陕西省妇联：《陕甘宁边区妇女运动文献资料选编》，1982。

如1945年12月《苏皖边区临时行政委员会施政纲领》规定：确立男女一律平等，改善妇女生活，开展妇女教育，扶助妇女生产，鼓励妇女参政，提高妇女社会地位，保障女工、农妇、产妇，实行儿童保育，实行一夫一妻的自愿婚姻制度，严禁续婢、纳妾、溺婴、强婚，帮助妇女在政治上、经济上、社会上求得解放。

1848年8月《华北人民政府施政方针》规定：依据男女平等原则，从政治、经济、文化上提高妇女在社会上、政治上的地位，发挥妇女在经济建设中的积极性。禁止买卖婚姻；男女婚姻自由自主，任何人不得干涉。①

此外，1946年陕甘宁边区第三届参议会第一次大会通过的《陕甘宁边区婚姻条例》《内蒙古自治政府施政纲领》《新晋绥边区婚姻条例》《东北解放区暂行婚姻条例》《修正山东省婚姻暂行条例》《华中行政办事处关于孀妇带产改嫁问题的指令》《华中行政办事处、苏北支前司令部关于切实保证革命军人婚姻的通令》《皖北人民行政公署关于婚姻问题的处理》《冀南行署关于处理婚姻问题的几个原则》《晋绥边区关于保障革命军人婚姻问题的命令》等文件及通令中，有关婚姻法的一些规定不仅对抗日战争时期的婚姻法规进行了修改和补充，而且有了较大的发展。主要是在婚姻法规中重申了婚姻自由、男女平等、一夫一妻、保护妇女儿童和保护军婚的原则。禁止一切强迫、包办、买卖婚姻以及早婚、重婚、纳妾、续婢、童养媳等陋俗，并增加了一些新的规定。这些新规定表现在三个方面：(1)增加了关于少数民族婚姻在不违反婚姻法规的情况下，得尊重其习惯的规定。(2)增加了保护婚姻当事人的姓名自由权。如《辽宁省关于婚姻问题暂行处理办法(草案)》规定："娶媳妇与接养老女婿，其姓由本人自己决定，其子女也由子女自己决定"。② (3)明确保证了妇女带产

---

① 张希坡：《中国婚姻立法史》，人民出版社2004年版，第187页。

② 韩延龙、常兆儒编：《中国新民主主义革命时期根据地法制文献选编》第4卷，中国社会科学出版社1984年版，第891页。

出嫁的权利。如《修正山东省婚姻暂行条例》规定:"男女各得之土地、财产,由个人自行处理,任何人不得阻碍限制,违者处罚"。[①]《华中行政办事处关于孀妇带产改嫁问题的指令》中规定:"土改后无论发给土地执照与否,其产权已经宣布最后确定者,按该户地亩每人平均数分给丧偶妇女本人一份,听其自由处分;丧偶妇女改嫁后,如离原夫家不远,仍可继续耕种其分得的土地;如距离太远不便耕种者,无论出卖、互换或合法出租,均由本人自己决定。"[②]

综观之,与国民党的软弱无力不同,共产党通过激进的方式改造中国婚姻家庭制度,也作为共产党改造社会的一种方式,当时对于改变根深蒂固的婚姻陋俗和旧传统是行之有效的,对于解放妇女、推进婚姻自由、一夫一妻、男女平等有极大的推动作用,但也要看到这些激进的法律政策和社会习俗之间的差距和冲突。

七、中华人民共和国成立后三部婚姻法的制定与反思

(一)建立新婚姻家庭制度的探索——1950 年的婚姻家庭法

1. 20 世纪 50 年代婚姻法出台的历史背景

20 世纪 50 年代,从战争硝烟中刚刚建立起来的新中国,挟带着胜利者的强势,在中国大陆发动了自上而下的大规模的婚姻家庭改革运动,试图在全社会强行推行新的婚姻制度和观念,重塑中国人的婚姻家庭生活。所以 1950 年的婚姻法,是新中国成立后制定的第一部具有基本法性质的法律。这绝不是偶然的,是有它深刻的历史背景的:

首先,从必要性方面来说,新中国建立之初,以强迫包办、男尊女卑、漠视女子利益为主要特征的封建婚姻制度在全国城乡特别是农村占绝对主导地位。虽然各地形式上提倡男女平等和婚姻自由,实

① 韩延龙、常兆儒编:《中国新民主主义革命时期根据地法制文献选编》第 4 卷,中国社会科学出版社 1984 年版,第 888 页。

② 韩延龙、常兆儒编:《中国新民主主义革命时期根据地法制文献选编》第 4 卷,中国社会科学出版社 1984 年版,第 884 页。

际上尚保留大量封建残余的资产阶级改良婚姻制度。而另一方面，由于新中国成立前后解放区的土地改革、生产运动和全国解放战争、民主运动以及新民主主义文化教育的影响，青年尤其是青年妇女要求男女平等、婚姻自由的愿望更加强烈。所以，新中国成立以后，需要在全国范围内进行婚姻家庭领域内的反封建的民主改革，废除在中国已存在数千年之久的封建婚姻陋习。1950 年婚姻法的立法宗旨就是废除封建主义的婚姻制度，实行新民主主义婚姻制度，为社会主义婚姻家庭制度的建立扫清障碍。

其次，从可行性方面来说，婚姻家庭法近代化的尝试开始于清朝末年，《大清民律草案》和北洋军阀政府制定的《民律草案》中，均有亲属一编。国民党政府于 1930 年 12 月颁布、1931 年 5 月施行的《中华民国民法》（亲属编），从形式上完成了中国婚姻家庭制度从古代到近代的转变。此外，中国共产党领导的革命政权早在新中国成立前的革命根据地时期就已经着手进行了婚姻家庭方面的法制建设，当时的中央苏区在 1931 年 12 月颁行了《中华苏维埃共和国婚姻条例》，又于 1934 年颁行了《中华苏维埃共和国婚姻法》。抗日战争、解放战争时期，许多革命根据地都颁行了许多地区性的条例如《陕甘宁边区婚姻条例》《晋西北婚姻暂行条例》《晋察冀地区婚姻条例》。这一切充分说明，中国共产党领导的革命政权已经在婚姻家庭法制建设中积累了比较丰富的经验，已为新中国成立后新的婚姻家庭法的制定与实施奠定了良好的基础。

2. 具体制定

首先，毛泽东站在党和国家权威的高度为婚姻法的重要性定了基调，他称婚姻法为“有关一切男女利害的普遍性仅次于宪法的国家根本大法之一，它是全国范围内实行婚姻家庭制度改革的法律依据，是同封建主义家庭制度作斗争的有力武器，也是建立和发展新婚姻家庭关系、改造旧式婚姻家庭关系的重要工具”。[①] 其次，《中国人民

① 马起：《中国革命与婚姻家庭》，辽宁人民出版社 1959 年版，第 81 页。

政治协商会议共同纲领》为制定婚姻法确定了指导方针。《共同纲领》第6条规定:“中华人民共和国废除束缚妇女的封建制度。妇女在政治的、经济的、文化教育的、社会生活各方面,均有与男子平等的权利。实行男女婚姻自由。”[①]事实上,婚姻法的制定开始着手于中华人民共和国成立前。大体经历了以下几个阶段:

(1)1948年9月,作为迎接新的人民政权工作的一部分,党中央在河北西柏坡召开解放区妇女工作会议。会上,中央书记处书记刘少奇将起草新婚姻法提高到新中国制度建设的高度,并将这个工作交给了中央妇委。10月5日,刘少奇作了一个关于妇女工作的报告,其中特别阐述了中央对于起草新的婚姻法的一些重要问题的原则和态度。他强调说:“结婚、离婚都应该是自由的,这是广大妇女群众的要求,因为这样做对妇女有利。”[②]

(2)中央妇委随即成立了以邓颖超为组长的起草小组,成员有帅孟奇、杨之华、康克清、李培之、罗琼和王汝琪。这些人中学过法律的只有复旦大学法律系毕业的王汝琪,不过其他人都有深厚的妇女工作经验。依据的蓝本是1931年的《中华苏维埃共和国婚姻条例》。1948年冬,中央妇委与中央法律委员会拟出草稿,得到刘少奇原则批准。此后中央妇委和法制委员会又共同逐条审阅各个根据地的婚姻条例,借鉴苏联、朝鲜、东德等国的婚姻制度,批判吸收国民政府颁布的民法亲属编、继承编等相关内容。从起草到结稿的一年半中,41次修改其稿,具体条款多则修改三四十次,少则修改一二十次。新中国成立后,新成立的中华全国民主妇女联合会把《婚姻法》草案送交中央人民政府法制委员会(以下简称中央法制委员会)。[③]

(3)1950年1月,中央将《婚姻法》草案分别送全国政协、各民主

① 张希坡:《中国婚姻立法史》,人民出版社2004年版,第203~204页。

② 转引自王思梅:“新中国第一部《婚姻法》的颁布与实施:离婚自由争论最大”,载《党的文献》2010年第3期。

③ 王思梅:“新中国第一部《婚姻法》的颁布与实施:离婚自由争论最大”,载《党的文献》2010年第3期。

党派、中央法制委员会、政治委员会以及政务院政务委员会、司法机关征求意见并修改。其中，毛泽东两次亲自主持召开有中央人民政府副主席、委员会委员、政务院总理和副总理及全国政协常委等参加的联席座谈会讨论草案。4 月 13 日，中央法制委员会向中央人民政府委员会第七次会议提交《婚姻法》草案，法制委员会主任陈绍禹做《关于中华人民共和国婚姻法起草经过和起草理由的报告》，对《婚姻法》起草和修订的过程进行了全面说明，特别是对婚姻制度的理论意义进行了阐述，并抓住封建制度包办强迫、男尊女卑、漠视子女利益三个核心问题，通过对具体条文的解释，阐释了《婚姻法》反对封建婚姻制度和保护妇女儿童合法利益的原则和立场。《婚姻法》经该会议讨论通过后，于 1950 年 5 月 1 日正式施行。①

3. 1950 年《婚姻法》的主要变革

1950 年的《婚姻法》共 8 章 27 条，其主要变革表现在以下几个方面：

第一，明确婚姻法的基本原则。《婚姻法》第 1 条就开宗明义地规定："废除包办强迫、男尊女卑、漠视子女利益的封建主义婚姻家庭制度。实行男女婚姻自由、一夫一妻、男女权利平等、保护妇女和子女合法权益的新民主主义婚姻制度。"第 2 条规定："禁止重婚、纳妾。禁止童养媳。禁止干涉寡妇婚姻自由。禁止任何人借婚姻关系问题索取财物。"从这些原则中，可以非常明显地看到，新婚姻制度是对传统封建主义婚姻制度的彻底否定。打破旧有的婚姻陋俗、建立新的婚姻风尚是婚姻法的基本精神。

第二，关于结婚问题。《婚姻法》第 3 条明确规定："结婚须男女双方本人完全自愿，不许任何一方对他方加以强迫或任何第三者加以干涉。"这一规定明确了婚姻当事人的意愿才是婚姻成立的基础。

第三，废除了漠视子女利益的传统婚姻家庭制度，实行保护妇女

① 王思梅："新中国第一部《婚姻法》的颁布与实施：离婚自由争论最大"，载《党的文献》2010 年第 3 期。

和子女合法利益的婚姻家庭制度。《婚姻法》第 13 条规定:“父母对于子女有抚养教育的义务,子女对于父母有赡养扶助的义务,双方均不得虐待或遗弃。养父母与养子女相互间的关系,适用前项规定。溺婴或其他类似的犯罪行为,严加禁止。”第 14 条规定:“父母子女有互相继承遗产的权利。”第 15 条规定:“非婚生子女享受与婚生子女同等的权利,任何人不得加以危害或歧视。”第 16 条规定:“夫对于其妻所抚养与前夫所生的子女或妻对于其夫所抚养与前妻所生的子女,不得虐待或歧视。”这些规定,确立了新型的亲子关系的基本准则,使子女的利益保障有了法律的依据。

第四,废除了男尊女卑的夫妻制度,建立了男女平等的夫妻关系。关于夫妻间的权利和义务,《婚姻法》第 7 ~ 12 条明确规定:“夫妻为共同生活的伴侣,在家庭中地位平等;夫妻有互爱互敬、互相帮助、互相扶养、和睦团结、劳动生产、抚育子女,为家庭幸福和新社会建设而共同奋斗的义务;夫妻双方均有选择职业、参加工作和参加社会活动的自由;夫妻双方对于家庭财产有平等的所有权与处理权;夫妻有各用自己姓名的权利;夫妻有互相继承遗产的权利。”这些规定明确了妇女在家庭中与男子享有同等的权利,使妇女的人格得到了充分的尊重,使传统的夫为妻纲失去了法律的依据。

第五,强调离婚自由,但反对轻率离婚。新中国以法律保障男女结婚自由的同时,同样以法律保障男女离婚自由权,目的在于使那些陷于婚姻痛苦而坚决要求离婚的当事人尤其是妇女及时得到解放。但同时又反对草率离婚的行为。《婚姻法》第 17 ~ 19 条规定:“男女双方自愿离婚的,准予离婚。男女一方坚决要求离婚的,经区人民政府和司法机关调解无效时,亦准予离婚;女方怀孕期间,男方不得提出离婚;男方要求离婚,须于女方分娩一年后,始得提出。但女方提出离婚,不在此限。”

第六,关于离婚后子女的抚养和教育问题上,突出保护妇女和子女合法利益的原则。《婚姻法》第 20 ~ 22 条规定:“父母与子女间的血亲关系,不因父母离婚而消灭。离婚后,子女无论由父方或母方抚养，仍是父母双方的子女。离婚后父母对于所生的子女，仍有抚养和教育的责任；离婚后，女方抚养的子女，男方应负担必需的生活费和教育费全部或一部，负担费用的多寡及期限的长短，由双方协议。协议不成时，由人民法院判决；女方再行结婚后，新夫如愿负担女方原生子女的生活费和教育费全部或一部，则子女的生父的负担可酌情减少或免除。”

1950 年《婚姻法》是一场触及个人生活、社会秩序乃至国家制度安排的重大社会改革。《婚姻法》的这些内容无疑在当时的中国大地上投下了重磅炸弹。许多长期生活在不幸婚姻中的妇女看到了光明的希望，全国很快掀起了第一波离婚潮。在北京等 21 个大中城市中，1950 年 1 ~ 4 月受理离婚案件 9 300 件；法律颁布后，5 ~ 8 月猛增到 17 763 件，增加了 91% 。从全国来看，1950 年离婚案近 19 万件；至 1953 年达到顶峰，达到了 117 万件。提出离婚的多数是女性。[①] 根据西北地区安塞、洛川、黄陵、甘泉、宜川等县 1951 年上半年不完全统计，离婚者共 323 人；法院共受理婚姻案件 291 件，占全部民事案件的 51.6% 而其中由女方提出的达 90% 以上。中南区六省在《婚姻法》颁布后 1 年的时间里，受理婚姻案件 90 425 件，其中妇女主动提出来的 70 000 件以上。河南省鲁山县 1950 年 5 月《婚姻法》颁布后至 1951 年 10 月共受理离婚案件 886 件。从各地法院受理的离婚案件来看，1950 年为 186 167 件，1951 年为 409 500 件，1952 年上半年为 398 243 件。[②] 离婚的理由，大部分是因包办婚姻引起的意见不合，亦有重婚、遗弃、虐待等。

4. 婚姻法的贯彻实施

(1)以全党的高度组织贯彻执行。为保障《婚姻法》的顺利实施，中共中央于 1950 年 4 月 30 日下发《关于保证执行婚姻法给全党

① 秦右：“《婚姻法》制定实施的过程”，http://history.sina.com.cn/bk/jgcqs/2015－10－21/1148127030.shtml。访问日期 2015－12－13。

② 以上统计资料转见张成洁：“1950 年《婚姻法》及其引发的社会变革——纪念 1950 年《婚姻法》颁布 60 周年”，载《江苏大学学报》(社会科学版)2010 年第 5 期。

的通知》，要求各级党委“把保证婚姻法正确执行的宣传工作和组织工作，当作目前的和经常的重要工作任务之一”。“如果共产党员有干涉男女婚姻自由行为以及因干涉婚姻自由而造成被干涉者的伤害或死亡的行为，将不仅应负民事和刑事的责任，而且受到国家的法律制裁，并且首先将受到党的纪律制裁。”①

同日，全国总工会、团中央、全国青联、全国学联、全国妇联等五大群众团体联合发布《关于拥护中华人民共和国婚姻法给各地人民团体的联合通知》。1950 年 6 月 26 日，中央人民政府法制委员会发布了《有关婚姻法施行的若干问题与解答》。中央人民政府政务院于 1951 年 9 月 26 日发布了《关于检查婚姻法执行情况的指示》。1951 年 11 月 8 日，政务院人民监察委员会发布了《关于监督检查婚姻法贯彻执行的指示》。1952 年 7 月 25 日，中央人民政府内务部、司法部发布《关于继续贯彻婚姻法的指示》等。通过这些指示、通知可以看出，1950 年婚姻法的推行是从全党、全国的高度来推动婚姻改革运动的。

（2）全国范围内的宣传动员。为了推进婚姻法的实施，政务院成立以沈钧儒为主任、何香凝等人为副主任的中央贯彻婚姻法运动委员会，华北、东北、中南、西南、西北各大行政区和北京、天津两市也相继成立贯彻婚姻法运动委员会。运动先用两个月时间，在 2 726 个农村、工矿、街道进行典型试验，训练 347 万基层干部和大批宣传员、积极分子，印发 2 000 多万份宣传品，随后在全国 70% 以上的地区开展，受到教育的成年人口 1.4 亿，占全国成年人口的 43.2%。华北地区集训 155.5 万多基层干部和积极分子，印发 109.9 万份宣传品，选择 312 个有代表性的村、街进行调查研究和重点试验，4 月份后出动 100 多万宣传员，分片包干地深入基层进行宣传。②

① 《中华人民共和国婚姻法资料选编》，第 80 页、第 81 页。

② 王思梅：“新中国第一部《婚姻法》的颁布与实施：离婚自由争论最大”，载《党的文献》2010 年第 3 期。

婚姻法颁布后，各地也响应中央号召，积极开展婚姻法的宣传。上海市在婚姻法颁布后随即展开了广泛的宣传活动。市妇联在不到1年的时间里，通过召开各种妇女代表会议、定期讲座或训练班等形式展开婚姻法的宣传，听过婚姻法报告的妇女有103 585人，全市有4万多妇女代表进行了系统的婚姻法学习。为广泛开展婚姻法的宣传教育工作，1951年5月5日，山东省文登区妇女联合会与山东省人民法院文登分院在文城土产大会上，联合设立了婚姻法宣传棚，前后6天的宣传时间，共有观众15 000余人，其中妇女有8 000人，占总人数60%弱；从年龄上看青年男女约7 000人，占50%弱；中年男女约5 000人，占30%强；老年人约3 000人，占20%。①

(3)采取严厉措施，检查应对婚姻法执行中的违法犯罪行为。1950年的《婚姻法》的变革其实际上是直接向封建的男尊女卑、夫权至上的婚姻家庭发出挑战，必然遭到强大的习惯势力的顽固抵制和反抗。不少地区，包办买卖婚姻仍很流行，婚姻自由仍被干涉，妇女因受压迫、受虐待要求自由结婚、离婚而遭杀害的案件，因不堪忍受旧势力残害而被迫自杀或他杀的数目居高不下，各种惨剧悲剧触目惊心，一时成为突出的社会问题。据中南区1951年不完全统计，各地妇女因婚姻不能自主受家庭虐待而自杀或被杀的，一年有一万多人。据婚姻法执行情况中央检查组华东分组1952年不完全统计，妇女因婚姻问题自杀被杀的，皖北28个县，一年内有1 238人；1951年1～11月，山东11个专区有2 094人；1951年1～11月，浙江浦江县有53人；1951年10月一个月，皖南歙县大富区有18人；1950年5月至1951年7月，苏北南通分区共有178人；1951年1～10月，苏南常熟县有56人。估计婚姻法颁布后1年内华东妇女被虐杀自杀死亡人数约在10 000人左右。即使在1953年的婚姻运动以后，因婚姻问题及家庭纠纷而发生的自杀被杀现象，在有些地区仍很严重，

① 以上统计资料转见张成洁："1950年《婚姻法》及其引发的社会变革——纪念1950年《婚姻法》颁布60周年"，载《江苏大学学报》(社会科学版)2010年第5期。

据不完全的统计，河南省自1953年1～5月，因婚姻及家庭纠纷而死的509人（男141人，女368人）；湖南省83个县、市，自1953年1～5月，死311人；山西省榆次、雁北、忻县、运城、临汾五个专区的22个县，自1953年4～7月，因婚姻纠纷发生命案39起，死亡42人（女36人，男3人，幼儿3人），受伤6人（男1人，女5人）；绥远省集宁专区1953年1～6月，因婚姻问题自杀被杀者75人（男42人，女33人，大都是青壮年）。个别地区贯彻婚姻法运动后因婚姻及家庭纠纷而自杀被杀者反比运动前增多，如河南商丘专区1953年上半年共死妇女329人，其中在运动前（一、二月份）死60人，在运动中（三、四月份）死84人，在运动后（五、六月份）死185人。洛阳专区是贯彻婚姻法运动开展得较好的地区，但仅孟津及嵩县，在运动后3个月内仍发生打骂虐待妇女258起，打伤72人（死的还未统计）。①

针对各地发生的因婚姻问题所致的虐杀、自杀案件，许多地方存在的干涉婚姻自由、虐待妇女和子女的违法行为，特别是部分干部袖手旁观或有意宽纵、袒护甚至自身直接干涉婚姻自由的行为，中央人民政府政务院于1951年9月26日发布了《关于检查婚姻法执行情况的指示》（以下简称《指示》）。《指示》不仅明确了各级政府及基层干部查处杀害妇女或致妇女自杀案件的责任，而且明确对残害、虐杀妇女的犯罪行为持坚决的打击态度。《指示》指出："干部中如有宽纵、袒护罪犯，或干涉男女婚姻自由因而促成妇女被杀或自杀者，应按责任轻重，予以应得的处分。今后如有妇女因婚姻问题得不到婚姻法所赋予的权利与保护而被杀或自杀者，区、乡、村（街）级的主要干部，首先应负一定责任。""在中国这样一个受长期封建社会统治的社会中，婚姻法的执行，是一件艰巨的社会改革工作，必须经过经常的有系统的思想斗争和法律斗争才能贯彻。为此，各级人民政府一方面必须把贯彻婚姻法的执行和对于干部与人民的思想教育，当作

---

① 以上统计资料转见张成洁："1950年《婚姻法》及其引发的社会变革——纪念1950年《婚姻法》颁布60周年"，载《江苏大学学报》（社会科学版）2010年第5期。

相当长时期内经常的重大政治任务，并领导司法、民政、公安、文教等机关并与各民主党派、各人民团体通力合作，尽可能结合当地土地改革、民主建政等中心工作切实进行；另一方面，必须对于因干涉婚姻自由而伤害、虐杀妇女或逼致妇女自杀的严重罪行，采取严肃的法律手段，予以制裁。各级人民政府对于这种已经发生的伤害、虐杀妇女或逼致妇女自杀的案件，应即进行检查。已判者，如有错误，应予查明，依法处理；未办者，必须严加追究，依法制裁：务使每个犯罪者都受到应有的惩处。"①

这一指示也同时表明，国家上层已经清醒地认识到婚姻法的执行是一项艰巨的社会改革工作，必须经过长期的思想斗争和法律斗争才能彻底贯彻和执行，绝不是可以一蹴而就的。因为与女性权利密切相关的"婚姻、家庭法律制度是法律体系中最具民族特色、与国情民风联系最为直接、密切的部分。无论是法律制度的渐进式演变、革命性变革，还是移植式引进，婚姻、家庭制度都最大限度地保留本国文化的传统因子，并展示其保守性、稳定性。传统中国，重宗法血缘，讲伦常关系，婚姻、家庭、继承制度尤其受到宗法文化的影响而具有独到的坚韧性"。② 因此，在这一领域推行法律变革，所导致的固有法和新制度之间的冲突较其他领域的法律移植更为激烈，推进其近现代化的历程，必然会遇到更大的阻力，使得近现代亲属法的制定和发展呈现出曲折的、渐进的特点。事实上，人类社会制度的演进从来都是两种对立力量抗衡过程中此消彼长的自然结果。

（二）1980 年婚姻法的制定

1. 制定的历史背景

"文化大革命"十年浩劫，很多法律实施受到了严重影响，婚姻法的实施也受到重创。中华人民共和国成立后的 30 年间，我国的社会

---

① 张培田编：《新中国法制研究史料通鉴》，中国政法大学出版社 2003 年版，第 779 页。

② 王新宇：《民国时期婚姻法近代化研究》（朱勇序），中国法制出版社 2006 年版。

生活包括婚姻家庭生活发生了巨大变化，在当时的情况下某种程度上亲情、爱情不被看作最重要的，某种意识形态或者政治的原因影响了家庭。甚至一些婚姻陋俗又有抬头的倾向，如包办婚姻、买卖婚姻又开始在农村地区出现。所以，"文化大革命"之后，1978 年 12 月召开了中国共产党第十一届三中全会，全会作出要把工作重点转移到社会主义现代化建设上来的战略决策，还着重提出了健全社会主义民主法制的任务。特别是 1978 年 3 月 5 日第五届全国人民代表大会第一次会议修正通过的《中华人民共和国宪法》，明确规定："妇女在政治的、经济的、文化的、社会的和家庭的生活各方面有同男子平等的权利。""男女婚姻自主。婚姻、家庭、母亲和儿童受国家的保护。"①宪法的这一补充修订，为进一步修改婚姻法提供了法律依据。

1978 年 10 月，中央政法小组召开的座谈会上，在准备制定民法、刑法的同时，也提出了要着手修订婚姻法。根据这一计划，从 1978 年开始，全国妇联就根据我国 30 年来婚姻法贯彻实施的情况和当时存在的问题，向党中央写了一份报告，提出了婚姻法修改的必要性。经党中央批准，成立了婚姻法修改小组。修改小组在 1950 年《婚姻法》的基础上，根据30 年的实践经验和新的情况、新的问题，完成了具体的修订工作。修改制定后的《婚姻法》于 1980 年 9 月 10 日经第五届全国人民代表大会第三次会议正式通过，自 1981 年 1 月 1 日起开始施行，这就是 1980 年的《婚姻法》。

2. 1980 年《婚姻法》对 1950 年《婚姻法》的修改

（1）基本原则的重要补充和修改。①1980 年《婚姻法》在 1950 年《婚姻法》规定的四个基本原则基础上，重申了实行婚姻自由、一夫一妻、男女平等、保护妇女儿童合法权益原则外，增加了实行计划生育原则和保护老人合法权益的内容；②除重申禁止包办、强迫婚姻和其他干涉婚姻自由的行为，禁止借婚姻索取财物，禁止重婚之外，增加"禁止家庭成员间的虐待和遗弃"及"禁止买卖婚姻"的规定。

---

① 张希坡：《中国婚姻立法史》，人民出版社 2004 年版，第 203 ~ 204 页。

(2)修改了结婚条件。①关于法定婚龄,男女各提高了2岁,将原男20周岁、女18周岁,提高为“男不得低于22周岁,女不得低于20周岁”,并增加了“晚婚晚育应予鼓励”的规定;②将“其他五代内的旁系血亲间禁止结婚的问题,从习惯”,修改为“三代以内的旁系血亲”禁止结婚;③禁止结婚的疾病,只明确“患麻风病未经治愈或患其他在医学上认为不应当结婚的疾病”,删除了原规定的“患花柳病或精神失常未经治愈”的规定,也将“有生理缺陷不能发生性行为者”一并删除;④增加第8条“登记结婚后,根据男女双方约定,女方可以成为男方家庭的成员,男方也可以成为女方家庭的成员”的规定。这树立了男到女家落户的新风尚,也是在男女平权方面作出的努力。

(3)在家庭关系方面。①关于夫妻关系,保留了原来夫妻平等权利的规定,增加了“夫妻双方都有实行计划生育的义务”,删除了原规定的“夫妻为共同生活的伴侣”和“夫妻有互爱互敬、互相帮助……”等的规定;②关于亲子关系,除重申了亲子之间互有抚养教育和赡养扶助的义务外,增加了“子女不履行赡养义务时,无劳动能力的或生活困难的父母,有要求子女付给赡养费的权利”,“子女不履行赡养义务时,无劳动能力的或生活困难的父母,有要求子女付给赡养费的权利”,此外还明确了“父母有管教和保护未成年子女的权利和义务。在未成年子女对国家、集体或他人造成损害时,父母有赔偿经济损失的义务”,还增加了“子女可以随父姓,也可以随母姓”的规定;③将祖孙及兄弟姐妹关系列入新《婚姻法》,明确规定:“有负担能力的祖父母、外祖父母,对于父母已经死亡的未成年的孙子女、外孙子女,有抚养的义务。有负担能力的孙子女、外孙子女,对于子女已经死亡的祖父母、外祖父母,有赡养的义务”,“有负担能力的兄、姊,对于父母已经死亡或父母无力抚养的未成年的弟、妹,有抚养的义务”。

(4)改进了我国离婚制度,并增加了准予离婚的法律原则。①1980年《婚姻法》明确规定男女一方要求离婚,经人民法院调解无效,如夫妻感情确已破裂,应准予离婚。将“感情确已破裂”作为离婚的条件,确立准予离婚的法定条件,与1950年《婚姻法》相比上述新条款并无突破性的进步。②坚持“女方怀孕期间,男方不得提出离婚;男方要求离婚,须于女方分娩一年后,始得提出。但女方提出离婚的,不在此限”。增加了女方提出离婚的,“或人民法院认为确有必要受理男方离婚请求的,不在此限”的规定。

(5)增加了制裁办法和强制执行。1980年《婚姻法》规定对违反婚姻法的行为得分别给予行政处分或法律制裁。对拒不执行人民法院有关抚养费、扶养费、赡养费、夫妻财产分割和遗产继承等具有财产内容的裁定、调解协议或判决者,人民法院得依法强制执行。这对于维护婚姻法的严肃性、权威性起到了作用。

1980年《婚姻法》作为中华人民共和国成立后的第二部婚姻法,是在1950年《婚姻法》的基础上吸收总结国家成立以来建立社会主义婚姻家庭制度经验的基础上制定修改而成的。虽然个别地方还存在一些问题和不足,但它的实施对于建立和巩固我国社会主义国家的婚姻家庭关系、维护社会稳定团结起到了重要的积极作用。

(三)2001年《婚姻法》

1. 修订的历史背景

2001年《婚姻法》修订的背景包括两个方面:

一是,改革开放20年来,随着我国政治、经济的重大变革,婚姻家庭也出现了一些新的情况和新的问题。特别是随着改革开放,国外的“性自由”“性解放”观念传入中国,国人在婚姻家庭、两性观念上都出现了一些不良的风气,重婚、包“二奶”、养“小三”、姘居的风气盛行,给传统的婚姻家庭观念带来了新的挑战。离婚妇女的合法权益往往得不到保障,离异家庭子女的抚养、教育问题得不到妥善解决,老人的赡养得不到落实,家庭暴力呈上升趋势,并由此引发了女性犯罪的上升等。而1980年《婚姻法》是在1950年《婚姻法》的基础上修订的,它的实施对于建立和巩固我国社会主义婚姻家庭关系起了重要的积极作用。但1980年《婚姻法》随着时间的推移,日益不适应新形势的需要。因此,我国广大人民群众迫切希望及早修改

《婚姻法》。这是我国《婚姻法》修订的国内背景。

二是,从国际背景看,20 世纪 60 年代以来,一夫一妻的婚姻家庭制度在西方社会受到了严重的挑战。60 年代中期以来,“家庭革命”伴随着“性自由”的浪潮滚滚而来。一些国家通过了“无过错离婚法律”,取代“有过错离婚法”,这样使离婚率翻番式上升。如美国实施“无过错离婚法律”以来,国内的离婚率一直在上升(1966 年为 25% ,1980 年为 53%),初婚夫妇中有一半以上离婚,再婚夫妇离婚率高达 70% 。社会学界惊呼为“离婚爆炸”。在英国,法律规定,一对夫妇只要无 16 岁以下的子女,就可以在提出离婚申请 6 个月后办理离婚手续。由于离婚轻而易举,英国遂成为欧洲离婚问题最严重的国家,有 40% 的家庭因离婚而解体,有 1/3 的婴儿是非婚生子女。婚姻家庭的动荡对妇女儿童产生了特殊的影响。经过 20 多年的实践,“离婚浪潮”和“性自由”使西方传统的家庭受到了严重的损害。这些情况引起了西方国家政府与公众的忧虑。80 年代开始出现了一股支持婚姻家庭稳定的世界性潮流。① 关注家庭的稳定和发展,已成为世界各国政府和人民的共识。90 年代,“回归家庭”的趋势进一步发展。令人瞩目的是,不少国家正在或已经修改了婚姻家庭法律,试图运用法律的力量来维护婚姻家庭的稳定。1998 年在美国召开了国际家庭与调解法院协会第 32 届年会,17 个国家 700 名代表参加。与会专家指出,高离婚率带来了严重的后果:一是社会不稳定,二是人们对婚姻和家庭失去了信心,三是出现了大量的单亲家庭,妇女、儿童首先受害。他们认为,要支持婚姻稳定,这种“支持婚姻稳定”的世界性潮流是一种积极的现象。② 这一潮流也推动着我国顺应时势修订《婚姻法》,以保护当事人的合法权益,维护婚姻家庭的稳定,促进社会文明进步。

---

① “婚姻法修正的主要内容、理由分析以及新婚姻法补充、完善的建议”,载 http://www.51lunwen.com/marriagelaw/2012/0319/lw201203191623115969.html。访问日期 2015 — 12 — 14。

② 巫昌祯:“修改婚姻法的背景及思路”,载《中国妇运》2001 年第 5 期。

2. 2001 年《婚姻法》的主要突破

(1)总则的突破。将原法律第 3 条第 2 款修改为:“禁止重婚。禁止有配偶者与他人同居。禁止家庭暴力。”在新增的第 4 条增设了“夫妻应当互相忠实,互相尊重”的原则;第 4 条还规定了婚姻双方和家庭成员的共同责任,明确“家庭成员间应当敬老爱幼,互相帮助,维护平等、和睦、文明的婚姻家庭关系”。

(2)新修改的《婚姻法》与以前的《婚姻法》相比,增设了无效婚姻和可撤销婚姻制度。第 10 条明确规定:“有下列情形之一的,婚姻无效:(一)重婚的;(二)有禁止结婚的亲属关系的;(三)婚前患有医学上认为不应当结婚的疾病,婚后尚未治愈的;(四)未到法定婚龄的。”修改后的《婚姻法》第 11 条还规定了可撤销婚姻,明确“因胁迫结婚的,受胁迫的一方可以向婚姻登记机关或人民法院请求撤销该婚姻。受胁迫的一方撤销婚姻的请求,应当自结婚登记之日起一年内提出。被非法限制人身自由的当事人请求撤销婚姻的,应当自恢复人身自由之日起一年内提出”。

(3)关于离婚制度:①继续坚持以“感情确已破裂”作为裁判离婚的实质标准,对离婚的法定理由增设了若干列举性、例示性的规定,如第 32 条明确规定:“有下列情形之一,调解无效的,应准予离婚:(一)重婚或有配偶者与他人同居的;(二)实施家庭暴力或虐待、遗弃家庭成员的;(三)有赌博、吸毒等恶习屡教不改的;(四)因感情不和分居满二年的;(五)其他导致夫妻感情破裂的情形。一方被宣告失踪,另一方提出离婚诉讼的,应准予离婚。”②将“现役军人的配偶要求离婚,须得军人同意”修改为“现役军人的配偶要求离婚,须得军人同意,但军人一方有重大过错的除外”。③新修改的《婚姻法》确立了离婚过错赔偿原则。第 46 条明确规定:“有下列情形之一,导致离婚的,无过错方有权请求损害赔偿:(一)重婚的;(二)有配偶者与他人同居的;(三)实施家庭暴力的;(四)虐待、遗弃家庭成员的。”④新增加了“离婚经济补偿制度”,第 40 条明确规定:“夫妻书面约定婚姻关系存续期间所得的财产归各自所有,一方因抚育子女、照料老人、协助另一方工作等付出较多义务的，离婚时有权向另一方请求补偿，另一方应当予以补偿。”⑤明确一方转移、隐匿财产的处理措施。第47条规定：“离婚时，一方隐藏、转移、变卖、毁损夫妻共同财产，或伪造债务企图侵占另一方财产的，分割夫妻共同财产时，对隐藏、转移、变卖、毁损夫妻共同财产或伪造债务的一方，可以少分或不分。离婚后，另一方发现有上述行为的，可以向人民法院提起诉讼，请求再次分割夫妻共同财产。”

（4）在夫妻财产制上。①改进了原有的法定夫妻财产制，分别列举了法定夫妻财产制中双方共有财产和一方个人财产的种类和范围。新修改的《婚姻法》第17条确定：“夫妻在婚姻关系存续期间所取得下列财产归夫妻共有：工资、奖金；生产、经营的收益；知识产权的收益；除婚姻法另有规定以外的继承或赠予所得的财产等，归夫妻共同所有”；第18条明确了个人财产的范围：“有下列情形之一的，为夫妻一方的财产：（一）一方的婚前财产；（二）一方因身体受到伤害获得的医疗费、残疾人生活补助费等费用；（三）遗嘱或赠与合同中确定只归夫或妻一方的财产；（四）一方专用的生活用品；（五）其他应当归一方的财产。”②规范了夫妻财产约定，包括约定的内容、形式和效力等。

（5）关于救助措施和法律责任。删除了原1980年《婚姻法》第34条“违反本法者，得分别情况，依法予以行政处分和法律制裁”的规定，补充了五项内容：①针对家庭暴力或虐待行为，明确规定了受害人的救济请求权和社会救治责任与渠道。②针对不履行扶养义务、遗弃家庭成员的行为，规定受害人有权提出请求，居民委员会、村民委员会以及所在单位应当予以劝阻、调解；人民法院应当根据受害人的请求依法作出支付扶养费、抚养费、赡养费的判决。③针对重婚行为、实施家庭暴力或虐待、遗弃家庭成员构成犯罪的行为，不仅规定依法追究刑事责任，而且规定“受害人可以依照刑事诉讼法的有关规定，向人民法院自诉；公安机关应当依法侦查，人民检察院应当依法提起公诉”。④针对离婚中发生的侵犯夫妻共同财产权的行为，规定了民事处理方式，纳入了民事制裁范畴。⑤将原《婚姻法》第35条的规定修改为："对拒不执行有关扶养费、抚养费、赡养费、财产分割、遗产继承、探望子女等判决或裁定的，由人民法院依法强制执行。有关个人和单位应负协助执行的责任。"

3. 2001年《婚姻法》的总体评价

2001年《婚姻法》总体上讲，是一部相对比较成功的立法：

一是凸显了婚姻法的伦理导向特征。婚姻家庭关系是一个以两性结合为前提，以血缘关系为纽带的伦理单元，这一单元关系的调整具有深刻的伦理性。在婚姻道德多元化的现代社会，由于两性观念及婚姻观念的不同，一些不良的两性关系如"包二奶"、养情人、纳妾、未婚同居等现象增多，严重破坏一夫一妻制度，违背了社会主义婚姻家庭的道德人伦，导致家庭危机甚至恶性事件发生，影响社会安定。为了抑制这种现象，《婚姻法》修正案明确规定禁止重婚、禁止有配偶者与他人同居、夫妻间有互相忠诚尊重的义务，还规定因重婚、婚外情导致离婚的夫妻中无过错一方有损害赔偿请求权，以此惩罚有过错一方。立法机构希望通过这种导向来维护社会伦理、稳定婚姻家庭，降低离婚率，这是非常可取的。体现了依法治国与以德治国相结合的要求，"是贴近生活充满伦理性的法律，对提高人们的道德水平、营造良好的社会风气、促进家庭的文明和睦、社会的稳定都会起到积极的作用"。①

二是进一步体现了婚姻家庭法弘扬公平正义、张扬人文关怀的精神。如第一次在中国法律的层面上作出了禁止家庭暴力的规定。为了制止家庭暴力事件的发生、打击和惩处家庭暴力的违法犯罪行为，《婚姻法》修正案除了重申关于禁止虐待家庭成员的规定外，明确规定了禁止家庭暴力及受害人在遭受家庭暴力后可以采取的救济措施，包括向公安机关或者居委会求助。同时赋予因家庭暴力导致离

① "新《婚姻法》5年实践之评析"，作者不详，载法律快车 http://www.lawtime.cn/info/minshi/mssslunwen/2011082449203.html。访问日期2015－12－15。

婚的无过错方在离婚时的损害赔偿请求权。尽管这些规定并无特别的性别指向,但立法显然是针对我国大多数妇女以及儿童、老人在社会与家庭中仍处于弱势、易受侵害的现实状况制定的,是以实现法律的公平、正义,保护在家庭中处于弱势地位的妇女、儿童与老人的合法权益为目的的,明显体现了其公平正义及人文关怀的价值取向。

三是进一步完善法律制度,强化法律责任,体现了婚姻法与时俱进的精神。在《婚姻法》的修订过程中,考虑到婚姻家庭关系中出现的新情况、新问题,以及在跨入 21 世纪之后我国将要面临的机遇与挑战,增加与完善了一些必不可少的制度及规定。如增加了无效婚姻与可撤销婚姻的规定,进一步完善了结婚制度。再如根据我国目前夫妻财产的状况,对原有的夫妻财产制度进行了重大修改,在对法定的夫妻共同财产范围作出明确规定的同时,还增加了对个人持有财产和约定财产的规定,在司法解释中还对财产的形式做了细化。又如在保障离婚自由的同时,规定了认定夫妻感情确已破裂的五种情形,便于法院具体操作适用。此外,2001 年《婚姻法》还增加了法律责任一章,以强化婚姻法的强制性,保障婚姻法各项制度的贯彻实施,保障当事人权利的实现,体现了与时俱进、与社会发展同步的精神。

尽管 2001 年《婚姻法》取得了可喜的进步,但作为一个阶段性、过渡性的立法措施,其制度性的缺失以及内容的过于简单、难于操作,使其仍然有很大的修改空间,存在的主要问题如下:

一是存在重大的制度性、体系性缺失。婚姻家庭法的制度体系尚未全面确立。缺失之一是作为调整婚姻家庭关系的专门法律,缺乏有关亲属制度的一般规定。缺失之二是未设立亲权制度,使父母子女关系的规定过于简单,不利于对未成年子女的保护。

二是有些规定未能达到与时俱进,缺少新意。结婚制度是婚姻制度的重要组成部分,此次修法对结婚条件未做任何修订。实际上,随着社会的发展,人们的婚姻观念、生育观念均发生了较大的变化。面对社会的变化,法律要有所应对,及时作出回应。如目前非婚同居现象非常普遍，事实婚姻也未因法律的不承认而有所减少，同性恋现象也逐年增加。但新《婚姻法》却无视这种现象的普遍存在，没有建立准婚姻法律制度，使现实生活中具备婚姻形式与功能的非婚同居、事实婚姻、同性恋缺乏调整的依据。

三是现有的制度规定中存在内容失之过简、规定过于抽象、难以操作的问题并未得到实质性的改变。2001 年的修订后的《婚姻法》，只有 51 条，这不仅与其他国家动辄数百条的规范无法相比，与我国对财产法规范的数量也不成比例。这导致司法实践中，出现由于法条过于简略、无法操作、法官只能靠司法解释执法的尴尬局面。特别是有关夫妻之间互相忠实的规定，没有操作的标准，使司法实践中出现的大量不忠于配偶的案件缺乏有效的调整。此外关于离婚救济制度的规定也过于简单概括，使司法实践中真正寻求离婚救济的弱势方的利益无法得到有效的保护。

第二章　婚约法律问题研究

一、婚约法律问题概述

（一）婚约的定义

婚约是指“一男一女间以将来订立婚姻之契约为目的，所订立之预约也”。[①] 由此可见，婚约为婚姻之预约。

（二）我国婚约制度的历史发展

1. 早期型婚约

早期型婚约主要是奴隶社会和封建社会的婚约。婚约起源于个体婚形成初期的有偿婚。[②] 在订定婚约时，男方要向女方支付一定的财产，可以是现金，也可以是财物，以此证明男方欲与女方成婚的诚意。女方家接受男方家的财物后，就负有与男方成婚的义务；如果女

① 胡长清：《中国民法亲属论》，商务印书馆1936年版，第56页。

② 李珏：“当代中国婚约初探”，载高其才主编：《当代中国婚姻家庭习惯法》，法律出版社2012年版，第66页。

方反悔，男方家可以请求官府强制女方履行婚约。如在旧时的中国，婚约是结婚的第一个阶段，一旦男女双方订了婚，夫妻身份即由此而确定，成婚不外乎是其自然趋势的完成。[①] 当时的婚约具有很重要的作用和较强的效力：①订立婚约是结婚的必经程序，无婚约的婚姻往往被视为无效；②婚约一经订立，便产生法律效力，无故违约要受到法律制裁；③婚约往往是包办买卖婚姻的产物，大多由当事人的父母或其他尊长代为订立。婚约一旦订立，即对双方当事人特别是对女方产生强制履行的拘束力，女方有与对方成婚的义务，不允许任意悔约，否则男方可以请求法庭强制女方履行婚约。如唐律户婚律、第175条规定："诸许嫁女，已报婚书及有私约，而辄悔婚者，杖六十。虽无婚书，但受聘财亦是。但男家自悔者，无罪，财礼不追。若更许他人者，杖一百，已成者，徒一年半，后娶者知情，减一等，女追归前夫，前夫不娶，还聘财，后夫婚如法"。[②]《大清律》（户律·婚姻）规定："（1）凡男女订婚之初，若有残疾、老幼、庶出过房、乞养者，务要两家明白通知，各从所愿、写立婚书，依礼聘嫁。若许嫁女已报婚书，及有私约而辄悔者，笞五十；虽无婚书，但曾受聘财者亦是。（2）若再许他人，未成婚者，杖七十；已成婚者，杖八十。后定娶者知情，同罪，财礼入官；不知者，不坐，追返财礼，女归前夫。前夫不愿者，倍追财礼给还，其女仍从后夫。男家悔者，罪亦如之，不追财礼。"[③]

历朝法律均规定：婚嫁皆由祖父母、父母主婚，父母俱无者，从余亲主婚。[④] 按照这一规定，婚约以父母、祖父母（尤其父、祖父）或尊长为主体，婚约成立以父母之意愿为实质要件。若婚约不具备主婚权人"主婚"这一条件，则主婚权人可以主张撤销该婚约。至于男女

① ［日］滋贺秀三：《中国家族法原理》，张建国、李力译，法律出版社2003年版，第382页。

② 刘俊文：《唐律疏议笺解》，中华书局1996年版，第1009页。

③ 陈惠馨："我国近代有关定婚规定的比较及其发展"，载《政大法学评论》1988（总37）。

④ 《"中华民国民法"制定史料汇编》（下），台湾司法行政主管部门1976年版，第3～31页。

双方并非婚姻的主体，可以说他们是被结合者。

2. 近现代的婚约

清末制定的《大清民律草案》没有关于婚约的规定。而民国初年，北洋军阀的大理院对定婚做如下解释："定婚为成婚者之前提，据现在继续有效之前清现行法律，男女定婚，写立婚书，依礼聘嫁。"此外大理院通过判例明确：首先，婚姻之当事人是男女两造，而非主婚权人；其次，宣示婚约为一种契约，婚姻之实质要件在成年之男女，应取得其同意。若定婚两造无一致之意思表示，虽具备形式要件，也不能认为婚约已成立；如果子女成年后对于父母所定之婚约不同意者，则该婚约对该子女不发生拘束力。若父母为未成年子女所定婚约，对于不同意之子女也不能强制其履行，其女诉请解除婚约，可以允许。① 民国北京政府时期制定的《民国民律草案》规定了定婚。如第1092条规定："定婚，因交换婚书或已纳聘财而生效力。"第1093条规定："男女双方虽经定婚，仍不得以之提起履行婚约之诉。但父母或监护人于定婚后反悔，而当事人两相情愿结婚者，不在此限。"第1094条规定："定婚后，男女之一方有下列情形之一时，他之一方得解除婚约：一、定婚后又与他人定婚或结婚者；二、故违结婚期约者；三、定婚后致成残疾者；四、男女之一方为奸盗者；五、有其他之重大事由者。"第1095条规定："定婚之无效或撤销或解除时，除退还婚书或聘财外，无过失之一方，对于有过失之一方，得请求赔偿损害或抚慰金。"第1096条规定："定婚之无效或撤销或解除时，男女双方，对于相合之赠与物，得请求返还。赠与物如已不存在，得依不当得利之规定，请求恢复原状。因男女之一方亡故而解除婚约者，其相互之赠与物，若无特别意思表示，不得请求返还。"南京国民政府时期制定的《亲属法》也明确规定了婚约。内容主要是："婚约应由男女当事人自行订定"。而且明确"婚约不得请求强迫履行"。明确"婚约当事人之一方，有左列情形之一者，他方得解除婚姻约：一、婚约订定

---

① 徐静莉：《民初女性权利变化研究》，法律出版社2010年版，第46页。

后，再与他人订定婚约，或结婚者；二、故违结婚期约者；三、生死不明已满一年者；四、有重大不治之病者；五、有花柳病或其他恶疾者；六、婚约订定后成为残废者；七、婚约订定后与人通奸者；八、婚约订定后受徒刑之宣告者；九、有其他重大事由者。依前项规定解除婚约者。如事实上不能向他方为解除之意思表示时，无须为意思表示，自得为解除时起，不受婚约之拘束。”“依前条之规定，婚约解除时，无过失之一方，得向有过失之他方，请求赔偿其因此所受之损害。”“婚约当事人一方，因法定理由违反婚约者，对于他方因此所受之损害应负赔偿之责”。[①]中华人民共和国成立之后的婚姻法没有关于婚约的规定。

近现代的婚约与早期型婚约相比，其性质、内容、作用和地位发生了重大变化：①订立婚约不是结婚的必经程序，是否订立婚约可由当事人自由选择；②婚约的订立须有双方当事人的合意，完全否定了父母或其他亲属代为定约的权力，一般均为非要式行为；③婚约无强制效力，也不具有严格的法律效力，当事人不因订婚而发生必须结婚的义务，法院不受理婚约履行之诉；④婚约可凭双方或一方的意愿及法定理由而随时解除。此外，明确规定对一方过错而解约造成他方损害的情况，在法律上赋予受害的无过错方请求赔偿的权利。

（三）关于婚约性质的学说

1. 契约说

主张婚约是婚姻的重要阶段，是以缔结婚姻为目的的契约行为，所以违反婚约的责任为契约责任。契约说内部又有分歧：有学者主张婚约为债权契约，有学者主张婚约为亲属法上之契约。

（1）债权契约说。此说认为婚姻是以夫妻身份关系之创设为目的之契约，婚约是以债务关系发生之目的之契约，两者完全在性质、要件及效力等方面不同。此种观点认为，对于婚约应当适用合同法

① 金眉：《中国亲属法的近代转型》，法律出版社2010年版，第241～242页。

的一般原则，尤其是关于双务契约的规定，违反婚约的责任是一种违约责任。于婚约解除时，无过失之当事人一方对于有过失之他方，得请求损害赔偿。①

（2）亲属法上之契约说。此说认为婚约为亲属法上之预约，有谓订婚关系事实上成立亲属法上的准身份关系。持此观点者其实并不排斥民法一般规定之适用，只是因其亲属法上之性质具有身份性，有强制执行的排除原因，而亲属法上之规定得以优先适用而已。

（3）债法上兼亲属法上之契约说。此说主张婚约除民法有特别规定或依其性质应有变通外，适用契约一般原则，尤其关于双务契约之规定。契约解除时无过失一方对于有过失之他方可请求损害赔偿。婚约非仅为婚姻之准备，然有多少亲属法上之效力因婚约而成立亲属法上的准身份关系。② 探究这一观点，其实与亲属法上之契约说并无太大差别。亲属法上之契约说是在亲属法上的规定得以优先适用的前提下，并不排斥民法一般规则的适用，而民法一般规则能适用于婚约的也非债法莫属。债法上兼亲属法上之契约说强调婚约除民法有特别规定或依其性质应有变通外，适用契约一般原则即债法原理。两说对解决实务问题均有实效，只是各自强调的重点不同而已。③

2. 非契约说

非契约说主张婚约是结婚的一个预备阶段，是事实过程，不是结婚的必经程序，也不是独立契约。这种事实是按照法律规定而发生一定效力，因此任何人不得基于契约提起结婚之诉，在婚约中约定不履行的违约金也归于无效。违反婚约的责任是一种因侵权行为而发生的责任。

契约说与非契约说之最大不同在于两个方面：一是非契约说认

---

① 史尚宽著：《亲属法论》，中国政法大学出版社2000年版，第113页。

② 史尚宽著：《亲属法论》，中国政法大学出版社2000年版，第114页。

③ 见“上海博士律师的博客”，http://blog.sina.com.cn/s/blog_5e1d39010100g66f.html. 2015-12-18.

为婚约不是独立契约而是事实过程，契约说则认为婚约是契约行为；二是非契约说认为违反婚约不能基于违约之诉请求赔偿而应基于侵权之诉请求损害赔偿，契约说则认为违反婚约应基于违约之诉请求损害赔偿。

3. 折中说

折中说认为，婚约虽然是一种契约，但是婚约并不同于一般契约的预约，具有身份法上的意义，因而与民法上的契约预约不同，法律不要求婚约必须履行，附加在婚约上的任何违约条款均无法律上的意义。①

笔者认为，现代意义上的婚约乃是男女双方当事人以将来结婚为目的而达成的意思表示一致的预约，能基于其意思产生一定的权利义务关系，应当算作契约的一种。但婚约又是一种特殊性质的民事契约，主要受亲属法的调整，而不受合同法的调整。

（四）我国婚约的性质及特点

1. 我国婚约的性质

我国《婚姻法》及相关的司法解释并未对婚约作出具体规定，但是在我国许多地区依然保留着定婚的习俗，因订立的婚约而引起的纠纷也不在少数。要解决此类纠纷，对婚约的性质进行清楚的认识非常必要。我国学者对此认识不一，有的学者认为婚约只是无配偶的男女之间达成的具有道德拘束力的协议。有的学者认为婚约既然不产生法律效力，那么它就不是法律行为而仅是一种事实行为。有的学者认为我国的婚约只是一种具有道德拘束力的协议，订立婚约的行为只是一种情谊行为。理由如下：

（1）婚约双方当事人没有受法律拘束的意图，因此订定婚约不是法律行为和事实行为。受法律拘束的意思是行为人欲使自己的表示

① 李珏："当代中国婚约初探"，载高其才主编：《当代中国婚姻家庭习惯法》，法律出版社2012年版，第67～68页。

行为具有法律上的约束力，从而不同于纯粹生活事实意义上的行为。[1] 而婚约双方订定婚约时并没有想受法律拘束的意图，所以不属于法律行为。此外，婚约行为根据我国现行有关法律和政策对婚约的既不提倡也不保护的态度，我国采取的是非契约说，即婚约不是结婚的必经程序，也不产生法律效力。依传统的民法理论，所谓事实行为是指不论有无意思表示，事实上有此行为即生法律上效果，如无主物的先占、遗失物的拾得。显见婚约行为也不属于事实行为。

（2）婚约当事人没有缔结法律关系的意图。在现实生活中，虽然有些行为可以当作民事法律行为来实施，但一般情况下，当事人并没有使其产生民事法律效果的意思，如请人吃饭、帮人照看小孩、免费搭乘等、相约共同外出钓鱼等这些都属于情谊行为。民法学视野中的情谊行为是指行为人以建立、维持或者增进与他人的相互关切、爱护的感情为目的，不具有受法律拘束意思的行为。单纯情谊行为本身不属于民事法律行为，而是处于法律调整范围之外的纯粹生活事实，法律不应当过度介入，否则将使得社会生活规则被破坏殆尽。[2] 法律行为与情谊行为的关键区别在于实施行为的当事人有没有想缔结某种法律关系的意思为判断标准。情谊行为当事人根本没有缔结法律关系的意思，只是随情而发或随性而发；而法律行为是行为人实施某项行为时具有缔结某种法律关系的意图时，才具有法律行为的性质，才具有法律上的意义，这个时候这项行为才是法律行为。如果不存在这种意思，则不得从法律行为的角度来评价这种行为。综上，情谊行为是一种具有法律行为外在表现，但不具有产生法律效果的意思表示，它游离于法律强制力调整范围之外，由社会习惯、风俗和道德等规范调整的行为。婚约男女双方当事人订定婚约，看似存在订立合同的“意思表示”，但根据一般生活经验和社会常识的判断，并

---

① 王雷：“论情谊行为与民事法律行为的区分”，载《清华法学》2013 年第 6 期。
② 王雷：“论情谊行为与民事法律行为的区分”，载《清华法学》2013 年第 6 期。

非期待受法律拘束，也根本没有缔结某种法律关系的意思。如果法律强制介入其中，则私人情谊将荡然无存，违背当事人的初衷。因此，订立婚约和履行婚约都必须是当事人自觉自愿的，同时这种社会关系也只能靠法律以外的道德等因素来调整。①

综上，订立婚约的行为只是一种民间习俗，它仅属于一般社会关系的层面，我们国家从新中国成立之初到目前，并未将其正式纳入法律强制的范畴内。婚约在社会生活中固然会对订约双方产生一定的道德拘束力，但婚约的履行全凭自觉自愿。因此，订立婚约的行为既不是法律行为，也不是事实行为，而是一种情谊行为。

2. 婚约的特点

(1)婚约是婚姻行为的预约，但与债法上的预约性质有异。基于债法上之预约，当事人互负有订立本约之义务，而婚约男女不能基于婚约而强制缔结婚姻。这恰恰是婚约亲属法上之属性的明显特点。

(2)婚约不可诉请强制履行。婚约虽然是结婚的预约，但并不严格具有合同法上的意义，因此婚约不具有强制执行力。婚约可以依当事人自由协商或依一方的要求而解除。也即婚约不具有法律上的强制效力，更多的是道德领域的一种义务，而非法律义务。因为婚姻自由是宪法和法律赋予的一种基本的人身自由，任何人不得强制或干涉。无婚姻关系的男女双方，即使相互之间存在婚约，婚约的约定在他们之间也不能成立有效的法律关系，因为婚约主要涉及的是人身关系领域，体现的是人的基本权利和自由，根据现代宪法的基本精神，这种人的基本权利和自由是不容许通过随意约定来加以限制和约束的。

(3)婚约不是结婚的必经程序。法律不要求当事人在结婚前必须订立婚约，婚约不是婚姻成立的必经程序。是否订立婚约，完全由双方当事人凭借自己的愿望自行决定。

---

① “浅谈中国婚约的性质与法律效益”，载 http://www.800qikan.com/minfa/1373.html。2015-12-20.

(4)婚约为非要式行为。婚约因双方当事人的意思表示一致而成立,法律没有要求婚约必须具备某种特定形式而成立。当事人订定婚约完全可以自行决定采取口头形式还是书面形式。

(5)婚约解除后会发生赠与物的返还之债及损害赔偿之债。虽然解除婚约并不产生违约责任,但由于双方在婚约存续期间,可能会发生财产的赠与及借贷问题,在婚约解除之后,会发生赠与物的返还或者损害赔偿之债。

二、婚约期间财物馈赠纠纷的处理

(一)典型案例引发的思考:恋爱期间赠送的大额钱物,分手时能否要求返还?

因录制江苏卫视知名征婚节目《非诚勿扰》而走红的25岁北京女子孙雅莉,在节目中成功牵手一位王姓男子后,却被另一男子鄂皆豪起诉悔婚索还“结婚信物”宝马车及液晶电视。原来,2010年9月孙雅莉和鄂皆豪在录制《非诚勿扰》节目时相识,随后很快确立了恋爱关系。2010年12月,鄂皆豪在将价值30万元的宝马车及4 000元的液晶电视送给孙雅莉,并带女友回老家见了父母,也随女方见过女方的父母。之后女方却突然人间蒸发,从自己的生活中彻底消失了。“悔婚很突然,人一下子就不见了。”鄂皆豪称。随后鄂皆豪多次试图联系被告,索要宝马车等,均一无所获。鄂皆豪无奈,将孙雅莉告上法庭要求讨回自己价值30万元的馈赠物。

问题:此案涉及哪些法律问题?应该如何解决?

(二)婚约期间财物馈赠纠纷的处理依据

1. 婚姻法及婚姻司法解释关于赠与处置的规定

(1)最高人民法院《关于人民法院审理离婚案件处理财产分割问题的若干具体意见》(1993年第32号)第18条规定:“婚前一方借款购置的房屋等财物已转化为夫妻共同财产的,为购置财物所负债务,视为夫妻共同债务。”

(2)2004年4月1日实施的最高人民法院《关于适用〈中华人民共和国婚姻法〉若干问题的解释(二)》(以下简称《婚姻法解释二》)第10条规定:"当事人请求返还按照习俗给付的彩礼的,如果查明属于以下情形,人民法院应当予以支持:(一)双方未办理结婚登记手续的;(二)双方办理结婚登记手续但确未共同生活的;(三)婚前给付并导致给付人生活困难的。适用前款第(二)、(三)项的规定,应当以双方离婚为条件。"此条件的规定,标志着人民法院正式以司法解释的形式对于属于彩礼性质的赠与纠纷问题如何处理作出明确规定。

(3)《婚姻法》第3条规定:禁止借婚姻索取财物。

2. 民法的相关规定

(1)《民法通则》第54条规定,民事法律行为是指公民或法人(民事主体)设立、变更、终止民事权利和民事义务的合法行为。

(2)《民法通则》第62条规定,民事法律行为可以附条件,附条件的民事法律行为在符合所附条件时生效。

(3)《民法通则》第92条规定,没有合法根据,取得不当利益,造成他人损失的,应当将取得的不当利益返还受损失的人。

3. 合同法的相关规定

《中华人民共和国合同法》第191条规定,如果在赠与时赠与人不要求履行相关条件,只要赠与人作出赠与表示而受赠人又愿意接受赠与,该合同就成立的,那么该赠与即为一般性的赠与。

(三)对相关法律适用的理解

恋爱期间的财物馈赠应定性为婚约财产纠纷。在现实生活中,伴随着婚约的订立,一般情况下还会有财产的转移,即婚约的当事人会向对方赠送一定的财物,俗称"彩礼",这些财物的赠与代表着婚约的订立。我国法律对婚约问题既未明文禁止,也未明确规定其法律效力。通常认为,根据"婚姻自由"原则和《婚姻法》"禁止借婚姻索取财物"的规定,可以得出"婚约不受法律保护"的结论。但鉴于婚约是社会上普遍存在的习俗,随着社会的发展,婚约的内涵日益丰富，在实践中与婚约有关的财产纠纷绝非“婚约不受法律保护”这一简单命题所能概括。因婚约的解除涉及的财产返还纠纷必须诉诸法律才可以解决。那么实践中如何理解这种财物馈赠呢？

1. 婚约期间的财物馈赠应定性为附婚约条件的赠与。

因订婚而赠送的财物，是为证明婚约成立并以将来应成立的婚姻为前提而增厚其因亲属关系所发生的相互间的情谊为目的的一种赠予。这种赠与行为不是单纯地以无偿转移财产为目的，是一种附条件的赠与行为。附条件的赠与行为指的是已经发生法律效力的赠与行为，在当事人约定的条件不成就时，其效力便消灭，解除当事人之间的权利义务关系（赠与行为失去法律效力）。

赠送财物的行为是男女双方订立婚约后，在预想到将来会结婚的基础上所为的赠与，以婚约的实现为条件。在婚约继续存在或者得到履行，即男女双方正式结婚的情况下，赠与行为合法、有效，财物归受赠人所有，赠与人不能索回；但如果婚约解除，男女双方不能结婚，该赠与行为所附条件就未成就，赠与行为丧失法律效力，当事人之间的权利义务关系解除。根据《中华人民共和国民法通则》第62条规定，“民事法律行为可以附条件，附条件的民事法律行为在符合所附条件时生效”。所以赠与财产应当恢复到订立婚约前的状态，即赠与财物应当返还给赠与人。①

2. 婚约期间赠送财物的行为作为一种附条件的赠与不同于民法上规定的附义务的赠与。在附义务的赠与的情况下，受赠人应当按照法律规定履行所附义务，根据这种理解，接受财物的一方应当履行婚约，与对方结婚，显然是错误的。

3. 婚约解除后，婚约期间赠送的财物的归属问题也可以依照民法上的不当得利制度处理。所谓不当得利是指没有合法根据使他人受损害而自己获得利益的行为。由于不当得利没有合法根据，所以

---

① 刘乃毓、扈秀康：“婚约解除订婚期间赠与的财物应否返还”，载中国法院网 http://www.chinacourt.org/article/detail/2004/06/id/120127.shtml。访问时间 2015－12－21。

不受法律保护，不当得利人应将所获得的不当利益返还给受损害的人。这种不当利益返还的权利义务关系就是不当得利之债。婚约期间赠送财物的行为是在男女双方订立婚约的基础上，基于对双方当事人将来能够结婚的预期而为的赠与。发生赠与的原因是由于婚约的存在，随着婚约的解除，赠与财礼的原因归于消灭，受赠人在婚约解除后丧失了继续占有财礼的法律上的原因。由于婚约解除后，财物继续由受赠人占有的法律根据消失，根据民法的公平原则，应当将财产恢复到订立婚约前的状态。所以，受赠人应当将财礼返还给赠与人，如果受赠人继续占有赠与物，即构成不当得利。按照《民法通则》第 92 条的规定，“没有合法根据，取得不当利益，造成他人损失的，应当将取得的不当利益返还受损失的人”，赠与人有权要求受赠人返还受赠的财产，受赠人负有返还自己基于婚约而获得的不当得利的义务。

（四）婚约期间的财物馈赠按照彩礼处理应注意的问题

彩礼，中国旧时婚礼程序之一，又称财礼、聘礼、聘财等。我国自古以来婚姻的缔结，就有男方在婚姻约定初步达成时向女方赠送聘金、聘礼的习俗，这种聘金、聘礼俗称“彩礼”。周代是礼仪的集大成时代，彼时逐渐形成一套完整的婚姻礼仪，《仪礼》中有详细规定，整套仪式合为“六礼”，西周时确立并为历朝所沿袭的“六礼”婚姻制度，是“彩礼”习俗的来源。“六礼”即：纳采、问名、纳吉、纳征、请期、亲迎。[①] 六礼中的“纳征”就是为了证明婚约的成立，由男方家正式向女方家送交聘财的程序，就相当于现在所讲的“彩礼”。这种婚姻习俗直到现在，仍然广为存在。

彩礼在普通理解中，尤指婚恋中男方给女方的聘礼或礼金。“彩礼”的表述并非是一个专业的法律术语，人民法院在受理有关彩礼纠纷的案件时一般都将其认定为婚约财产纠纷，目前婚前给付彩礼的现象在我国已经形成了一种约定俗成的习惯，在广大的农村及城市

---

① 张晋藩、朱勇主编：《中国法制史》，高等教育出版社 2010 年版，第 35 页。

大量存在,且有愈演愈烈,相互攀比的情况。给付和收受彩礼时间、给付的数额等内容都是在当地习惯支配下发生的,大部分情况下,既非男方主动自愿赠与,又非女方强迫索取。给付彩礼一般是以婚约为前提的,没有婚约,即使发生财产给付关系,也不能认定为彩礼。此外,这种基于婚约所发生的财产流转关系,其法律效力同样应当依附于婚约的效力。彩礼给付后,婚约有效,或依约结婚、共同生活,不存在彩礼的返还的问题;婚约失效,或婚后短时间内离婚,其彩礼的取得就失去合理性和合法性。

《婚姻法解释二》第 10 条第 1 款第 1 项规定:"当事人请求返还按照习俗给付的彩礼的,如果查明属于以下情形,人民法院应当予以支持:(一)双方未办理结婚登记手续的;(二)双方办理结婚登记手续但确未共同生活的;(三)婚前给付并导致给付人生活困难的。在第(二)项、第(三)项情形下,应当以当事人离婚为条件。"

1. 处理彩礼返还的基本原则

法律对彩礼返还作出限制性规定,除依照最高法院的司法解释外,同时还要遵循以下原则:

(1)遵循当地风俗习惯原则。婚约问题现行法律并没有加以规范,司法实践中都是依据当地风俗习惯所进行。婚约的成立、存续期间的来往以及解除等事项都是按照当地的风俗习惯而来。那么双方为此发生纠纷,当然撇不开风俗习惯在其中的作用。有些婚约当事人即使不愿意履行婚约,也害怕受到公众道德上的谴责,而依据当地习俗,积极弥补因自己解除婚约而给对方带来的损失,如给付彩礼一方主动放弃或减少要求返还的彩礼数额。其实这种习俗在法律上就可以作为"具有习惯法效力的规范"。在解决婚约彩礼纠纷案件的司法实践中,涉及彩礼返还问题时,也就应当充分遵循当地风俗习惯,在彩礼的认定、彩礼的范围、彩礼是否返还以及彩礼返还的比例等方面,都应当遵循当地的风俗习惯。当地没有给付彩礼的习俗,一方起诉要求返还彩礼的,不予支持。

(2)照顾无过错方原则。该项原则是我国婚姻家庭法中关于处理婚姻家庭案件时应当适用的一项基本原则。它不仅体现在是否准予离婚、共同财产分割及损害赔偿等方面，而且在处理婚约彩礼纠纷时也应该适用照顾无过错方原则，这不仅符合婚姻家庭法的基本宗旨和民众的道德判断，同时，也有利于婚恋诚信伦理的建立。

(3)公平原则。公平原则是与诚信原则一样，与道德规范联系非常紧密。在解决此类纠纷的过程中，应当用双方之间的利益权衡来判断是否公平，这样才能体现人民法院和法官的裁判符合其公平正义的价值目标，也更能为诉讼各方所接受，最后也有助于顺利解决纠纷，做到案结事了。①

2. 在适用《婚姻法解释二》第10条关于彩礼的处理原则时应注意如下问题：

(1)注意把握司法解释解决此类案件所坚持的基本原则。司法解释在决定彩礼是否返还时，是以当事人是否缔结婚姻关系为主要判断依据的。给付彩礼后未缔结婚姻关系的，原则上要返还；如果已经结婚的，原则上不予返还(一些特殊情形除外)；按照习俗举办了结婚仪式但没有领取结婚证书的，解除同居时彩礼原则上不予返还。

(2)结婚前给付彩礼的，必须以离婚为前提，法院才能支持当事人的返还请求。如果给付彩礼之后，在婚姻关系存续期间，给付人要求返还给付的，不予支持，因为此时夫妻尚作为一个共同体，遵循夫妻法定财产共有制。如果当事人在离婚诉讼的同时提出该项请求，法院准许离婚的，可根据情况作出是否支持返还彩礼请求；判决不准离婚的，不能支持当事人返还彩礼的请求。

(3)处理案件必须考虑当地是否确实存在婚前给付彩礼的习俗。一般来说，彩礼问题主要大量存在于我国广大的农村和经济相对不发达地区，人们迎亲嫁娶，多是按民风、民俗形成的惯例。如果当地

① "法院处理关于涉及彩礼案件的原则"，载蔡开剑律师的博客，http://blog.sina.com.cn/s/blog_5fb9328c0102ux5c.html。访问日期2015-12-21。

没有此种风俗存在，就谈不上给付彩礼的问题。对于不能认定为彩礼的、属于男女交往期间所为的给付财物如何处理，要视其具体情况及性质，由法院依法作出处理。

(4)要考虑彩礼给付时的主观意愿。彩礼的给付问题，现实中都是非自愿的。一般来讲，彩礼的给付往往迫于当地行情及女方家的要求或社会压力而不得不给。如果是完全自愿给付且无任何附加条件的属于一般赠与行为，如果没有特殊规定，通常不予支持返还彩礼的请求。

(5)给付彩礼后，虽然办理了结婚登记手续，但双方没有真正一起共同生活的，对于当事人的合法权益要给予保护。双方登记结婚后，如果一直没有共同生活，也就没有夫妻之间相互扶助、共同生活的经历，实质意义上真正的共同生活还没有开始。

(6)对于彩礼的给付、接受主体要做宽泛理解。实践中，给付彩礼并不单纯是男女双方之间的事情，更多的时候涉及两个家庭之间的往来。所以对于彩礼的给付人与接受人要做广义的理解。不能仅仅局限于准备缔结婚姻关系的男女本人，应包括各自的亲属。现实生活中，彩礼往往是给付了女方的娘家，真正用于男女结婚的很少。许多时候，彩礼是全家用共同财产给付的，甚至是全家共同举债所为。考虑到这些具体的情况，如果将给付人的主体和收受人的主体都作限制性解释的话，不利于这类纠纷的妥善解决。

(7)明确彩礼的范围：第一，对于男女双方在恋爱或婚约期间，双方平时逢年过节等人情往来，属于正常的交际往来，双方互相赠送的一般礼物，不属于彩礼的范畴，如互送的普通的衣物及日常生活用品，不返还不足以造成对方生活困难的，可不予返还；第二，对于基于习俗，一方给付对方的钱款和物品作为订婚的标志，通常称为彩礼或附结婚条件的赠与应当返还。即使不是基于习俗，恋爱一方送与另一方大宗财物（名贵手表、摩托车、金项链、汽车、房子等）和一定数额的金钱，一般应予返还；①第三，对于以财物为诱饵，玩弄异性和他人感情，道德败坏的，即使送与对方较大数额的财物，从道德角度来讲，也可以选择不返还；第四，对于以订婚为名诈骗钱财的，不论哪一方提出解除婚约，都应将所骗的财物全部返回给受害方；第五，对于举办订婚仪式花费的钱财，不得要求赔偿。

（8）婚前给付，导致给付人生活困难的，虽已结婚，也应该返还。此处的“生活困难”是指给付彩礼的一方婚前举债给付、婚后无经济来源偿还债务的，或者是婚前用家庭财产给付、婚后无固定经济来源、依靠自己的力量无法维持最基本的生活水平。确定“生活困难”需根据给付彩礼的数额，给付人经济来源，当地生活水平等因素综合考虑，目前城镇居民可参照其收入是否低于最低生活保障标准确定。司法解释的本意强调的是绝对困难。

（9）关于彩礼返还请求的诉讼时效适用 2 年的规定。诉讼时效的起算，根据《民法通则》规定，权利受到侵害从当事人知道或者应当知道之日起开始。因此，此类纠纷的起算，有以下几种情形：如果双方没有缔结婚姻关系的，给付人应当及时履行自己的权利，向对方主张自己的权利。对方拒不返还的，诉讼时效开始起算；如果双方登记结婚的，自其解除婚姻关系之日起，给付人就应当知道自己的权利受到侵害，诉讼时效开始计算。

3. 在彩礼返还案件中，不予返还的情形

法律和最高人民法院的司法解释对于彩礼返还的案件，并没有出具专门的司法解释。部分中级人民法院在当地的司法实践中，总结出相关的经验，以指导意见的形式发布。总结如下：

---

① 男女双方在订立婚约的过程中，其中一方或其家庭成员按照当地风俗习惯，给付对方数额较大的财物，应当认定为《婚姻法解释二》第 10 条所规定的“按照习俗给付的彩礼”。数额较大的财物一般指 500 元以上的现金或价值 500 元以上的首饰、电器、通信工具、交通工具、生产工具以及不动产等贵重物品。一方向对方所送的烟、酒、食品、衣物等易损耗的日常用品、请客花费以及赠送的价值较小的定情信物等，都不认定为彩礼。参见《河南省周口市中级人民法院关于审理涉及婚约彩礼纠纷案件的指导意见（试行）》第 1 条。

(1)不符合《婚姻法解释二》第10条规定情形,“(一)双方未办理结婚登记手续的;(二)双方办理结婚登记手续但确未共同生活的;(三)婚前给付并导致给付人生活困难的。适用前款第(二)、(三)项的规定,应当以双方离婚为条件”。如果不离婚请求返还彩礼的,不予支持。

(2)男女双方未办理结婚登记手续而同居生活两年以上、生育子女或者所送彩礼确已用于共同生活,一方请求对方返还彩礼的,一般不予支持。这一情况又分为三种情形:

第一,男女双方未办理结婚登记手续而同居生活两年以上。对该种情况确定不予返还,主要理由如下:中国社会传统一贯以是否举行结婚仪式并共同生活视为男女是否结婚的标志。结婚仪式举行后,双方一起共同生活,婚约就自然地过渡到婚姻阶段,在一般大众眼里,给付彩礼的目的已经实现,大众也已经视其为已婚。根据习俗,所以彩礼一般就不再返还。①

第二,双方已经生育子女的。双方的“婚姻”生活因生育子女,意味着双方的婚姻关系更加牢固,这也成为一个名副其实的家庭。如果双方解除这种所谓的“婚姻”关系,将会给女方造成更大的伤害。因此,确定这种情况下彩礼不再返还。

第三,所接受的彩礼确已用于共同生活。首先要求证明“确已”用于共同生活,避免依此为借口拒绝返还彩礼。需注意的是,共同生活的界定,主要限制在家庭成员因生活、生产需要并实际支出,比如,男女一方或双方患病花费、共同经营投资等。②

(3)若彩礼给付人在婚约、同居或婚姻关系存续期间实施暴力,

---

① “法院处理关于涉及彩礼案件的原则”,载蔡开剑律师的博客,http://blog.sina.com.cn/s/blog_5fb9328c0102ux5c.html。访问日期2015-12-21。

② 参见《亳州市中级人民法院审理婚约彩礼纠纷案件若干问题的指导意见》及《河南省周口市中级人民法院关于审理涉及婚约彩礼纠纷案件的指导意见(试行)》。

导致婚约解除或离婚，对其要求返还彩礼的请求一般不予支持。①

4. 在彩礼返还案件中，减少返还数额的情形

（1）“因给付彩礼一方的原因导致婚约解除，返还彩礼的数额可根据其过错程度、双方的经济状况等因素，酌情减少，减少的数额一般确定为彩礼总额的10%～50%。”该条规定主要基于以下理由：首先，根据各地风俗习惯，婚约的解除如果是给付彩礼的男方提出的，彩礼就不予返还或者减少返还额。因为婚约具有人身依附性以及不得强制履行的特征，加之感情不能用财产来衡量。其次，其他很多国家都规定了任意解除婚约，在一定情况下要承担财产方面的责任，比如美国法、日本法以及我国台湾地区的“法律”等。最后，减少返还彩礼的数额时，规定了一个比例，该比例既照顾到法官根据实际情况行使自由裁量权，又对自由裁量权作了合理的限制。

（2）男女双方未办理结婚登记手续而共同生活一年以上两年以下，一方请求对方返还彩礼的，返还的数额不超过彩礼总额的30%；共同生活一年以内三个月以上的，返还的数额不超过彩礼总额的50%；共同生活不满三个月的，返还的数额不超过彩礼总额的70%；因给付彩礼一方的原因导致同居关系解除的以及在共同生活期间女方怀孕或者流产的，可在前款的基础上再减少5%～20%。之所以只规定了上限，给予法官一定的自由裁量权，具体比例还是由法官根据案件的具体情况来酌定。②

5. 贵重物品的返还原则

对贵重物品作为彩礼，以返还原物为原则。因不可抗力导致物品损坏、灭失或因自然损耗、物价降低等因素导致物品价值减少的，接受方不承担赔偿责任。接受方在婚约未解除或婚姻关系存续期间，将物品出卖或因为接受方的过错导致物品损坏、灭失的，接受方

① 参见《亳州市中级人民法院审理婚约彩礼纠纷案件若干问题的指导意见》第12条。

② 参见《河南省周口市中级人民法院关于审理涉及婚约彩礼纠纷案件的指导意见（试行）》第6条、第7条。

按物品出卖、损坏、灭失时的实际价值予以赔偿。①

6. 案例延伸讨论

62 岁的陈先生是一名已退休的大学教授，30 岁的杨女士曾在一家美容院担任按摩师，现为该美容院的合伙经营人。2015 年 7 月，陈先生提起诉讼，称其于 2011 年到保健中心按摩时与杨女士相识。自 2014 年 5 月开始，杨女士在明知陈先生为有妇之夫的情况下，仍与其建立起不正当的恋爱关系，并承诺在陈先生离婚后会与其结婚。陈先生称，在双方交往过程中，杨女士向其索要了名牌手表、苹果手机、名贵化妆品、名牌衣物、酒水等贵重物品。2015 年 5 月，杨女士以性格不合为由断绝了与陈先生的联系，陈先生认为杨女士的行为给其造成了重大经济损失和精神伤害，且其送给杨女士的财物是以杨女士承诺会与其结婚为条件的，现赠与条件已不存在，故陈先生起诉到法院，要求杨女士返还手表、手机、化妆品等贵重物品及房租、不锈钢门费用、旅游往返车票及参观门票、手机充值费用、被褥等共计人民币 45 738 元。

问题：陈先生的赠与行为能否定性为附婚约条件的赠与？该赠与行为是否可撤销？杨女士得到财物的行为是否构成不当得利？理由是什么？

(五)嫁妆纠纷的处理

1. 典型案例引发的思考

郑某(男)与谭某(女)经人介绍于 2005 年 4 月 8 日登记结婚，并于 2005 年 6 月 6 日办理结婚仪式，在办理结婚仪式时，谭某家陪送了一部奇瑞 QQ 小汽车。因婚前相识时间短，彼此缺乏深入了解，性格不投，双方常因家庭琐事产生矛盾，双方自 2006 年 4 月开始分居。2006 年 5 月初，谭某以夫妻感情破裂为由向法院提起诉讼，请求与郑某离婚。在诉讼中，郑某表示同意离婚，并要求法院认定奇瑞 QQ 小

① 参见《河南省周口市中级人民法院关于审理涉及婚约彩礼纠纷案件的指导意见(试行)》第 10 条。

汽车是夫妻共同财产。而谭某坚持认为该奇瑞QQ小汽车是她父母送给她个人的，所以应当是她的个人财产，而不是夫妻共同财产，对方不能主张权利。

问题：本案涉及什么法律问题？该如何处理？理由是什么？

2. 嫁妆的定义

实践中一般认为嫁妆是指新娘带给婆家的钱财和物品的总和，这是由女方娘家支付的。送嫁妆的原因可能有二：一是为了女儿过得更好些，贴补家用，或以备应急；二是尽量给女儿争取在男方家的地位，嫁妆多可以显示女方家有经济实力（尽管普通老百姓家庭是东拼西凑的）。所以经常看到古代女人非常重视自己带到男方家的嫁妆：如手镯、玉器等。

3. 嫁妆的历史发展

在古代，送嫁妆是中外普遍的习俗。女儿出嫁，首先要准备嫁妆。陪嫁由女方自备，其种类可分为铺陈、摆设、日用等物品，因世俗视嫁妆多寡而论新娘身份高低，故而一般人家不得不倾其所有，大事铺张，以争体面。富户大族多有陪送田地、山林者。贫寒之家亦有由男方备办一部分陪嫁，事先悄悄送至女家，过礼之日再一同抬回男家的习俗。如汉代，鲍宣娶桓少君为妻，少君父因鲍宣清苦，装送资贿甚盛，鲍宣恐妻子因嫁妆丰厚而不尽妇道，不悦。[①]《宋刑统》"户婚律"（卑幼私用财）条规定："诸应分田宅者及财物，兄弟均分。妻家所得之财不在分限。兄弟亡者，子承父分，兄弟俱亡，则诸子均分。其未娶妻者别与聘财。姑姊妹在室者减男聘财之半。"[②]南宋司法判例《名公书判清明集》中出现的一些法律条文如："妻家所得之财，不在分限"。"未嫁均给有定法，诸分财产，未娶者与聘财，姑姊妹在室及归宗者给嫁资。未及嫁者则别给财产，不得过嫁资之数。"[③]这些

---

① 毛立平："清代妇女嫁妆支配权的考察"，载《史学月刊》2006年第6期。

② 窦仪等撰：《宋刑统》卷12"卑幼私用财分异财产"，中华书局1984年版。

③ 中国社会科学院历史研究所点校：《清明集》卷7（立继有据不为户绝），中华书局1987年1月版，第215页。

条文明确，在宋代的时候，女子出嫁必须要陪送嫁妆。到清代，陪嫁物品更是五花八门，嫁妆的多少因家庭贫富而有很大差异：贫家，“止银簪、耳环、戒指、衣裙寥寥数件而已”；中等家庭除衣物首饰外，还要陪送“镜台、箱箧、被褥之类”的生活用具；富裕之家的嫁妆，从衣服、首饰、家具、器皿到土地、宅院、奴仆、金银，无所不包。无论嫁妆多少，都表达了对女儿的关爱和为女儿婚后生活奠定经济基础的含义。① 不唯中国如此，国外也有这样的传统，如罗马法中有许多这样的阐述，“女性要有完整的嫁资方能结婚是符合国家利益的”，“没有婚姻也就不可能有嫁资”，“哪里有婚姻的重荷，哪里就有嫁资”。保罗在《论萨宾》中指出，“嫁资（dos）的理由是永恒的：嫁资是根据其永远受丈夫支配的愿望而设置的。”②因为女儿出嫁后脱离父系家族而永远受丈夫支配，所以父系家族要给予女儿一定的嫁妆：一是对女儿出嫁后与父系家族脱离关系的一种补偿，二是对结婚后男方因照顾女儿所增加的生活负担给予的一定补偿。③

近代以来，虽然法律上不再有陪嫁的规定，但仍然有陪嫁之风。富家一陪千金，穷困之家没有别的财产，哪怕一床被子也是必须陪嫁的。新中国成立以后，传统的重嫁妆的观念和习俗并没有发生多大变化，只是在20世纪五六十年代，物资供应极为紧张，条件较差，许多机关、事业单位都实行供给制，“彩礼”“嫁妆”根本无从考虑，往往是两张单人床一并就成家了。即使在农村，多数青年男女也不刻意追求物质条件，有了最基本的生活用具就可以了。但20世纪70年代以后，随着物质生活水平的提高，陪嫁之风又广泛出现，由20世纪70年代的三转一响：自行车、手表、缝纫机到20世纪80年代的三金电器：金戒指、金项链、金耳环，再到现在的的票子、房子、车子，陪嫁

---

① 转见毛立平：“清代妇女嫁妆支配权的考察”，载《史学月刊》2006年第6期。

② ［意］桑德罗斯·奇巴尼选编：《民法大全选译》之（家庭），中国政法大学出版社1995年版，第50、55页。

③ 何越：“从嫁妆制度的变化看古罗马社会妇女的经济地位”，载《安徽史学》2010年第4期。

之风仍然很盛行。由此引发的嫁妆纠纷也越来越多。如何处理嫁妆纠纷，我国现有的法律没有专门关于嫁妆的规定，实践中如何处理这样的问题值得研究。

4. 有关嫁妆的法律依据

目前我国对嫁妆，既没有明确的定义，也没有专门的规定。实践中关于嫁妆的分割返还的相关规定主要有三个：

(1)最高人民法院《关于人民法院审理离婚案件处理财产分割问题的若干具体意见》(1993 年第 32 号)，该意见第 18 条规定："婚前一方借款购置的房屋等财物已转化为夫妻共同财产的，为购置财物造成对方生活困难的，可酌情返还。借款所负债务，视为夫妻共同债务。对取得财物的性质是索取还是赠与难以认定的，可按赠与处理。"

(2)《婚姻法解释二》第 10 条规定："当事人请求返还按照习俗给付的彩礼的，如果查明属于以下情形，人民法院应当予以支持：(一)双方未办理结婚登记手续的；(二)双方办理结婚登记手续但确未共同生活的；(三)婚前给付并导致给付人生活困难的。适用前款第(二)、(三)项的规定，应当以双方离婚为条件。"此条件的规定，标志着人民法院正式以司法解释的形式对于彩礼纠纷问题如何处理作出明确规定。

(3)《婚姻法》第 3 条规定：禁止借婚姻索取财物。

5. 关于嫁妆相关规定的理解

女方亲属陪送嫁妆的行为应认定为是赠与行为。在登记结婚前陪送的嫁妆应认定为是女方家人对女方的婚前个人赠与。登记结婚后陪送的嫁妆，女方家人未明确表示是对某方的个人赠与，则应认定为是对夫妻双方的共同赠与，该嫁妆应认定为是夫妻的共同财产。但夫妻对该嫁妆有特别约定的，则应当依约定来认定财产的归属。具体依据为：

(1)在登记结婚前陪送的嫁妆应认定为是女方家人对女方的婚前个人赠与，离婚时应该认定为女方个人财产。依据是《婚姻法》第18条的规定:“有下列情形之一的,为夫妻一方的财产:(一)一方的婚前财产;(二)一方因身体受到伤害获得的医疗费、残疾人生活补助费等费用;(三)遗嘱或赠与合同中确定只归夫或妻一方的财产;(四)一方专用的生活用品;(五)其他应当归一方的财产。”

(2)登记结婚后陪送的嫁妆,一般认定为是夫妻双方的共同财产。但夫妻双方对该嫁妆有特别约定的,则应当依约定来认定财产的归属。法律根据是《婚姻法》第17条的规定,“夫妻在婚姻关系存续期间所得的下列财产,归夫妻共同所有:(一)工资、奖金;(二)生产、经营的收益;(三)知识产权的收益;(四)继承或赠与所得的财产,但本法第18条第(3)项规定的除外;(五)其他应当归共同所有的财产”。《婚姻法》第19条规定,夫妻可以约定婚姻关系存续期间所得的财产以及婚前财产归各自所有、共同所有或部分各自所有、部分共同所有。约定应当采用书面形式。没有约定或约定不明确的,适用本法第17条、第18条的规定。夫妻对婚姻关系存续期间所得的财产以及婚前财产的约定,对双方具有约束力。

三、婚前购房纠纷的处理与把握

(一)典型案例引发的思考

典型案例1. 婚前一方出资以双方名义购买的房产应如何分割?

白某决定通过按揭贷款的方式购买一套商品房,婚后再将该套小户型的房子出租出去以补贴家用。在签订购房合同时,其男朋友陈某提出自己的单位可以报销物业费和取暖费,不如把自己的名字也加上去,这样,今后物业公司开具的发票拿到单位报销起来方便点。白某爽快地答应了,考虑到陈某并没有实际出资,白某为了避免财产纠纷,仍以自己的名义办理了个人按揭贷款,房产证下来后,白某也并没有把房屋共有权证交给陈某。没想到后来麻烦还是出现了,在俩人因故分手时,陈某竟然要求分割房产,这下可把白某气的够呛。

问题:陈某有权分割房产吗?白某怎么做才可以收回自己的房产权?

典型案例 2. 婚前以一方名义购房,另一方全额出资,结婚不成时房屋归谁?

陈三与阿婵在2009年6月确定了恋爱关系,两年后,两人开始谈婚论嫁,共同商议在广州市天河区买一套房用于结婚,因陈三经常出差没有时间亲自过问买房一事,之后由陈三分四次将80万元打到阿婵的账户,由阿婵全权处理买房一事。此后,从看房、买房、交房款及办理产权证等全部由阿婵操办,产权证的户主也办到了阿婵的名下。正当两人准备去办理结婚证,陈三因交通事故致左手被截肢,阿婵因父母的强烈反对与陈三分手。现陈三想拿回买房的80万元或者将产权人变更为陈三,但阿婵的父母坚决不同意。无奈陈三向法院起诉,请求阿婵退还房款或将房子转给自己。

问题:陈三的请求能否得到法院的支持?理由是什么?

（二）婚前购房纠纷处理的法律依据

1.《婚姻法解释二》第10条规定:“当事人请求返还按照习俗给付的彩礼的,如果查明属于以下情形,人民法院应当予以支持:(一)双方未办理结婚登记手续的;(二)双方办理结婚登记手续但确未共同生活的;(三)婚前给付并导致给付人生活困难的。适用前款第(二)、(三)项的规定,应当以双方离婚为条件。”

2.《婚姻法解释三》第10条规定:“夫妻一方婚前签订不动产买卖合同,以个人财产支付首付款并在银行贷款,婚后用夫妻共同财产还贷,不动产登记于首付款支付方名下的,离婚时该不动产由双方协议处理。

依前款规定不能达成协议的,人民法院可以判决该不动产归产权登记一方,尚未归还的贷款为产权登记一方的个人债务。双方婚后共同还贷支付的款项及其相对应财产增值部分,离婚时应根据《婚姻法》第39条第1款规定的原则,由产权登记一方对另一方进行补偿。”

3.《民法通则》第92条规定:“没有合法根据,取得不当利益,造成他人损失的,应当将取得的不当利益返还受损失的人。”

4.《民法通则》第62条规定:“民事法律行为可以附条件,附条件的民事法律行为在符合所附条件时生效。”

(三)婚前购房的种类及处理原则

现实生活中,存在双方婚前购房情形很普遍,发生纠纷时应当如何处理,主要依据双方的出资情况的不同而有不同的处理原则。综合把握司法实践中,婚前购房的情形大致可以分为以下五类:

(1)婚前一方出资,并以自己名义购房,另一方未出资,也未在产权证上登记自己的名字。在此种情况下,该房产当然属于购房者婚前个人财产。

(2)婚前以一方名义购房,双方出资,产权证也只登记在一方的名下。这种情况要区别对待。其一,一方购房,另一方虽有出资,但无法举证证明自己对该房购买有出资的,该房产法院一般倾向认定为一方的个人财产;对于另一方能够举证证明自已对该房的购买有出资的,且能够证明当时双方出资买房是为了婚后共同居住为目的的,在恋爱不成时,房产应当认定为双方共有,应当由法院作价评估房屋的价值,由占有房屋的一方给另一方相应的补偿。

(3)婚前以一方名义购房,另一方全部出资,恋爱不成怎么处理?实践中,这种情形可以定性为婚约财产纠纷,或附条件的赠与,或者直接以不当得利为由要求对方返还。如果符合彩礼的习俗,当然也可以彩礼为依据,要求对方返还。

(4)婚前以双方名义购房,一方出资,恋爱不成应当如何处理?实践中此类案件的处理较为原则,若双方没有另行约定,则出资方将产权登记在双方名下的行为,将会被视为是对未出资方的赠与,产权登记在双方名下,又无按份共有的约定,该房产会被认定为共同共有,分手时一般一人一半产权。如在产权证上明确按份共有,或双方另有书面约定的,那双方当事人就按份共有该房屋。

(5)按份共有。即双方购房,各有出资,且约定,房产权益双方按出资比例享有物权权益。这种情况分割房产时，可以作价评估该房屋，由占有房屋的一方按产权比例给对方相应的补偿。

四、婚前财产协议纠纷的处理与把握

（一）婚前财产约定协议的处理与把握

1. 典型案例引发的思考：婚前签订的财产约定协议是否有效？离婚时能否按照协议履行？

典型案例．闫某（男方）与陈某（女方）在婚前签订了一份协议，协议约定："男方婚前的一套住房价值60万元左右，供双方婚后共同居住使用……若男方提出离婚，则男方婚前的房产归女方所有，男方还要向女方支付生活费，数额为男方每月工资收入的70%。男方在离婚时向女方支付赔偿金20万元……"双方结婚3个月后即开始出现矛盾，闫某向法院提起了离婚诉讼，要求解除婚姻关系，并主张婚前签订的协议违反了公平原则，违背其真实意思，应予撤销，不同意按照婚前协议履行。而女方辩称，该协议系双方真实意思表示，现男方提出离婚，应按照协议履行。

问题：该婚前协议是否有效？财产的处理能否按照协议内容执行？

2. 婚前财产约定协议的法律依据

（1）《婚姻法》第19条规定，夫妻可以约定婚姻关系存续期间所得的财产以及婚前财产归各自所有、共同所有或部分各自所有、部分共同所有。约定应当采用书面形式。没有约定或约定不明确的，适用本法第17条、第18条的规定。夫妻对婚姻关系存续期间所得的财产以及婚前财产的约定，对双方具有约束力。

（2）《婚姻法》第17条规定："夫妻在婚姻关系存续期间所得的下列财产，归夫妻共同所有：（一）工资、奖金；（二）生产、经营的收益；（三）知识产权的收益；（四）继承或赠与所得的财产，但本法第18条第（3）项规定的除外；（五）其他应当归共同所有的财产。夫妻对共同所有的财产，有平等的处理权。"

(3)《婚姻法》第18条规定:“有下列情形之一的,为夫妻一方的财产:(一)一方的婚前财产;(二)一方因身体受到伤害获得的医疗费、残疾人生活补助费等费用;(三)遗嘱或赠与合同中确定只归夫或妻一方的财产;(四)一方专用的生活用品;(五)其他应当归一方的财产。”

3. 婚前财产约定协议的概念、效力

(1)婚前财产约定协议的概念。关于婚前财产协议的概念并未出现在具体的法律条文之中,所以关于婚前财产协议概念的理解在司法实践中存有不同的观点。我们认为,婚前财产协议,是指男女双方在结婚登记之前就双方各自婚前、婚后所得的财产的归属所作的约定。约定的内容可以是婚前财产及婚后各自所得归各自所有,也可以约定为共同所有。

(2)婚前财产约定协议的构成条件:①财产约定协议必须是双方当事人的真实意思表示。因为夫妻财产公证须是夫妻双方完全自愿,亲自到公证处申请。并且,财产约定协议须出自双方当事人的真实意思表示。任何以欺诈、胁迫手段或乘人之危使对方在违背真实意思的情况下作出的财产约定都是无效的,因一方误解而作的财产协议也无效。②主体须合格。要求财产约定协议公证的主体是夫妻或准夫妻;双方当事人须达到法定结婚年龄;双方当事人须有完全行为能力。③婚前财产协议形式上必须是书面的。形成书面文字,既可以是夫妻双方自行达成,也可以是在公证部门的参与下达成,但公证并不是法定必需的程序,只要是夫妻双方真实意思的表示,就不能推翻该婚前财产协议形式上的合法有效性。即使夫妻双方中的一方提出该协议在订立时是被迫或重大误解的,如果其没有充足的证据予以证实,那么法官是没有任何否定该协议真实有效的必要性和可能性。④婚前财产协议内容上必须合法。不能规避法律或损害国家、集体或第三人的利益。约定的内容必须是夫妻共同所得,或是一方的婚前财产或婚后所得的财产,对于不属于他们的财产无权约定。婚姻法第19条规定夫妻双方可以约定的财产是指婚前财产及婚姻关系存续期间的所得财产,它既可以是生活资料,也可以是生产资料,既可以是有形资产,也可以是无形资产,但都必须是属于他们两个人的财产,如果本不属于他们两个人的财产或尚未确定是否存在的财产又或是涉及第三方权属的财产,均不在此列。

(3)婚前财产约定协议的效力:

①夫妻财产约定协议只有在当事人缔结婚姻以后才能生效。如婚前财产约定协议生效的前提须是当事人双方缔结婚约这一法律事实,协议成立在婚前但生效则在结婚之后。

②夫妻财产约定对内的效力:夫妻财产约定一旦生效,即在夫妻之间发生财产约定的物权效力,婚姻当事人双方均受此约定约束。夫妻双方都必须依约定行使权利、履行义务,夫妻财产利益的分配也必须按照有效约定进行。

③夫妻财产约定对外效力:夫妻财产约定的对外效力,是指夫妻对婚姻财产的约定可否对抗第三人。承认其对外效力,可依约定而对抗第三人,不承认其对外效力,则不能依约定而对抗第三人。根据新《婚姻法》第 19 条第 3 款规定,我国立法以"第三人是否知道该约定"为原则确认夫妻财产协议有无对抗第三人的效力。在夫妻财产约定中,凡第三人事先知道夫妻财产约定的,具有对抗第三人的效力;反之,第三人不知道该夫妻财产有约定,婚姻当事人的夫妻契约不得对抗第三人。即夫妻任何一方不得以债务不是自己欠的、夫妻有约定而不承担该债务。夫妻中未借债一方只要不能证明作为债权人的第三人知道该财产约定的,均得以夫妻共同财产和个人财产先行对第三人清偿债务,清偿后,夫妻中不负债的一方再向另一方追偿。

(二)婚前房产赠与协议纠纷的处理与把握

1. 典型案例引发的思考:婚前房产赠与协议能否撤销

张某为了能与未婚妻李某早日结婚,遂签订了一份婚前协议,约定张某将坐落于宣武区双槐里小区 3 号楼 6 单元 B02 号两居室住房一套系被告名下的私产送给女方李某。2009 年 1 月 21 日，原、被告双方签订了一份赠与协议，张某将位于宣武区双槐里小区的这套两居室住房赠与李某，约定协议经公证后生效。并在海淀区第二公证处进行了公证，有公证书(09)京海民证字第 0902 号为证。没想到两人最终还是没有办理结婚手续，女方即告到法庭，称因被告至今未向原告交付赠与合同的标的物，也未办理该房的产权过户手续。为保护受赠人的合法权益，现起诉要求法院依法判令被告：一、交付赠与合同标的物——坐落于宣武区双槐里小区 3 号楼 6 单元 B02 号两居室住房并办理该房的产权过户手续；二、承担该案件的受理费。

问题：你认为本案应当如何处理？理由是什么？

2. 房产赠与的法律依据

(1)《合同法》第 186 条规定："赠与人在赠与财产的权利转移前可以撤销，但具有救灾扶贫等社会公益道德义务性质的赠与合同或经过公证的赠与合同，不适用前款规定。"

(2)《合同法》第 187 条规定："赠与财产需要办理登记手续的，应当办理有关手续。"

(3)《民法通则》第 54 条规定："民事法律行为是指公民或法人(民事主体)设立、变更、终止民事权利和民事义务的合法行为。"

(4)《民法通则》第 62 条规定："民事法律行为可以附条件，附条件的民事法律行为在符合所附条件时生效。"

(5)《婚姻法解释三》第 6 条规定："婚前或者婚姻关系存续期间，当事人约定将一方所有的房产赠与另一方，赠与方在赠与房产变更登记之前撤销赠与，另一方请求判令继续履行的，人民法院可以按照《合同法》第 186 条的规定处理。"

(6)《婚姻法》第 19 条关于夫妻财产约定的规定，夫妻可以约定婚姻关系存续期间所得的财产以及婚前财产归各自所有、共同所有或部分各自所有、部分共同所有。

3. 法律规定的理解与适用

（1）关于婚前房产赠与协议，可以按照附婚约条件的赠与处理。婚前的房产赠与往往都附有某些条件，判断婚前的房产赠与协议是否有效，关键在于协议所附条件是否成就。如果条件没有成就，则双方所签订的协议不发生法律效力，因而无法实际履行。依据就是《民法通则》第62条的规定，“民事法律行为可以附条件，附条件的民事法律行为在符合所附条件时生效”。此外，在婚前房产赠与纠纷案件中，往往也会出现协议经过公证的现象。但并非公证后的婚前房产赠与协议都生效。因为，婚前房产的赠与通常是附有某些条件的。比如，为了双方能结婚一起生活，等等。如果出现男女一方在婚前赠与了房产给另一方，并办理了公证，而后来由于种种原因双方未能登记结婚，那么，只要有证据能证明该公证的协议附有登记结婚等条件，则婚前的房产赠与协议可以认定为没有生效而无法实际履行。另一方不得起诉要求对方交付赠与合同标的物并办理该房的产权过户手续。

（2）婚前房产赠与协议也可以按照《合同法》第186条及《婚姻法解释三》第6条的规定处理。2001年新修订的《中华人民共和国婚姻法》完善了夫妻约定财产制度，规定夫妻可以约定婚姻关系存续期间所得的财产以及婚前财产归各自所有、共同所有或部分各自所有、部分共同所有。约定应当采用书面形式。夫妻对婚姻关系存续期间所得的财产以及婚前财产的约定，对双方具有约束力。但关于房产赠与协议是否有效，关键要看约定中的房产所有权是否转移为考量的标准。这主要是根据《中华人民共和国合同法》第186条的规定及《婚姻法解释三》第6条的规定。赠与人在赠与财产的权利转移之前可以撤销赠与，但具有救灾、扶贫等社会公益、道德义务性质的赠与合同或者经过公证的赠与台同，不适用该规定。《合同法》第187条同时规定，赠与的财产依法需要办理登记等手续的，应当办理有关手续。因此除了具有救灾、扶贫等社会公益、道德义务性质的赠与合同之外，赠与人在财产权利转移之前都可以撤销赠与。如果双方争夺的房产未办理过户登记手续，说明房屋产权尚未发生转移，原房屋产权人主张撤销是符合法律规定的，另一方不得主张对方履行赠与及办理过户义务。

五、我国婚约法律制度构建的必要性

（一）婚约纠纷的解决有赖于婚约制度的确立

新中国成立后，我国先后颁布了三部婚姻法，均未对婚约问题作出规定。但在实际生活中，婚约并不因为法律没有规定而消失。据笔者了解，在我国许多地方仍把订婚看作是结婚前的习惯性程序，未经订婚而直接结婚者被认为是违反规矩而遭世俗的非议。据某基层法院统计，1997 年该院受理民事案件 1 068 件，涉及婚约解除的有 52 件，约占全部民事案件的 4.5% 。[①] 河北大名县法院每年受理的婚约纠纷案件在 50 件以上，且呈高速递增趋势![②] 只不过，当代婚约较之古代婚约，无论在形式上还是本质上都发生很大变化，形式上已由古代的婚书转变为口头约定并通过订婚仪式向公众宣布，在本质上也由完全由古代服从于父母之命、媒妁之言的封建包办买卖订婚转变为要么经他人介绍、本人同意、父母同意，或者双方完全自由恋爱、在取得父母同意的基础上举行订婚仪式的自由自主的订婚。与此同时，由于受几千年封建法律文化的影响和传统习俗的制约，订婚时支付聘礼的现象也一直延续至今。但由于立法的缺失使得婚约虽经订立，并无法律约束力，解除也无需依法律程序，更无需承担法律责任，因此婚约解除而引起的财物返还与归属纠纷在法院的婚姻家庭案件中占据日益增高的比例，尤其在一些边远山区或基层法院，婚约纠纷案件的数量呈递增趋势。为了因应司法裁判之需，最高人民法院在《婚姻法解释二》第 10 条明确规定了彩礼返还的条件，该意见尽管

---

① 邱玉梅："婚约问题探析"，载《法商研究》2000 年第 5 期，第 63 ~ 69 页。

② 王久申："农村婚约财产纠纷案件上升的原因及对策"，载《河北法学》1995 年第 3 期，第 6 ~ 8 页。

适时对婚约引发的赠与物返还纠纷提供了裁判准则，但其对于不是基于彩礼习俗而形成的财物的馈赠纠纷及因婚约之解除带来的损害赔偿纠纷的处理却没有明确的处理意见。导致了各地处理相关纠纷出现了认识不统一及适用法律的随意性问题。这不仅有损法律的威严，也造成了司法的混乱。所以从顺应民间风俗，解决婚约纠纷的实际需要出发，确有建立婚约制度的必要。

（二）婚约制度的建立是遵循婚约风俗习惯的历史，弥补现行立法空白的需要

法律制度的建设必须要考虑到社会的认同程度，换言之，必须具备一定的社会条件。婚约制度的社会条件主要是指民众对婚约的认识和接受程度。从西周到清末修律期间，婚约制度一直是作为国家制度与民间习惯并存，既是一种宗法伦理规范，又是国家制定法规范，婚约制度具有民间习惯和国家制定法的双重身份。如《唐律·户婚律·许嫁女》规定："诸许嫁女已报婚书及有私约而辄悔者，杖六十。虽无许婚之书，但受聘财亦是。若更许他人者杖一百；已成者徒一年半，后娶者知情减一等，女追归前夫，不娶还聘财，后夫婚如法。"①《清律·户律·婚姻》规定："（1）凡男女定婚之初，若有残疾、老幼、庶出过房、乞养者，务要两家明白通知，各从所愿、写立婚书，依礼聘嫁。若许嫁女已报婚书，及有私约而辄悔者，笞五十；虽无婚书，但曾受聘财者亦是。（2）若再许他人，未成婚者，杖七十；已成婚者，杖八十。后定娶者知情，同罪，财礼入官；不知者，不坐，追返财礼，女归前夫。前夫不愿者，倍追财礼给还，其女仍从后夫。男家悔者，罪亦如之，不追财礼。"②北洋政府时期，大理院对定婚作如下解释："定婚为成婚者之前提，据现在继续有效之前清现行法律，男女定婚，写立婚书，依礼聘嫁。"民国北京政府时期制定的《民国民律草案》第

---

① 刘俊文：《唐律疏议笺解》，中华书局1996年版，第1009页。

② 陈惠馨："我国近代有关定婚规定的比较及其发展"，载《政大法学评论》1988年总第37期。

1092～1097 条，对订婚也有明确的规定；南京国民政府在民商事习惯调查的基础上，再次将订婚纳入国家法范畴，《民国民法典》第972～979条分别对婚约的订立、婚约的解除、违反婚约的损害赔偿、赠与物的返还等问题作了具体规定。新中国成立后，一方面由于受资产阶级婚姻自由的民主思想影响，婚约通常被认为是结婚前的习惯程序，而不是结婚的必经法定程序，婚约具有缔结简单、效力较弱、解除容易的特点。另一方面，社会主义国家如苏联和东欧的一些国家，其婚姻法对于婚约未加以规定，婚约被认为是限制男女婚姻自由的、具有浓厚封建色彩的落后习俗。受其影响，我国先后颁布和修改的三部婚姻法均未对婚约作出规定。① 但法律没有规定并不意味着这样的风俗习惯不再存在。因为从某种意义上，婚约制度一直是我国传统婚姻制度和嫁娶文化的重要组成部分，具有浓郁的中国农耕文明的特点，有广泛的社会基础。正如孟德斯鸠在《论法的精神》中指出那样："法应该与国家的自然状态有关系，和寒、热、温的气候有关系，和土地的质量、形势和面积有关系，和农、猎、牧各种人民的生活方式有关系，法律应该和政治所能容忍的自由程度有关系，和居民的宗教、性癖、财富、人口、贸易、习俗、习惯相适应。"②婚姻家庭立法，必须实事求是，从实际出发，尊重社会现实的风俗习惯和中国国情，把现实生活中存在的客观规律正确反映在法律规范之中，这才是立法导向的现实性定位。

综上，笔者认为需要在我国的婚姻立法或者在以后制定的民法典中建立婚约制度。

六、我国婚约法律制度的构建

（一）婚约制度的基本原则

构建婚约制度要明确婚约制度是现有婚姻法的组成部分，所以

---

① 熊进光："婚约法律问题研究"，载《河北法学》2003 年第 6 期。
② 孟德斯鸠：《论法的精神》，商务出版社 2005 年版，第 256 页。

婚约制度的构建应当体现婚姻法的基本原则。首先,在婚约制度上,要坚持确立婚姻自由原则。现代婚约制度已注入了婚姻自由的理念,当事人双方在平等、自愿的基础上缔结婚约关系,任何一方不得强迫另一方缔结婚约。此外,现代各国法律均未赋予婚约强制履行的法律效力,婚约的履行完全基于双方的自愿;婚约成立后,既可双方合意解除婚约,也可单方解除婚约。因此婚约制度首要的原则就是保护婚姻自由原则;其次,婚约制度还应该同国情结合起来,我国将长期面临人口的压力,计划生育任重而道远,因此婚约制度还应当鼓励晚婚晚育原则;最后,为了建立良好的婚姻伦理,提高感情的分量,法律应当规定:“不得借婚约的订立索要彩礼”。因为在我国,彩礼始终是婚约相伴的一种习俗,彩礼多为一方给予婚约之她方的礼节性物质赠与,而且随着社会经济的发展,彩礼也水涨船高,少则二三万,多则十多万。虽然法律不应该过多的干预,但是鉴于我国彩礼问题比较突出,特别是彩礼往往超出当事人的支付能力,容易引发矛盾。所以,法律应当作出指引性的规定:坚持“禁止借婚约索要财物”的原则。

(二)婚约的成立要件

1. 婚约成立的实质要件

我国台湾地区“民法典”对婚约的成立规定了三个条件:其一,婚约应由当事人自行订定,由父母代订者无效;其二,男须满 17 岁,女须满 15 岁;其三,未成年人订定婚约应征得法定代理人同意。澳门地区施行的葡萄牙民法典也规定订立婚约必须符合三个要件:其一,订婚人有订婚能力;其二,订婚人双方合意;其三,订立的是合法婚约。① 笔者认为,男女双方订立婚约的目的是为了将来结婚,因此,婚约成立的实质要件应该与我国婚姻法规定的结婚条件相适应。

(1)必须为男女双方当事人自愿订立。婚约的订立必须出于婚约双方当事人的合意。根据现代私法的“意思自治”原则,每一个公民可

① 顾肖荣等主编:《婚姻家庭法比较》,福建人民出版社 1999 年版,第 37～38 页。

以基于自己的意愿决定自己的婚姻大事,任何第三人不得强迫与干涉。只有在双方意思表示真实一致时,婚约才能成立。法律应规定,婚约应由男女双方当事人自愿订立。只有这样,才符合婚姻法中的婚姻自由原则。男女当事人也享有不受他人干涉的婚约解除的自由。

(2)明确规定订婚的年龄。西方国家对订婚年龄没有明文规定,我国台湾地区"民法典"规定,男未满 17 岁,女未满 15 岁者不得订定婚约。根据《中华人民共和国民法通则》的立法精神并结合我国的国情,婚姻法可规定订立婚约者应年满 18 周岁;年满 16 周岁,以自己的劳动收入为生活来源者也可订立婚约。

(3)不得违背婚姻法中关于禁止结婚的规定。即法律应当明确规定:不得以婚约形式规避婚姻法关于禁止结婚的规定。婚姻法规定直系血亲以及三代以内旁系血亲禁止结婚。婚约是以将来结婚为目的的预先约定,因此婚约的成立不得违背法律关于禁止结婚的规定。

2. 婚约成立的形式要件

婚约只不过是结婚的预约,并非结婚的必经程序。因此,婚约的订立采非要式主义更为合理,不必强行要求订立的形式要件,当事人可以基于自己的选择决定婚约成立的方式。

(三)婚约的效力

关于婚约的效力,国外有两种立法例。一种是以罗马法为典型,即婚约的效力相对较弱,一方当事人不履行婚约时,他方当事人不得提起履行婚约之诉,也不得请求损害赔偿,不得附加违约金。法国和奥地利等国的民法大体继受罗马法。另一种是以寺院法为代表,即婚约的效力相对较大,一方当事人不履行婚约时,他方当事人得提起履行婚约之诉,然不许强制执行结婚,可以请求损害赔偿,并得附加违约金,但以有重大理由为限。德国、瑞士等国民法典大体继受寺院法。[1] 我国台湾和澳门地区的有关民事"法律"也有关于婚约效力的规定。如我国台湾地区的"民法亲属编"第 973 条即有"婚约不得请

---

① 邱玉梅:"婚约问题探析",载《法商研究》2000 年第 5 期,第 66 页。

求强迫履行。婚约一方当事人再与他人订婚或结婚,另一方当事人可请求赔偿损失,但无请求阻止结婚之权。”的规定。澳门地区实施的《葡萄牙民法典》中也有规定:“婚约不得强制订婚人一定成婚。婚约不履行的后果由法定而不由当事人约定。当事人在婚约中的责任约定不受法律保护,如约定一方死亡另一方守节若干年。”《意大利民法典》第79条规定:“法律不要求必须缔结婚约,也不要求必须执行婚约中有关不履行婚约的规定”。《德国民法典》第1297条第1项规定:“不得因订婚而提起要求成婚之诉。”《瑞士民法典》第91条第1项规定:“不得依据婚约提起履行婚姻的诉讼”。结合上述国家及地区的立法经验,我国婚姻法应明确规定:“婚约不具有人身方面的约束力,当事人不可以请求强制履行婚约义务。”

(四)婚约的解除

一般来说,婚约的解除有双方当事人合意解除和一方要求解除两种情况。无论哪种情形解除是否需要满足一定的条件,各国法律多未明确规定。我国关于婚约解除也应该完全遵循婚姻自由原则,不可以设置婚约解除的条件限制。我认为法律可以明确规定:“当事人可以协商解除婚约,也可以一方的意愿随时解除婚约。一方要求解除婚约只需通知对方即可,无须经对方的同意,也不必经过任何诉讼程序。”

(五)婚约解除的民事责任

1. 典型案例引发的思考

婚约期间同房,女方将艾滋病传染给了男方,婚约解除,女方应该承担什么样的责任?

如果有人在毫不知情的情况下,感染了艾滋病毒,对于那个人来说,无异于晴天霹雳,永城的小新,正直青壮年,就遭遇了这样的事儿。女友感染艾滋,小伙浑然不知。小新说,去年三月,他和女朋友小叶筹备婚事,两人在永城市妇幼保健院进行婚检。两人的检查报告很快出来了,但医生单独叫住了女友小叶。

在不安的等待中，小叶再次做完了检查，小新得到医生的答复是，一切正常。

婚检后小新也没再多想什么，就与小叶同了房。一个月后，小新前往外地打工，然而六月初，小叶接到永城市疾控中心打来电话，称她已经确诊为HIV阳性，而且其男友小新很可能也已经感染了艾滋病毒。永城市疾控中心说，其实小叶在很久以前就已经感染了艾滋病毒，并且有备案。令小新想不通的是，三月份婚检时，小叶已经查出疑似感染艾滋病毒，为什么医院当时不把这个结果告知自己，导致悲剧无法挽回。究竟谁隐瞒了真相？在痛苦中挣扎了一段时间后，小新向法院提起了诉讼，并从法院拿到一份当初婚检时的检验报告。报告显示，小叶疑似感染艾滋病毒，并且上面有小新的签名，这表明，小新当时已经知道了这一结果，但小新坚称，自己始终毫不知情。

一方面是法律对小叶隐私权的保护，另一方面是小新最基本的生命健康权，究竟孰轻孰重呢？据了解，《艾滋病防治条例》多个条款对艾滋病病毒感染者和艾滋病病人，在婚姻、就业、医疗等方面都进行了保护，但是，作为特殊人员，在享受法律赋予的权利外，在生活中，也应以法律为准绳，约束自己的行为。

按照律师和评论员的说法，如果小叶早就知道自己感染艾滋病病毒的话，应该及时告知男友小新。至于医疗和疾控部门，按照法律规定，应该对患者的信息进行保密，但是律师和评论员认为，保密的范围不应包括与患者一起生活、极易被感染的人群，特别是患者的男友。生命健康权是宪法赋予每个公民最基本的权利，不应受到任何人、任何机构的侵害。艾滋病患者和艾滋病病毒感染者的同居伴侣是易感染人群，他们是否就失去了对真相的知情权呢？云南、广西等省、自治区在地方立法上已经开了先河，如果艾滋病患者或者病毒感染者不主动告知其配偶或者与其发生性关系的人，当地疾控部门有权告知。

问题：怎么理解患者的隐私权与同居男友的知情权之间的冲突？这样的婚约解除了，怎么定性女方的行为？女方应不应该承担责任？

应该承担什么样的责任?

在西方有两种主张:一是将婚约视为契约,无正当理由而不履行者应承担违约责任;一是认为婚约不是法律行为,而是事实行为,无正当理由而不履行者应承担侵权责任。[①] 关于婚约解除的责任问题,我认为应该分两种情况来介绍:一为婚约解除的财产返还责任;二为婚约解除的侵权损害赔偿责任。

2. 婚约解除后赠与物的返还责任

婚约双方的赠与物,在解除婚约时可请求返还。因为婚约期间的财物赠与并非单纯的无偿赠与,实际上都是附婚约条件的赠与,如果婚约成就即双方结婚了,赠与物即发生法律效力,另一方不得要求返还。但如果婚约解除、无效、撤销而婚姻无法成立时,解除条件成就,赠与物依一般不当得利之法理请求返还。对此,《澳门民法典》第1474条规定:"因婚约之一方当事人无能力或反悔而未能缔结婚姻时,任一方当事人均有义务按法律行为无效或可撤销之规定,返还曾获他方或第三人因所订之婚约及对双方结婚之期待而赠与之物。"《德国民法典》第1301条规定:"不履行结婚时,婚约之双方当事人均得依返还不当得利之规定,向他方请求返还赠与他方之物或作为婚约标志给予之物。"《法国民法典》第1088条规定:"一切为婚姻所为之赠与,如婚姻不发时,均归失效。"《瑞士民法典》第94条亦规定:"婚约双方的赠与物,在解除婚约即可请求返回;如赠与物已不存在,可依照返还不当得利的规定办理。"所以,我们国家在建立婚约制度时,应参照国外立法例,明确规定婚约解除后财产的返还责任。同时法律也应该规定赠与物免除返还责任的情形。如法律应明确规定有下列情形之一的,赠与物不得要求返还:(1)因婚约一方死亡而解除的;(2)订定婚约后,一方与第三人结婚或通奸的;(3)婚约订定

① 齐爱民等:《新婚姻法原理释义》,武汉大学出版社2001年版,第68页。

后，一方因犯罪被处刑的；(4)订定婚约后，一方失踪一年以上的。[①]如果一方具备上述条件之一，导致另一方要求解除婚约的，那么另一方即不负返还赠与物的义务。

3. 婚约解除后的损害赔偿责任

大陆法系各国民法典对婚约解除的损害赔偿都作了肯定性规定。如《德国民法典》第1298条第1款规定："婚约当事人之一方解除婚约时，应向他方及其父母或为其父母行事之第三人赔偿其因期待结婚而支出费用或负担债务所受的损害。"《瑞士民法典》第92条第1款规定："如婚约一方无任何重要事由而违反婚约，或因自己的过失而由本人或者由对方解除婚约时，应当对对方、对方的父母或代其父母的第三人为准备结婚而做的善意准备，给付相当的赔偿金。"台湾地区"民法典"第977条规定："依前条规定，婚约解除时，无过失之一方，得向有过失之他方请求赔偿其因此所受之损害。前项情形虽非财产上之损害，受害人亦得请求赔偿相当之金额。"由此可见，损害赔偿包括财产损害赔偿和精神损害赔偿。这种损害赔偿按照张学军等人的观点又可分两个方面来讨论：

(1)结婚准备活动的落空与财产损害赔偿。

①侵权行为的构成：

A.发生了损害。公众是把结婚问题视为终身大事的，结婚意味着新生活的开端。因此，尽管《婚姻法》规定"取得结婚证，即确立夫妻关系"，但是几乎所有的婚姻当事人及其亲友均要在充分协商的基础上，从事成婚(共同生活)的准备活动。张学军认为这些准备活动大致可以分为：一是为结婚准备的纪念活动，如拍摄结婚照片；二是置办新婚生活用品的活动，如置办服装、首饰、日常生活用品、婚宴用品、装饰新房等；三是筹备婚宴的活动，如散发请柬、签订聘请主持人合同、签订聘请婚礼摄影人合同、签订婚宴合同等；四是为婚后生产、

---

① 袁志丽："对构建我国婚约制度可行性的思考"，载《西部法学评论》2009年第3期。

生活的考虑一方或双方放弃某些财产权益的活动，如辞职、终止个体工商户的活动、放弃离婚后的帮助等；五是其他准备活动，如签订旅游合同、为准备结婚而支付的房屋租金等。从实际生活来看，准备活动往往需要高额的费用。因此，对方一旦解除婚约，作出准备活动的当事人将会在某种程度上遭受财产损失。此外，当事人还可能遭受下列财产损害：a.支付因治疗对方原因而导致疾病的费用；b.支付终止妊娠的费用等。①

B.婚约解除行为违反了法律。从婚姻法的婚姻自由原则来看，单纯的违背婚约之事实尚不足以构成侵权行为。但如果在当事人双方已经协商决定成婚、并由其本人和（或）其亲友进行结婚准备活动的情况下，对方没有正当理由解除婚约或实施可以归责于己，对方因而解除婚约的行为，就应该认定为“实施了一定的先前行为，使其负有一定的作为义务……违反这些义务，造成他人损害”，从而“构成侵权”。从比较法的角度来看，法国法院也曾经明确地指出，滥用了解除婚约的自由则违反婚约行为也能构成侵权行为。因此，将部分解除行为认定为侵权行为即违法行为是完全符合法理的。②

C.损害与行为之间有因果关系。如果当事人一方不做出订婚的许诺，对方当事人及其亲友便不会进行一系列的成婚准备活动。换言之，成婚准备活动正是建立在信赖对方的许诺基础之上的。因此，财产损害与对方解除婚约的行为之间存在着因果关系。

D.过错。在当事人一方没有正当理由而擅自解除婚约或因自身过失致使他方解除婚约的，其主观状态是明显属于故意，构成了《民法通则》所规定的过错侵权行为。所以应该承担财产损害赔偿责任。

②损害赔偿的范围：

损害赔偿的范围应该仅限于信赖利益损失。具体包括为准备结

---

① 张学军、付翠英：“我国婚约解除损害赔偿制度问题探究”，载《法律适用》2005年第8期，第61页。

② 张学军、付翠英：“我国婚约解除损害赔偿制度问题探究”，载《法律适用》2005年第8期，第61～62页。

婚而支付的房屋租金、债务负担、购置结婚礼服与备置嫁娶活动而支出的价款（扣减尚存价值）以及因期待结婚，实施影响其财产或职业的行为而遭受的损害。因订婚而消耗的财物，主要是指在订婚时举行仪式、操办宴席，以及接待双方亲戚朋友消耗的食品、烟酒之类的物品，不论哪一方提出解除婚约，均不得折价返还或提出损害赔偿。对于婚约存续期间双方当事人所购置的共同财产，例如，共同出资购房、购物，在婚约解除后，应分清双方当事人对共同财产的占有份额，按份额处分。[①] 对支付因治疗对方原因而导致疾病的费用及支付终止妊娠的费用，应由双方按照过错程度的大小承担责任。

（2）已然的同居行为与精神损害赔偿。

①侵权行为的构成：

A.损害的发生。加强情感的过程中，很多婚约当事人双方还发生了性关系。因此婚约一旦解除，当事人就可能遭受一系列非财产性损害。这些损害主要包括：一是身体权、名誉权方面的损害。如女方原是处女而同居的情况下，女方即丧失了“身体上的完整”。如果同居事实已为他人所知悉，女方的“性方面的名誉权”也受到了损害；二是身体忍受的疼痛。在解除婚约时女方已经怀孕而需要终止妊娠的情况下，女方要忍受身体上的疼痛；三是任何一方均可能出现因对方悔婚而产生羞辱感、尴尬、痛苦、悔恨等精神上一些严重的反常现象；[②]四是其他损害，如因对方原因而患病忍受的痛苦等。

B.婚约解除行为违反了法律。尽管在性态度问题上，中国人的性观念越来越开放，表现在女性身上，就是她们对于失身、处女膜不再注重。但是受传统观念的影响，中国人的主流价值观对于性纯洁的态度是仍然很强烈的。因此，一般而言，婚约双方当事人发生性行为是建立在双方当事人期待日后结婚的基础之上的。如果在已经发

---

① 熊进光：“婚约法律问题研究”，载《河北法学》2003 年第 6 期，第 59 页。

② 张学军、付翠英：“我国婚约解除损害赔偿制度问题探究”，载《法律适用》2005 年第 8 期，第 61 页。

生性行为的情况下，没有正当理由解除婚约，将使女方的性名誉权受到损害，如果已经怀孕，因婚约的解除必须终止妊娠时，女方又要因此而忍受身体上的痛苦。此外，由于性观念苛责女方的传统，也更容易让女方对性的失贞感到羞辱和痛苦。显然由于一方的解约行为或是在一方实施了可以归责于己的，对方因而解除婚约的情况下，给另一方的身体、精神上造成了损害，应该认定为违反了法律，构成侵权行为。

C.损害与行为之间具有因果关系。如果对方尤其是男方没有承诺结婚的前提下，女方则不会与之建立并保持婚约关系，更不会与男方发生性关系。因此，婚约的解除与损害行为之间具有因果关系应该是毫无疑问的。

D.过错。一方当事人在没有正当理由解除婚约的情况下，或是在一方实施了可以归责于己的，对方因而解除婚约的情况下，行为方在主观上均为故意，构成了《民法通则》所规定的过错侵权行为。所以，解约方应该为自己的过错侵权行为造成的侵害结果承担损害赔偿的责任。

②损害赔偿的范围：

在婚约解除时，受害人有权向过错方就“非财产上损害”和“财产上损害”，依据最高人民法院《关于确定民事侵权精神损害赔偿责任若干问题的解释》（2001 年 3 月 1 日实施）以及最高人民法院《关于审理人身损害赔偿案件适用法律若干问题的解释》（2003 年 12 月 4 日通过）的规定，请求赔偿。但熊进光认为，对精神损害赔偿应加以严格控制：对因婚约解除而使其名誉受到损害为由而主张的精神损害赔偿应不予考虑；对以在婚约存续期间因发生性关系贞操权受到侵害为由主张精神损害赔偿的，应区别对待：①双方自愿发生性关系，且无其他损害后果的，无论是合意解除婚约还是一方擅自解除婚约，均不予赔偿；②因他方引诱而与之发生性关系，且由他方擅自解除婚约或因他方过错而使其解除婚约的，可以主张精神损害赔偿；③虽然双方自愿发生性关系，但一方（女方）因怀孕做人工引产术造成身体损害,或者因多次做人工引产术而造成习惯性流产甚至失去生育能力的,可以主张精神损害赔偿。[①] 此外,可能还有一些其他损害,如因对方的原因患病,而忍受的精神痛苦也可以主张精神损害赔偿。

(3)损害赔偿责任的豁免。

侵权损害赔偿责任应该以过错为前提。如果一方解约不是因为自己的过错造成的,而是因为对方的过错造成的,就不需要承担损害赔偿责任。比如法律可以直接规定:一方因下列重大事由单方解除婚约的,不承担赔偿责任:(1)另一方在婚约订立后又与他人订立婚约或结婚的;(2)生死不明满1年的;(3)有重大不治之症或花柳病事前未作告知的;(4)婚约订立后残废的;(5)婚约订立后与人通奸的;(6)婚约订立后被判处刑事处罚者;(7)其他重大事由者。[②]

---

① 熊进光:“婚约法律问题研究”,载《河北法学》2003年第6期。

② 史尚宽:《亲属法论》,中国政法大学出版社2001年版,第136~141页。

第三章　事实婚姻问题研究

一、典型案例引发的思考：同居二十多年男方暴亡，不算事实婚姻

李女士与王先生均是离异，经朋友介绍相识，互相感觉不错，于是没办理结婚登记手续，李女士就搬进王先生的平房里居住。王先生与他的兄妹不和，所以王先生、李女士两人与王先生的兄妹很少来往。从 1994 年 12 月两人在一起一住就是十多年，双方感情很好，经常出双入对，对外一直以夫妻相称，周围街坊邻居也都以为他们是合法夫妻。

2007 年 10 月 20 日晚，王先生突发心脏病，送到医院后没有抢救过来。王先生没能留下任何书面文件就撒手而去。在把王先生的丧事处理完毕，李女士回到住所时，门锁已被换掉，自己的个人衣物被装在几只箱子里放在了门外，箱子里放了一张纸条，大意是王先生的兄妹通知李女士：他们收回了王先生的房屋，让李女士限期搬离。

李女士随即报警，公安部门答复她：维持房屋的现状，李女士与

王先生的兄妹之间的矛盾通过法律途径解决。经查，王先生死后，个人名下存款有56万元，房间里的家具电器等物折合人民币14万元。李女士认为王先生名下的存款及物品都是这十年来两人一起打拼赚来的，有属于自己的一半。而且自己作为王先生的妻子，有权利继承王先生的全部遗产。

问题：李女士与王先生的关系如何界定？王先生名下的财产应如何分割？李女士能否继承王先生的遗产？理由是什么？如何看待这样的问题？

二、事实婚姻的概念及特征

（一）概念

事实婚姻是相对于法定婚姻而言的婚姻状态，是指具备结婚实质要件的男女，未办理结婚登记，即以夫妻关系同居生活，群众也认为是夫妻关系的两性结合。[①] 学界认为，事实婚姻有广义和狭义之分：狭义的事实婚姻是指仅欠缺结婚的法定形式要件的事实婚姻，且具有单一违法性；广义的事实婚姻是双重违法，即既欠缺结婚的法定形式要件，也欠缺结婚的法定实质要件的非法婚姻关系。我们此处的事实婚姻指的是狭义的事实婚姻关系。之所以不采用广义上的事实婚姻概念，是因为连结婚的实质性要件都不具备的婚姻关系本身就存在内容上的瑕疵，从其形成之日起就注定是无效或可撤销的，就没有进一步探讨其不具备结婚的形式要件时是否有效的必要。

（二）事实婚姻的特征

（1）事实婚姻的男女符合结婚的实质要件。如前文所述，事实婚姻虽然不具备法律婚姻所要求的形式，即没有办理结婚登记，但是却符合结婚的实质要件。根据我国《婚姻法》，结婚的实质要件包括：①男女双方完全自愿，不存在任何一方对他方实施强迫或者第三方

---

① 杨立新：《家事法》，法律出版社2013年版，第103页。

干涉的情形;②当事人达到法定年龄,即男方不得早于22周岁,女方不得早于20周岁;③双方不是直系血亲或三代以内旁系血亲;④未患有医学上认为不应当结婚的疾病;⑤双方均无重婚行为。这表明,事实婚姻与无效婚姻以及可撤销婚姻有着本质区别,前者只是形式违法,而后二者则是内容违法。因此,违反上述规定之任何一条,都构成欠缺结婚的实质要件。

(2)事实婚姻的当事人具有婚姻的目的。在事实婚姻关系中,男女双方当事人具有明确创设婚姻关系、长期共同生活的主观意愿。都一致地希望双方的同居关系产生婚姻的法律效果。男女双方共同构建一种在生理上互相满足对方,在情感上互相慰藉、互相照顾,在物质上同财共居、互相扶持的生活模式时所持的主观愿望是希望彼此具有配偶的身份关系,而不是合则聚、不合则散的同居关系。双方都希望能够遵从婚姻所产生的权利和义务。尊重当事人的意思表示也是当代婚姻作为一种典型的双方法律行为的基本内涵。男女双方是否互以配偶相待是事实婚姻与其他非婚两性关系在内容上的重要区别。因为,一切不合法的性行为,不具有婚姻的目的和共同生活的形式。

(3)事实婚姻的男女双方具有公开的夫妻身份,有共同生活的外在形式。对外而言,男女双方长期在一起共同生活的事实已经得到了周围人们的认可,而且双方的家庭、相互的亲朋好友、邻里同事也都认为其为夫妻关系;对内而言,同居双方不但是经济上的共同体,也是性生活的伴侣,有与婚姻关系当事人几乎相同的权利与义务,共同承担着互相扶助、相互忠诚、抚育子女、照顾赡养老人的责任,婚姻性十分明显。此外,这种两性关系还是一种长期稳定的关系,而不是时下流行的“一夜情”之类的露水情缘。

(4)事实婚姻的当事人未履行结婚登记手续。即男女双方没有依照婚姻法的相关规定办理结婚手续,这也是事实婚姻和法律婚姻最主要的区别。我国实行婚姻登记制度,登记机关要对当事人是否具备结婚的实质要件进行审查,并通过登记发证行为对合法的婚姻关系予以确认。结婚登记的目的在于确保婚姻关系的合法性，因此结婚形式要件与实质要件是一种手段与目的的关系。在登记结婚制度下，当事人符合结婚的实质要件，只能说明当事人具备了缔结婚姻关系的主体资格，只有在办理结婚登记手续后，方能成为正式的夫妻关系，其婚姻关系才能得到法律的承认和保护。事实婚姻中，虽然当事人双方在主观上有婚姻的意思、客观上有长期共同生活的事实，不只是当事人本人认为其关系是夫妻关系，双方的家庭和周围的群众也都对这种关系进行了肯定。但是由于婚姻本质上是一种要式的双方法律行为，事实婚姻形式要件的欠缺，必然会导致其法律效力上的瑕疵。

三、我国法律对事实婚姻立法态度的发展

（一）承认事实婚时期（革命战争时期至 1984 年 8 月 30 日）

在革命战争时期，我党领导制定的婚姻法律法规，均承认事实婚姻。如 1934 年的《中华苏维埃共和国婚姻法》在规定结婚须到区苏维埃进行登记，同时又规定："凡男女实行同居者，不论登记与否，均以结婚论。"1940 年的《晋察冀边区婚姻条例》解释中指出："只要事实上夫妻关系存在，并不因其未履行规定手续而无效。"新中国成立后，虽然 1950 年《婚姻法》明确规定结婚登记是成立合法婚姻的必备形式要件，并且做了大量的普法宣传工作，但是现实中事实婚姻还是大量的存在。由于法律和现实的冲突，法律工作者们不得不作出妥协，针对司法实践中存在的事实婚姻作出相关的司法解释。1953 年 3 月中央人民政府法制委员会在《有关婚姻问题的解答》中指出："1953 年 3 月贯彻婚姻法运动以前的事实婚姻，仅欠缺结婚登记手续的，仍承认其夫妻关系的效力。"1956 年在《关于未登记的婚姻在法律上的效力问题的复函》中又重申："对仅欠缺结婚登记的事实婚姻关系应该予以承认，在发生纠纷时按照离婚案件处理。"1979 年 2 月最高人民法院在《关于贯彻执行民事政策法律的意见》中规定："人民法院在审理事实婚姻案件时，要坚持结婚必须进行登记的规

定，不登记是不合法的，要进行批评教育。处理具体案件要根据党的政策和婚姻法的有关规定，从实际出发，实事求是地解决。双方或一方不满婚姻法结婚年龄的婚姻纠纷，如未生育子女的，在做好工作的基础上应解除其非法的婚姻关系；对双方已满婚姻法结婚年龄的事实婚姻纠纷，应按一般的婚姻案件处理。”

据此来看，在该时期对只缺欠结婚形式要件的事实婚姻是一律承认其效力的，实行与法律婚姻同等对待的原则，对不符合法定婚龄则限制承认其效力。

（二）限制承认时期（1984 年 8 月 30 日至 1994 年 2 月 1 日）

1980 年《婚姻法》施行后，最高人民法院于 1984 年 8 月 30 日《关于贯彻执行民事政策法律若干问题的意见》指出：“没有配偶的男女，未按婚姻法规定办理结婚登记手续，即以夫妻名义同居生活，是违法的。处理这类纠纷，应对双方当事人进行严肃的批评教育，指出其行为的违法性和危害性，促使当事人增强法制观念。对起诉时双方都已达到《婚姻法》规定的婚龄和符合结婚的其他条件的，可按《婚姻法》第 25 条规定的精神处理，如经过调解和好或者撤诉的，应令其到有关部门补办结婚登记手续；起诉时双方或一方仍未达到法定婚龄或不符合结婚的其他条件的，应解除其同居关系。所生子女的抚养或财产的分割问题，按《婚姻法》的有关规定处理。”也就是说，这一意见认为事实婚姻是违法的，应对当事人给予批评教育，但对事实婚姻的认定标准作了限制性的解释。要求起诉时双方必须达到法定结婚年龄和符合结婚的其他条件，才可以按照事实婚姻对待；而将那些虽以夫妻名义同居生活，但起诉时双方或一方不符合结婚的法定条件的，排除在事实婚姻关系以外，作为非法同居关系处理。至此我国司法机关开始限制性地承认事实婚姻关系，法律结束了前一段时期对事实婚姻无条件承认的做法。

1989 年 11 月 21 日最高人民法院《关于人民法院审理未办理结婚登记而以夫妻名义同居生活案件的若干意见》明确：“在一定时期内，有条件的承认事实婚姻关系，是符合实际的。”这个承认的界限以

1986 年 3 月 15 日的《婚姻登记办法》为标准，有条件的承认事实婚姻的效力。其第 1 条、第 2 条规定："在 1986 年 3 月 15 日以前如果事实婚姻双方在起诉时均符合结婚的法定条件，则认定为事实婚姻关系；在 1986 年 3 月 15 日以后事实婚姻双方如同居时均符合法定条件，也可认定为事实婚姻关系；否则都认为是非法同居。"这与此前的司法解释相比，该意见的规定更加系统和全面，操作性更强、条件也更加严格，即要求事实婚姻关系不仅要符合结婚的实质要件，而且要满足时间要求，即如果是 1986 年 3 月 15 日以前同居的，必须在起诉时满足实质要件；如果是 1986 年 3 月 15 日后同居的，必须在同居时满足实质要件。同时，该《意见》明确了承认事实婚姻关系的最后期限，即于 1994 年 2 月 1 日新的《婚姻登记管理条例》施行之日起不再承认事实婚姻关系。不难发现，这一阶段的立法对事实婚姻的态度趋向谨慎，严格限制事实婚姻的范围，开始朝着不承认事实婚姻的方向发展。

（三）绝对不承认时期（1994 年 2 月 1 日至 2001 年 4 月 28 日）

1994 年 2 月 1 日民政部新的《婚姻登记管理条例》第 24 条规定："未到结婚年龄的公民以夫妻名义同居的，或符合结婚条件的当事人未经登记以夫妻名义同居的，其婚姻关系无效，不受法律保护。"最高人民法院在《关于适用新的〈婚姻登记管理条例〉的通知》进一步明确指出："自 1994 年 2 月 1 日起，没有配偶的男女，未办结婚登记即以夫妻名义同居生活的，按非法同居关系处理。"这一规定彻底改变了前两个阶段承认事实婚姻效力的司法原则，即便当事人符合结婚的实质要件，也不可能认定为事实婚姻。法律规定的目的无非就是迫使当事人自觉、主动地办理结婚登记，维护《婚姻法》和婚姻登记制度的严肃性和权威性，强调有法必依。

（四）相对承认主义阶段（2001 年 4 月 28 日后）

2001 年 4 月 28 日《婚姻法》修正后，其第 8 条规定："未办理结婚登记的，应当补办登记。"这一规定对事实婚姻的态度是既没有承认其效力，也没有沿用以前的绝对否认主义，只是用了这一句含混不清的话一带而过，这一模糊的态度给司法实践中准确适用法律带来了歧义。立法者也意识到了这种规定太过于概括和含糊，在司法实践中不好准确把握，于是又在2001年12月27日最高人民法院《关于适用〈中华人民共和国婚姻法〉若干问题的解释(一)》(以下简称《婚姻法解释一》)第5条规定中，对事实婚姻的处理做了补充性的规定："未按《婚姻法》第8条规定办理结婚登记而以夫妻名义共同生活的男女，起诉到人民法院要求离婚的，应当区别对待：1994年2月1日民政部《婚姻登记管理条例》公布实施以前，男女双方已经符合结婚实质要件的，按事实婚姻处理；1994年2月1日民政部《婚姻登记管理条例》公布实施以后，男女双方符合结婚实质要件的，人民法院应当告知其在案件受理前补办结婚登记；未补办结婚登记的，按解除同居关系处理。"这一解释明确，对于1994年2月1日之前的符合结婚条件的事实婚姻确认其婚姻的效力；对于1994年2月1日之后的事实婚姻则区别对待：如果男女双方根据《婚姻法》第8条规定补办结婚登记的，婚姻关系的效力从双方均符合婚姻法所规定的实质要件时起算，说明法律对登记之前已经存在的事实婚姻是有条件的认可的。而对未补办结婚姻登记的事实婚姻，则按照解除同居关系来处理。这种有条件的承认主义比之前一概否认的态度有所放松，但是和限制承认阶段的立法态度相比，在认定的范围和条件上又更加严格。

四、国外对事实婚姻的态度

(一)法国(有条件的承认)

法国法在结婚程序上实行仪式和登记结合制。对于未经有资格的官员加以登记的结婚，因为民法典所列举的婚姻无效的规定将其遗漏，基于"无明文，不得以婚姻为无效"的原则，不能按婚姻无效处理。在过去的数十年间，未经登记的婚姻被简单地归类为"不存在的"婚姻。它无须法院判决宣告其无效，也不会转化为"公认的婚姻"。如此规定就会使未经登记而以夫妻名义共同生活的当事人陷入尴尬境地,也会使善意当事人的合法权益得不到有效保护。因此,近年来,法国社会各界以及司法实践正在努力改变这一现状,呼吁不要将未经登记的婚姻关系认定为"不存在的婚姻"。①

但是立法和司法实践并没有将未办理登记作为婚姻无效的理由,而是将实际上的无效理由——未经登记而结婚与同性结婚视为同类,即"不存在的婚姻",以此与民法典中所规定的无效婚姻作出区别。但是,在舆论的呼吁下,也作了一些改进性规定,即具备有效婚姻外观的同居关系的解除需要通过司法程序作出判决,而且善意当事人可主张按照"正式婚姻"保护自身的合法权益,也就是说,善意当事人可主张未经登记且具有有效婚姻外观的婚姻关系具有合法婚姻的法律效力,从而使自己取得与离婚当事人同样的法律地位。通过这种方式,就可以保障自己在财产清算和分割中的应得利益。当然,善意当事人的这一权利并不是唯一的救济途径,如果通过其他途径能获得更好的救济时,当事人可以选择放弃该规则的适用。②

(二)德国(有条件的承认)

《德国民法典》所规定的结婚程序是,当事人首先要向户籍官员表明愿意缔结婚姻关系之意愿,然后在户籍官员的宣告下双方结为夫妻,并在结婚登记簿上履行登记手续。但是,对婚姻关系成立起决定性作用的是户籍官员的宣告,履行结婚登记并不是婚姻关系成立的必要条件。因此,德国法实际上采取的是仪式婚模式,相应地,德国法上的事实婚姻并不是指没有办理结婚登记的婚姻,而是指没有经过户籍官员宣告而缔结的婚姻。③

关于事实婚姻的效力,1946 年的《联邦德国婚姻法》第 17 条第 1 款规定,缺乏形式要件的婚姻为无效婚。第 2 款又随之规定,双方已共同生活 5 年的,如一方死亡,但死亡前双方已共同生活满 3 年以

① 张学军:"事实婚姻的效力",载《法学研究》2002 年第 1 期。

② 陈苇:《婚姻家庭法学》,法律出版社 2002 年版,第 203 页。

③ 张宇环:《论事实婚姻的法律保护》,中国政法大学 2013 年硕士学位论文,第 19 页。

上，且在上述同居期间无一方提出过无效诉讼的，该同居的事实婚姻即取得合法婚姻的效力，为自始有效。[①] 根据修订后的《德国民法典》第1314条的规定，婚姻会因欠缺程序性要件而被取消，但第1310条第3款又规定了若干例外情形，如若符合这些条件，婚姻效力也会得到认可。这些情形包括：(1)配偶双方已经表示意愿相互缔结婚姻，并且配偶双方自那时起已经作为夫妻共同生活10年，或者配偶一方死亡时至少已经作为夫妻共同生活5年；(2)民事身份官员已经将结婚登记到婚姻登记簿或者家庭登记簿中的；(3)户籍官员已经将结婚的提示登记到出生登记簿中的；(4)民事身份官员已经受领配偶双方作出的、就具有效性而言以现有婚姻为前提的亲属法上意思表示，并且配偶双方已被发给法律条文所规定的关于这一情况的证书。[②]从这些规定可见，德国对于事实婚姻的态度坚持的是有条件承认主义。

（三）日本（有限制的承认）

日本对于婚姻的成立，现行《日本民法典》第739条规定："（一）婚姻，因按户籍法规定所进行的申报，而发生效力。（二）前款申报，应由当事人双方及二人以上的成年证人，以言辞或署名的书面进行。"[③]由此规定可见，日本在结婚程序上采用的是申报制。这也就意味着没有依法申报和登记的婚姻不能发生法律效力。依据《日本民法典》第789条的规定，无效婚姻在当事人之间不产生任何效力，属于当然、自始的无效，在此期间所生的子女，也为非婚生子女。从立法上观察，日本对事实婚姻持绝对不承认的态度，许多学者都支持这种做法，主要理由是如果不采取严格的申报制度，会造成重婚现象愈演愈烈、一夫一妻制将受到破坏。如果承认事实婚姻，也将使婚姻登记制度的神圣性和权威性受到极大的破坏。

《日本民法典》颁布至今，虽有历次修改，但是在立法上始终不承

---

① 李志敏主编：《比较家庭法》，北京大学出版社1990年版，第94页。

② 陈卫左译注：《德国民法典》，法律出版社2004年版，第372页。

③ 王书江译：《日本民法典》，中国法制出版社2000年版，第132页。

认事实婚姻的效力。但司法实践中,为了保护弱者的利益,日本的内缘婚仍占有一席之地。关于内缘婚的判例,最早见于日本最高法院在昭和33年(1958年)4月3日的判决,判决认为内缘"夫妻"一方不当终止共同关系时,他方不但可以依婚约不履行请求损害赔偿,还可以依据准婚姻效果请求遗弃者负担生活费用。此后,"保护内缘婚立法和法理"又得到了"发展和扩充",最终确立了准婚理论,即给予内缘双方划一的"类似一般婚姻效果"。[①]这一判例确立了对"内缘婚"(准婚姻)的有效保护。事实上,所谓的内缘婚就是事实婚姻,内缘婚是指只满足婚姻的实质要件,而欠缺合法形式要件的婚姻状态,因此,内缘婚通常是相对于法律婚姻或者外缘婚的一个概念。[②] 既然是准婚姻,就与合法婚姻的效力不完全相同。根据日本学界通说,内缘婚只在某些方面产生与合法婚姻相同的法律效果,主要是依婚姻本质而产生的权利义务方面,例如同居义务、互相忠实、相互扶助、日常家事代理等方面准用婚姻的效果,对于其他方面,如双方的配偶身份、姓氏、互相之间的继承权等则不会产生如同合法婚姻相同的效力。

(四)英国(承认主义)

英国从1753年开始,就不再承认普通法婚姻。所谓的普通法婚姻是指仅基于双方的合意而未办理结婚仪式的婚姻。现在英国法在结婚程序上采用仪式婚和登记婚相结合的制度。20世纪70年代以前,英国法对于没有进行登记的婚姻,根本不承认其效力,这种婚姻被认为根本不存在的婚姻。但在20世纪70年代以来,英国立法机关通过判例法与成文法相结合的方式赋予这种婚姻关系一定的法律效力,这主要是为了保障事实婚姻关系中弱势方的合法权益,使其在同居关系终止时能够获得与离婚妻子同等的法律地位。适用的规则如下:(1)在双方终止同居关系而对经双方共同努力而获得、保存的

---

① 张学军:"事实婚姻的效力",载《法学研究》2002年第1期。

② [日]我妻荣、有泉亨:《日本民法·亲属法》,夏玉芝译,工商出版社1996年版,第8页。

财产加以分割时,女方所得到的份额与离婚妻子所得的相同;(2)在双方终止同居关系时,一方对于他方所做的给付财产的承诺必须兑现。在双方终止同居关系时,依据默示合同,女方有权居住在对方为双方的生活所购买的住房中,直到双方所生的子女超过学龄;(3)在死者死亡前的最近的时间内,正在得到死者全部或一部扶养的任何一方,有权从死者的遗产中获得合理数额的生活费用;(4)具备以下全部条件的任何一方都有权就致命事故诉请损害赔偿:①在死亡日前的最近时间内正在与死者在同一个家庭中共同生活;②在死亡日前已经与死者至少生活了 2 年以上;③在整个同居的时间内以死者的丈夫或妻子的身份共同生活。[①]

(五)美国(承认主义)

美国普通法婚姻是一种与事实婚姻相类似的婚姻类型,主要是指未举行法定的结婚仪式,仅依双方当事人的合意成立的婚姻。目前,美国还有 13 个州和哥伦比亚特区承认普通法婚姻。但各州对于普通法婚姻的要件掌握不一。如德克萨斯州《家庭法》做了如下规定:在司法的、行政的或者其他程序中,一个男人和女人的婚姻可以通过以下证据证明:(1)他们的婚姻宣告已经按照下一章的规定签署;(2)双方同意结婚,并且在同意之后他们在本州以丈夫和妻子的身份住在了一起,并且向他人声称已经结婚;(3)如果当事人在分居或者同居结束后两年内没有提出证明婚姻的要求,那么推定当事人没有缔结婚姻契约。依据这些规定,双方证明自己已经结婚的证据可以通过当事人的行为、彼此以夫妻相称、承认他们的孩子是合法的、以夫妇身份进行财产让与、占有同一个住所等情况证明。[②] 阿拉巴马州对普通法婚姻有三个要求:(1)当事人必须有结婚的能力;(2)他们必须当面同意缔结婚姻关系;(3)他们必须完成婚姻,也就

---

① 张学军:"事实婚姻的效力",载《法学研究》2002 年第 1 期。

② Tex. Fam. CodeAnn. 2. 401(b)(Vernon2005)。转见康娜:"美国普通法婚姻制度对我国事实婚姻制度的启示",载《学术交流》2008 年第 1 期。

是说他们必须以让公众认为他们是丈夫和妻子生活方式生活。[1] 虽然各个州关于普通法婚姻具体构成要件的规定不尽相同，但有一点是相同的，即均要求当事人必须符合结婚的实质要件，并且已具备婚姻关系的外观，而且男女双方的夫妻关系得到社会公众知悉和认同才可构成事实婚姻。即便是那些不承认普通法婚姻的州，对于未办理结婚程序的一方或双方在某些条件下也赋予一定的法律效力。从而使得欠缺程序要件的同居关系中的当事人在满足特定条件下，也可以得到法律的保护，从而赋予这种同居关系一定的法律效力。

（六）澳大利亚的新南威尔士州（承认主义）

早在1984年，澳大利亚的新南威尔士州就制定并颁布了《事实伴侣关系法》。澳大利亚其他州和地区在新南威尔士州事实伴侣关系法的率先垂范下先后制定了本地区的立法。新南威尔士州《事实伴侣关系法》，是其他州和地区立法的典范和效仿的对象，在主要内容上各州差别不大。关于事实伴侣的立法界定："主要是指一男一女之间像夫妻一样居住在一起共度真正的家庭生活，尽管他们没有缔结法律上的婚姻。"而关于事实伴侣关系的司法界定标准，在Roy诉Sturgeon(1986)案中，Powell法官确立了10个考虑因素。这些因素主要包括：(1)同居关系的持续时间；(2)共同居住的性质和程度；(3)是否存在性关系；(4)经济上相互依赖的程度，以及双方扶养的安排；(5)财产的所有权、使用和取得；(6)生育子女；(7)照顾和抚养子女；(8)家庭义务的履行；(9)相互承担义务和相互扶养的程度；(10)同居关系的公开和公开的名义。在澳大利亚，其他法官在审判时一般都会援用Powell法官在Roy诉Sturgeon案中确立的考虑因素。[2] 从这些因素看，最重要的因素是双方当事人关系持续的期间长

---

① Beck v. Beck, 246 So. 2d 420, 426 (Ala. 1971)。转见康娜："美国普通法婚姻制度对我国事实婚姻制度的启示"，载《学术交流》2008年第1期。

② Dorothy Kovacs. De Facto Property Proceedings in Australia. Butter-worths publishing in Australia, 1998, p. 9。转见陈苇、高伟："我国事实婚姻制度之重构——澳大利亚的《事实伴侣关系法》的启示"，载《法学杂志》2008年第2期。

短(一般要求2~3年),此外还有双方共同生活的事实,一般具备了这两个基本条件,就可以认定双方构成事实伴侣关系,可以得到法律的保护。

考察各国关于事实婚姻的法律制度我们可以看到,国与国之间虽然各有不同,但在认定是否构成事实婚姻的关键要件上却是相同的,这个相同之处主要有四点:(1)对同居双方赋予法律效力首先要以当事人具有结婚的意思为前提;(2)对同居双方赋予法律效力大多要以双方已经同居一段时间为前提;(3)要求双方必须有同居生活的实质,即履行依婚姻本质而产生的权利与义务;(4)双方以夫妻相称或社会上一般承认其是夫妻。

五、我国事实婚姻的现状及存在的原因分析

(一)我国事实婚姻的现状

虽然1994年2月1日起,我国实行严格的婚姻登记制度,不承认事实婚姻的法律效力,但由于受旧习俗的影响,在很多地方,举行结婚仪式往往被认为是男女双方结为夫妻的最重要的标志,在这种观念的影响下,很多男女青年对婚礼极为重视,认为只要办了婚礼酒席,婚姻关系就成立,至于结婚登记却被视为可有可无。这样一些原因导致事实婚姻在民间仍然大量存在。不论是在农村还是在城市,事实婚姻仍然占有一定的比重。据有关民政部门不完全统计,福州地区1985年来未登记结婚的有17 697对,其中山区占80%。据1987年4月8日《重庆日报》报道,甘肃、宁夏有5个县25个乡3年内结婚的总对数中,未进行结婚登记的约占47.3%。1994年3月,通江县麻石区共清理出近几年形成的违法婚姻365对,其中符合结婚实质要件的事实婚姻达328对,约占总数的90%。[①] 2000年4月,全国妇联就如何修改婚姻法问题,对全国31个省、自治区、直辖市进行了民众意愿抽样调查,结果显示已婚而未办理登记的人占成

---

① 宋豫:"对事实婚姻的法律思考",载《重庆商学院学报》1997年第1期,第51页。

年人总数的4.2%，占已婚者的4.6%，而在农村，这种情况占到成年人总数的6.9%，占农村已婚者的7.5%。有11%的人至今认为结婚没有必要登记。城市居民认为结婚不必登记的占6.1%，农村则高达15.9%。[①] 据报道，20世纪80年代中后期以来，河北省将近1/6的"新婚夫妇"没有办理结婚登记。2009年，山西省未登记就以夫妻名义同居的"夫妇"达到30万对，这一数字占当年结婚总数的28.5%。在很多偏远的农村和少数民族地区，未登记的事实婚姻更为普遍，2010年，安徽大别山地区的某贫困县不办理结婚登记而成为"夫妻"的占当年结婚总数的比例甚至超过50%。在宁夏回族自治区，20世纪90年代以来，有相当比例的农村居民和少数民族居民习惯于只办婚礼而不登记的结婚形式。[②] 而在偏远地方和少数民族地区，比如贵州省的广大农村，甚至有近50%的人结婚而未办理结婚登记。某民政部门对当地自《婚姻法》颁布实施后10年的婚姻状况进行了调查，这期间该县结婚的夫妻有108 685对，其中未领取结婚证的有21 506对，占结婚总数的19.8%。[③] 有学者2008年4月对浙江乐清市四都乡洋村进行了调查，结果显示：事实婚姻的比例竟占已婚总数的57%，事实婚比法律婚还多出14个百分点。在60岁以上的人中事实婚占82%，登记婚不到20%，40～60岁的人中事实婚占48%。40岁以下的人中事实婚占45%，周边的几个村庄情况大致相同。[④] 这样大量的事实婚姻存在，往往在双方关系破裂时引发好多纠纷，司法机关在处理相关问题时又没有明确具体的法律依据，使双方的权益特别是弱势方女方的权益无法得到充分的保护。

---

① 王胜明等：《中华人民共和国婚姻法修改立法资料选》，法律出版社2001年版，第246页。

② 王胜明等：《中华人民共和国婚姻法修改立法资料选》，法律出版社2001年版，第132页。

③ 张增帆："论事实婚姻"，载《社会福利》2003年第7期。

④ 管志勇："我国事实婚姻现状与对策"，载中华硕博网 http://lw.china-b.com。访问日期2016－3－6。

（二）事实婚姻存在的原因分析

1. 传统婚姻习俗的影响

历史上，中国大部分王朝的法律对于成婚均无要求到官府登记，只有秦王朝要求老百姓结婚需要到官府登记。所以长期以来，法律关注的是对结婚实质要件的要求，对结婚的形式要件并无特别的要求，法律认可的是在符合结婚实质要件的前提下，以女方是否许婚或收受聘财作为衡量婚姻关系是否成立的惟一法律要件。而且在中国古代，婚姻的成立并不只由国家法律来调整，结婚除了符合国家法的规定外，还必须符合礼俗，[①]而“六礼”被社会公认是婚姻成立的正当程序，所以一桩合乎礼俗的婚姻，大抵要经历“纳采、问名、纳吉、纳征（纳币）、请期、亲迎”六礼才告完成。这样的婚姻礼俗存在前后达几千年，后虽因时代与地域不同而有所改变，但大致遵循古礼。结婚需要举行仪式，已经成为一种民俗和习惯，被一代一代地传承下来。虽然新中国成立后，我国婚姻法经历了从承认事实婚姻到有限承认再到绝对不承认事实婚姻的历史发展，但是，中华民族行用几千年的结婚仪式，早已内存为民间的传统，为民众所普遍接受。时至今日，媒人、定婚、彩礼、结婚仪式等习俗在中国的不少地区仍普遍存在，结婚大摆筵席，不仅是为了庆贺，另外也是为了公示，只要是举行了仪式的婚姻就会得到社会的认可已经成为人们一种约定俗成、不言而喻的传统。在很多人看来，只要举办了婚礼，在亲朋好友的范围内公示了，婚姻关系就算成立，履行登记手续并非必要。应该说，这是导致事实婚姻大量存在的原因之一。

2. 群众法律观念淡薄

我国建立婚姻登记制度已经半个多世纪，但因为地域广阔、人口众多和传统习俗的影响，人们对婚姻登记的法律意义、办理婚姻登记对于确立和维护婚姻关系重要性的认识还存在很大差异。虽然普法

---

① 金眉：“事实婚姻考察——兼论结婚仪式的现代法律价值”，载《华东政法大学学报》2011年第1期。

教育一直在推行，但是由于人们习惯上认为《婚姻法》是软法、惩罚性不强，加之其规定又与人们的风俗习惯不相符合，所以认为婚姻法的登记结婚制并非神圣不可违反。况且婚姻的天然属性决定了只要男女双方互相同意，就完全可以共同生活，是否一定要遵守婚姻法履行登记手续，对当事人的生活似乎没有任何影响。在他们看来，结婚纯粹就是个人的私事，只要双方家庭同意、亲朋好友认同，举行个仪式就完全可以了。即使政府不认同、法律不承认，也不会妨碍两个人共同生活、生儿育女。在很多农村地区，由于传统观念的影响，早婚、"亲上加亲"的表兄妹婚往往因为符合习俗而为人们所津津乐道，还有的当事人未到法定婚龄，或者患有不宜结婚的疾病，为了逃避国家对结婚行为的监管，选择不办理结婚登记，从而导致事实婚姻的产生。

3. 婚姻登记制度本身存在缺陷

我国虽然建立了婚姻登记制度，但是婚姻登记制度很不健全，这对事实婚姻的蔓延起到了一定的助长作用。婚姻登记制度的缺陷突出地表现在以下：

(1)婚姻登记制度公示力不足。在我国，结婚的公示方式必须是登记。从理论上讲，婚姻登记制度的主要目的在于将婚姻关系公示于外，从而防范和遏制事实婚姻。但事实上，婚姻登记制度的公示作用却极其有限。因为就目前的情况看，结婚登记只在当事人和婚姻登记机关之间进行，如果婚姻当事人对外不予公开，那么除了婚姻当事人和婚姻登记机关，谁也不知道当事人已婚的事实。对当事人的婚姻状况，只能通过查询婚姻档案获知。但我国目前并没有建立婚姻档案的公众查询机制，社会公众很难通过婚姻档案查询当事人的婚姻状况。不可否认，通过婚姻登记可以使婚姻关系产生对外的公信力，这种公信力不仅最具权威性，而且其所能涵盖范围要比事实婚姻所产生的公信力的范围大得多，可以被任何人通过登记信息的查询而得知，而不仅限于当事人日常生活所涉及范围内的群众。但是由于很多登记制度本身存在一些缺陷，致使结婚登记在现实生活中的公示效力并没有得到最大限度的发挥。近几年来，社会上流行的一个词叫“隐婚族”。隐婚族是指已经办好结婚手续，但在公共场合却隐瞒已婚的事实，以单身身份出现，因此也称为伪单身。隐婚族就是现行婚姻登记制度公示力不足的最好体现。因此在现实生活中，人们不得不借助于结婚仪式来向外界公告夫妻关系的确立，这是助长事实婚姻增多的原因之一。

(2)婚姻登记管辖规定不能满足当事人的需求。改革开放以来，大量的农村流动人口涌入城市，但他们的户籍仍然在家乡。而我国法律规定，当事人双方均为内地居民的结婚登记必须由一方当事人常住户口所在地的婚姻登记机关办理结婚登记。而对于这些流动人口来说，如果双方都为农村户口的农民工，要组建家庭必须回家乡办理结婚登记手续，这对经济压力、工作压力巨大的农民工群体而言，无疑会耗费过高的成本。为了节省这一开支，很多农民工不得不拖延办理结婚登记或者干脆不办理结婚登记就在一起共同生活。此外，我国的婚姻登记机关为民政部门或基层人民政府。但是，我国人口多、地域广，有很多居民生活在偏远的山区，交通不便，这在很大程度上给结婚登记造成了困难，加之登记机构工作人员的业务素质偏低，登记工作制度不够健全，再加上有的地方为了推行计划生育政策，在结婚登记上做假，不到晚婚年龄不予登记，并有以晚婚年龄取代法定结婚年龄的趋势。还有一些地方的婚姻登记机关在办理结婚登记时，随意附加条件，搭便车收取名目繁多的费用，比如计划生育保证金、户口迁移押金等，使群众觉得结婚登记太贵，干脆结婚不登记。婚姻登记制度的不完善、不健全，在某种程度上助长了事实婚姻的存在和蔓延。

4. 追求自由无责任的两性生活，也使很多男女放弃结婚登记

由于婚恋观念的变化，现代人对两性结合重内容，轻形式，追求自由，不愿意承担责任。加之近 10 年来离婚率的不断攀升，很多年轻人认为婚姻关系极不稳定，一旦男女之间缔结婚姻关系，就意味着个人生活的自由、婚姻生活的情趣丧失。所以为了给自己预留一定

的自由空间，为了保持婚姻生活的情趣与神圣感，他们心照不宣地在不办理结婚登记的前提下以夫妻名义生活在一起，使双方游离于法律婚姻的束缚之外，这也在相当程度上助长了事实婚姻的产生。

六、我国事实婚姻立法的现状及不足

（一）立法现状

婚姻法对事实婚姻在不同时期的认定并不一致。1950 年《婚姻法》规定，登记为法定婚姻的唯一要件。然而现实中大量事实婚姻的存在使得司法解释一直在对《婚姻法》作出变通的规定。其一为 1989 年 11 月 21 日最高人民法院《关于人民法院审理未办理结婚登记而以夫妻名义同居生活案件的若干意见》（以下简称 1989 年意见），其二为 1994 年最高人民法院《关于适用新的〈婚姻登记管理条例〉的通知》（以下简称 1994 年通知），其三为《婚姻法解释一》对于事实婚姻，以 1994 年《婚姻登记管理条例》的实施为界，我国对于事实婚姻从限制承认主义发展到不承认主义。但 2001 年修正后的《婚姻法》及其司法解释对事实婚的态度又有所转变，具体规定如下：

（1）1989 年意见第 1～4 条规定下述情况构成事实婚姻：①1986 年 3 月 15 日前形成的欠缺形式要件的婚姻，一方起诉离婚，如起诉时一方或双方符合结婚的法定条件的，认定为事实婚姻；②1986 年 3 月 15 日后形成的欠缺形式要件的婚姻，如同居时一方或双方符合结婚的法定条件的，认定为事实婚姻。这是以法定的时间（1986 年 3 月 15 日之前还是之后）以及起诉时或者同居时是否符合结婚的实质要件作为事实婚姻是否成立的条件，即相对承认的立法态度。

（2）在解决双方终止同居关系时的财产调整问题所适用的具体法律原则上采用一般共有主义。1989 年意见第 10 条规定："解除非法同居关系时，同居生活期间双方共同所得的收入和购置的财产，按一般共有财产处理。"

(3)在双方终止同居关系后一方是否对另一方负担扶养义务问题上采用了否认的立法主义。但1989年意见第12条就经济帮助作出规定,解除非法同居关系时,一方在共同生活期间患有严重疾病未治愈的,分割财产时,应予适当照顾,或者由另一方给予一次性的经济帮助。

(4)1989年意见第13条规定:同居生活期间一方死亡,另一方要求继承死者遗产,如认定为事实婚姻关系的,可以配偶身份按《继承法》的有关规定处理;如认定为非法同居关系,而又符合《继承法》第14条规定的,可根据相互扶助的具体情况处理。

(5)修正后的《婚姻法》第8条规定:"要求结婚的男女双方必须亲自到婚姻登记机关进行结婚登记。符合本法规定的,予以登记,发给结婚证。取得结婚证,即确立夫妻关系。未办理结婚登记的,应当补办登记。"

(6)《婚姻法解释一》第5条规定:"未按《婚姻法》第8条规定办理结婚登记而以夫妻名义共同生活的男女,起诉到人民法院要求离婚的,应当区别对待:(一)1994年2月1日民政部《婚姻登记管理条例》公布实施前,男女双方已经符合结婚实质要件的,按事实婚姻处理;(二)1994年2月1日民政部《婚姻登记管理条例》公布实施以后,男女双方符合结婚实质要件的,人民法院应当告知其在案件受理前补办结婚登记;未补办结婚登记的,按解除同居关系处理。"

(7)《婚姻法解释一》第6条规定:"未按《婚姻法》第8条规定办理结婚登记而以夫妻名义共同生活的男女,一方死亡,另一方以配偶身份主张享有继承权的,按照本解释第5条的原则处理。"

(二)我国事实婚姻现行立法的不足

(1)对事实婚姻弱势当事人及其子女权益保护不足。一方面,事实婚姻虽然在成立时欠缺婚姻成立的形式要件,但其本身是一种既存的社会事实,当事人在以夫妻名义共同生活的过程中,已经在客观上形成各种婚姻家庭关系,并且衍生出一系列身份和财产上的关系,其具有与合法婚姻完全相同的生活实质，社会上一般也承认他们是夫妻。如果完全不承认事实婚姻具有婚姻的效力，虽然维护了法律的尊严和统一，但却无视事实婚姻的实质内容，无视婚姻法的私法属性，有国家过度干预私人生活的嫌疑，不利于实现婚姻法的弱者保护功能。[①] 因为无论是事实婚姻还是法律婚姻，妇女儿童往往容易成为婚姻关系中的弱者，尤其是在婚姻关系破裂后，对于妇女儿童而言在社会继续生存的代价相对于男性要高，如果法律一味地否定事实婚的法律效力，她们的期待利益将更得不到保障。相反对于男方而言，由于法律将此种婚姻关系视为一般非婚同居关系，他们可以不需要登记结婚，却不断更换同居对象，玩弄他人感情，也不必承担法律责任，使许多妇女应当享有的婚姻利益化为乌有，婚生子女变成非婚生子女遭受歧视，损害了相关妇女和儿童的合法权益。另一方面，对于不构成事实婚姻的男女双方，按解除同居关系来对待，而同居关系解除时的财产处理原则坚持 1989 年意见第 10 条的规定，“解除非法同居关系时，同居生活期间双方共同所得的收入和购置的财产，按一般共有财产处理”。这里所谓的“一般共有”其实就是属于谁的财产谁拿走，只有某项财产既不能确定为女方的也不能确定为男方的财产，才按共有财产处理。这样的处理原则对于“事实婚姻”中，男主外女主内的分工模式下女方的财产利益而言也是非常不利的。此外，对于事实婚姻法律效力的认定仅仅局限于离婚诉讼之时，也无法对当事人特别是弱势方利益的保护。现实生活中涉及事实婚姻的纠纷大量存在，除了离婚外，还可能涉及家庭暴力、子女抚养等问题。法律对事实婚姻这一客观存在的社会现实仅作零星的处理规定而不进行系统的制度构建，对相关群体的利益保护就必然难以全面考虑，最终难以达到维护婚姻家庭秩序与社会和谐稳定的立法目的。

---

① 李黎：“我国事实婚姻问题的婚姻法规制”，载《河南省政法管理干部学院学报》2006 年第 5 期。

(2)“补办结婚登记”的规定不仅可操作性差，而且有违婚姻法的本质要求。

我国现行《婚姻法》第8条规定：“未办理结婚登记的，应当补办登记。”也就是说，事实婚姻当事人补办登记后，事实婚姻即转化为法律婚姻，就可以获得法律的承认与保护，这一规定可以鼓励事实婚姻的当事人补办结婚登记。同时，《婚姻法解释一》规定：“1994年2月1日民政部《婚姻登记管理条例》公布实施以后，符合结婚的实质要件的事实婚姻当事人向法院起诉离婚的，人民法院应当告知其在案件受理前补办结婚登记，未补办结婚登记的，按解除同居关系处理。”但这里的“补办结婚登记”可操作性差。因为办理结婚登记的必备条件之一就是当事人具有结婚的合意。无论是事实婚姻还是法律婚姻，结婚都必须具有结婚合意，这是由婚姻的本质决定的。而事实婚姻的当事人正是不愿继续以夫妻名义同居生活才到法院起诉离婚的，可见其感情上已经出现了深刻的矛盾，已经走上了离婚之路的当事人有多少会去补办结婚登记呢？如果一方想补办登记，而另一方不愿意，人民法院能否强制当事人补办呢？事实上，一旦进入到离婚程序中的男女双方，当事人的相关利益就开始对立起来。尤其是财产权，更加不可能出现双赢的结果，总会有一个人认为自己吃了亏，被另一方占了便宜，吃亏的一方自然不愿意承担这样的后果，因而其中一方甚至双方都不会轻易愿意冒着可能吃亏的风险去补办登记。所以，当事人双方是很难在这个问题上达成一致意见的。没有一致的意见，“补办登记”的可行性就大打折扣了。事实上，调查研究也显示了这样的情形。据学者调查，2001年5～12月，北京市第二中级人民法院审结的与事实婚姻离婚有关的26件上诉案件中，仅有5例补办登记。2002年，哈尔滨市中级人民法院审结的案件中，有33例是解除同居关系，其中含有具备结婚实质要件但未补办登记的18例。[①] 这说明，即使法院告知具备结婚实质要件的当事人如果补

① 巫昌祯主编：《婚姻法执行状况调查》，中央文献出版社2004年版，第7页。

办登记就可以按照离婚案件来处理，还是有大多数的当事人未接受法院的意见补办结婚登记。其次，要求起诉到法院请求离婚的当事人补办结婚登记，是否违反了结婚必须双方完全自愿的实质要件呢？即便当事人为了离婚而合意补办登记，这样的婚姻尽管为法律所承认，却已经丧失了婚姻最实质最基本的内在价值，亦违反了我国有关结婚登记的规定，属于违法婚姻。实际上，从这个角度出发，为离婚而补办登记的婚姻应该是无效的，也不应该得到法律的保护，这样的"补办结婚登记"也完全违背了婚姻法的初衷。

(3)"补办结婚登记"本身有损法律的严肃性。我国现行《婚姻法》和《结婚登记条例》三令五申要求结婚必须办理结婚登记，只有办理了结婚登记的婚姻才是合法婚姻。但现实生活中，有一些当事人无视法律规定、我行我素，故意不办理结婚登记手续。对于这种违法情况，法律不但没有相应的惩罚和制裁措施，反而规定只需要"补办登记"就可以使原本违法的婚姻合法有效。这使得违反法律规定"补办登记"的婚姻和自觉遵守法律办理登记手续的婚姻不但没有任何区别，反而有了更大的自由空间。如果感觉离婚对自己有利，就将不合法的婚姻转成合法婚姻，就去"补办登记"；如果觉得将不合法婚姻转正为合法婚姻后离婚对自己不利，就不去补办登记，反正不想转正法律也没有相应的处罚办法。而依照法律办理结婚登记的当事人反而没有了这种利益权衡的选择自由，这无疑在一定程度上助长了违法婚姻的滋生和蔓延，使婚姻法的权威性、严肃性受到损害，也使事实婚姻中的弱势方的权利无法得到充分的保护。

七、重构我国事实婚姻制度的设想

(一)对待事实婚姻的立场

现代社会是一个多元化的社会，人们有权自主地选择自己喜欢的生活方式，事实婚姻就是人们对婚姻生活方式的一种选择，它与登记婚姻之间的区别仅在于当事人所采用的婚姻形式有所不同而已，体现了人们对婚姻关系的不同要求。在我国，固然对登记的法律婚姻应予保护，但对没有登记的事实婚姻当事人处于不利境地而向法院寻求救济时，法院也不能因为其未办结婚登记而不予救济。一部得到社会普遍接受和认可的“良法”，在构建一套规则制度时，除了做到制度本身的逻辑周延、概念精准之外，更应当自始至终都体现一种公平正义的价值理念。我们的婚姻法贯彻男女平等原则，不能只强调形式上的平等，更应注重现实生活中实质上的平等、结果上的平等。对事实婚姻中往往处于弱势的女方及子女之权益给予保护，有利于保障妇女及子女的人权，实现家庭关系中男女实质上的平等与正义。所以，对符合结婚实质要件的，同居达到一定期间的事实婚姻给予承认和适度保护，这既体现了婚姻法之权利法、正义法的特征，也符合国际上有关事实婚姻的立法趋势。

（二）立法的原则

第一，尊重当事人的意思自治，允许双方以书面协议约定其权利义务。一部成功的法律，不但要使社会的秩序井井有条，还应该使公平和正义得到实现。因此，立法者在制定法律、解决纠争时，就应当充分地将各种与之相关的、相互冲突的利益要素全部进行考量，首先应当明确哪种利益是法律首先应当保护的，充分实现法律所应当承载的功能。尤其是在私法领域，私法自治、相信人们是自己利益的最佳管理者、尊重当事人的独立意志是自从私法近代化至今所一直标榜的，也正是私法最能体现人文关怀精神和最大的魅力所在。[1] 现代社会是一个多元化的社会，人们有权自主地选择自己喜欢的生活方式，事实婚姻就是人们对婚姻生活方式的一种选择。事实婚姻虽然与法律所要求的登记婚姻在形式上有所不同，但是从根本上讲属于当事人的私生活领域，没有对社会公共利益和他人利益造成危害。所以，婚姻法作为私法、权利法，应该对双方当事人的意思自治给予足够的尊重，允许事实婚姻双方通过书面协议的方式约定其权利和义务。

---

① 白晶：《论事实婚姻》，中国政法大学2007年硕士论文，第27页。

第二，将符合婚姻实质要件的仪式婚姻纳入规范，扩大有效婚姻的范围。

婚姻制度是受历史文化影响最深的领域，婚姻文化表现出的民族特性和历史惯性最为强烈。许多国家或地区的婚姻成立形式要件中都镌刻着历史的痕迹。事实婚姻实质上就是传统仪式婚的延续，这反映了中国文明的、有着两千年历史的中国传统结婚仪式，已经深深地扎根于中国人的心底。今天，适当的尊重不与当代法治文明相违背的传统习俗下的婚姻形式，既有利于培养民众的法律信仰，也有利于社会主义法治的根本实现。而建立在西方文明基础上的结婚登记制度，脱离了中国的历史传统，其仅仅依靠国家强制力来推行，实质上是一种抛弃我国本土文化的做法。我们应当认识到，法律之所以对结婚设立形式要件，只是想通过形式上的要求来达到公示的目的，使当事人在作出对自己今后的人生会产生重大影响的抉择之时慎重考虑。从这个角度而言，形式要件只是手段，符合婚姻的实质要件才是保障当事人婚姻质量、实现国家对婚姻监督和管理的最终目标。所以，在形式要件的具体方式上，法律不妨采取更加开放式的态度，将婚姻的形式要件多元化，放弃以往将登记制作为惟一形式要件的做法，兼采登记制与仪式制作为婚姻的法定形式要件，给婚姻当事人以选择的自由。这样做一方面将现实中大量存在的符合婚姻的实质要件并举行了仪式婚姻的情况转为法律婚而纳入到婚姻制度的保护范围之内，承认当事人的合理需求并赋予当事人以相应的民事权利，这既既尊重了传统，也体现了婚姻制度追求公平正义的价值理念。

第三，处理同居期间问题与处理善后问题并重。婚姻的结合是身份关系的结合，具有“事实在先”的特点，无论法律承认与否，这种身份关系都已经存在。在日常生活中，这些身份关系都是非常具体的，联系着相关的权利与义务，很难从抽象的概念的权力体系中分离出来。因此，和其他法律领域相比，身份法律关系存续期间的权利义务的调整更加重要。《婚姻法》本身就应该是以如何保护公民合法权益、方便公民生活为己任的。法律应该尊重业已形成的婚姻家庭关系对双方、子女、家庭和社会的一系列影响，尊重现存的法律事实。所以，婚姻法应当对事实婚姻同居期间的有关问题予以适当的规定，使事实婚姻存续期间，各方当事人之间的利益得到更好的保护。而不应该像我国现有立法，只注重调整事实婚姻终止时的关系而忽视了同居期间的双方当事人及子女权利义务关系的调整，应该坚持处理同居期间问题与处理善后问题并重的立法原则，才能从根本上解决事实婚姻引发的一系列问题。

（三）事实婚姻的立法内容

1. 事实婚姻的界定

结合我国实际，笔者提出事实婚姻的成立要件：

第一，须有男女双方同居生活的事实，且男女双方未间断地共同生活满3年，或者未间断地共同生活直至另一方死亡满2年。持续地同居生活是法律确认其为一种相对稳定的生活方式的首要依据，这也是事实婚姻与同居关系的关键区别。对事实婚姻的构成要件要求满足一定的同居年限的国家并不少，如德国要求以夫妻身份共同生活10年或者共同生活至少5年直到另一方死亡；菲律宾要求以夫妻身份共同生活5年以上；澳大利亚新南威尔士州规定为2年；南澳大利亚州则为3年。我国不妨借鉴外国的做法，对当事人以夫妻身份共同生活的时间经过作出明确规定，以避免审判实践中的歧义。

第二，须男女双方以夫妻名义公开共同生活，被群众公认是夫妻。彼此以夫妻相称是当事人公示夫妻身份和婚姻关系的重要途径。不以夫妻名义共同生活的，不能认定为具有婚姻的外观。而且这种身份关系要为社会大众所认可。社会大众对双方当事人共同生活方式所具有的感受和评价应是判断有无婚姻外观最重要的标准，周围群众普遍认为其系一般观念上之夫妻，即可认定为具有婚姻外观。

第三，须男女双方均符合结婚的实质要件。按照《婚姻法》的规定，即男女双方符合法定的婚龄，双方不属直系血亲和三代之内旁系血亲关系，且双方均没有配偶，这才符合结婚的实质要件。

第四，双方公开举行了结婚仪式。我国自古以来就有举办结婚仪式的传统，在结婚登记制度产生之前，男女双方的婚姻关系也主要是通过婚礼仪式对外公示的。举行仪式是结婚的一个重要环节，很多当事人可能未依法办理结婚登记手续，却按照习俗举行过结婚仪式，双方当事人通过举行仪式向亲朋好友，甚至向社会大众表露其缔结婚姻关系之意思，可谓是一种公示的结婚合意。并且结婚仪式的举行也意味着夫妻双方已将自己的婚姻关系置于社会公众的监督之下。因此，当事人如果举办了婚礼就表明他们自愿对外公示婚姻关系，并愿意接受公众的监督，从而可以推知他们具有缔结婚姻的真实意思。

2. 事实婚姻的法律效力

(1)对事实婚姻当事人的效力。事实婚姻关系一经认定，即确认其为合法有效婚姻关系，双方当事人的关系适用《婚姻法》中有关夫妻权利义务的规定。在具体制度设计上，事实婚姻应当与法律婚姻相同。事实婚姻当事人处于与合法婚姻配偶相同的法律地位。无论是在关系存续期间当事人的人身、财产权利义务方面，还是在婚姻关系终止时的财产分割和救济方面，事实婚姻的效力均与法律婚姻无异，如同居义务、扶养义务、日常家事代理权、基于婚姻效力而产生的夫妻共同财产权、配偶继承权以及同居期间基于对家庭的贡献而产生的财产分割请求权等。

(2)对事实婚姻中所生子女的效力。由于事实婚姻关系的男女双方具有夫妻关系，因此其子女应认定为婚生子女，取得婚生子女的身份，发生亲子关系，适用婚生子女的所有法律规定。在子女未成年时，子女与父母之间享有亲权，发生亲权的一切权利和义务，子女受到父母的亲权保护。在子女成年后，与父母之间享有亲属权，发生父母子女之间的权利义务关系。

3. 事实婚姻的解除

(1)事实婚姻解除的方式。如被认定为事实婚姻，则其解除也应有特别规定，因当事人不曾向婚姻登记机关办理结婚登记手续，故事实婚姻不能依行政登记程序解除，而须经由法院依离婚诉讼程序方可解除，即使双方当事人对离婚及其法律后果能够达成一致也不例外。

(2)在诉讼程序中，事实婚姻双方当事人均应对自己主张的事实承担举证责任。按照前面对事实婚姻认定的构成要件，主张双方已成立事实婚姻的一方需要证明其共同生活已经不间断地持续已满3年，具备婚姻的外观、符合结婚的实质要件、已经举办结婚仪式等。

(3)经法院认定其并非事实婚姻关系的，按照一般同居关系处理。

(4)经法院认定为事实婚姻的，法院先行调解。按照1989年意见第6条规定的精神，人民法院审理事实婚姻案件应当首先进行调解，经调解和好或撤诉的，调解书或裁定书具有与结婚证书同等之效力；经调解不能和好的，应调解或判决解除事实婚姻关系，法院发给离婚判决书。

4. 事实婚姻解除的后果

事实婚姻关系解除时，事实婚姻当事人之间的财产分割、子女抚养问题适用夫妻财产制的分割规定，依法进行处理。

延伸讨论：一则案例引发的思考，如何解决事实婚姻立法上的冲突？

案情介绍 周男和张女于1993年“结婚”并生子，但未领取结婚证。张女与婆婆一直不和，遂带上孩子去新疆3年。期间，周男与本村徐女来往密切并商议结婚，周男到村委会口头承诺已离婚并获得离婚证明，随后周男持离婚证明赴镇政府与徐女领取结婚证。婚姻登记机关没做任何核实工作，即给周男和徐女颁发结婚证，两人领证后结合并生有一女。3年后张女从新疆返回发现丈夫又“婚”，遂以周男重婚为由，到公安机关报案。2001年2月公安机关对周男刑事拘留，后县检察院以周男涉嫌重婚为由向县法院提起公诉。县法院认为，周男在有配偶的情况下又与他人结婚，重婚罪名成立，判处半年徒刑，并解除周男与徐女的婚姻关系。

2001年8月周男刑满释放，张女亲自将他接到了自己的住所。周男出狱一个月后，张女接到县法院起诉离婚的传票，9月县法院开庭审理了此案。县法院认为，张女1993年和周男同居时未达法定结婚年龄，二人系非法同居关系。张女不服，于是向市中级人民法院上诉。

在仅仅相隔半年的时间里，一个法院的刑庭和民庭对同一个客观事实在法律上作出了性质完全不同的认定，即对于周男与张女以夫妻名义共同生活的事实，刑庭认为是事实婚姻，而民庭则认为是非法同居。这种令人尴尬的司法认定的结果，正是刑法与婚姻法在事实婚姻问题（包括立法和司法两个层面）上的冲突使然。

问题：如何看待这种冲突？应该如何化解这种冲突？

第四章　非婚同居问题研究

一、典型案例引发的思考

典型案例1：陈女1987年与男友陈男相识，此后长期同居。1992年，第一批股票认购证面世，她以全部积蓄买了600张认购证和中签股票。当时，她尚未与前夫解除婚姻关系，因此以陈男的名义开列了股票账户。这1.8万元的起步资金在七、八年后居然炒到了500多万元。1998年10月，她与前夫离婚，与陈男一起买了商品房，以夫妻名义公开同居。2000年8月，陈男患肝癌去世。陈男患病期间，是她扶助照顾；陈男去世后，也是她为其料理后事。但3个月后，陈男的兄弟强占了她和陈男的住房，陈男的父母擅自取走了陈男账户内的450万元股票资金。这住房和股票资金原本是她的个人财产，即使作为同居期间的财产或合伙炒股财产，最起码她也有一半的份额。人财两空、悲愤交织的陈女几经交涉无果，遂向上海市闸北区法院提起诉讼，请求法院依法保护她的财产权益。作为被告，陈男的父母则辩称，他们对上述财产的占有是有法律依据的，是完全合法的。儿子生前没有结婚，没有子女，也没有立遗嘱。被告是儿子财产唯一的继承人，有国家公证机关的公证书为证。儿子患病多年，不是暴病而死，原告完全有时间处理自己的财产。如果真的两相情愿，也完全可以成为合法夫妻，不会出现纠纷。原告的诉讼请求没有法律依据，也是不符合生活逻辑的。

问题：陈女和陈男之间是同居关系还是事实婚姻关系？他们的财产纠纷应该如何处理？

典型案例2：黑龙江女孩玲玲，2010年毕业于哈工大计算机系。独自一人来大连闯荡，在工作中认识了一个当地的男人李某，李某和她是同事。李某有一套自己的软件模块，就是现在很有市场的模具设计程序。李某和她认识不久，就在一个雨后的夜晚发生了性关系。从那以后，俩人的距离明显不一样了。开始公开地打情骂俏。老板觉得这样不当，就委婉的劝他们有一个离开。

李某和她商量，说想自己干。李某接下来之后租了一个公寓楼，吃住和工作都在那里。因为有专有技术，李某的事业发展还不错，效益一天比一天好。玲玲刚开始是周末去那里住，后来就直接搬到公寓一起同居。每当忙的时候，玲玲就是一夜一夜的加班，为公司编制程序。就这样玲玲像不花钱的员工一样，为企业做工作。员工们也习惯叫她老板娘。玲玲除了上班外，几乎把所有的精力用在了公司发展上。公司从一个月销售额十来万的规模，发展成一个年销售额近千万的企业。她付出了几乎自己的一切。后来，自己不再上班了，想在公司任一个适当的职位。李某说：你够辛苦了，何必上班呢？需要钱你就自己拿。

玲玲在这同居的几年里，有过4次流产的经历。第5次知道自己怀孕的时候，她特别想结婚，李某却都以我们在一起住，你需要花钱，就自己拿，也没人管你，我现在这么忙，哪里有时间准备婚礼？再说我也不想要孩子，着急结什么婚？怀孕了就早点去堕胎。女孩说服不了他。只有自己郁闷。

隔几天，玲玲又一次提及结婚，男的又是那套逻辑，她就觉得心里不愉快，在男人要做爱的时候，就背靠墙，没有顺从他。男人一生气就在夜里出去了，从那以后经常夜里不回家。

玲玲就忍着不说，也不再关心男人去了什么地方。自己想做点什么，就到公司里干点什么，没想到月底没有人给她支付一文钱。她因此找李某理论，李某却对她说：你算什么？是我公司的员工吗？你和我签署合同了吗？更可气的是李某竟然让保安把她拉出了公司办公室。他们住的房子是租的，男人从那以后就再没有回来过。

她说：我为了公司的发展，甚至一夜夜地陪着客户喝酒。现在家没了，工作没了，怀的孩子也不知该不该留下？不留意味着再也没有生育能力了，留下又有什么意义？下个月住在哪里都不知道。气愤之极的女孩说，我要告他……！

问题：女孩请求赔偿的损失包括这几年没完没了的加班费、自己耗费的青春损失费、几次怀孕造成的身体健康损失费、精神损失费共计 120 万元。那么女孩的主张能不能得到法院的支持？为什么？

二、非婚同居关系的界定及构成

（一）非婚同居的界定

同居以前多指两性在婚姻家庭中的共同生活状态，并且主要是指合法的共同生活状态。同居的这种含义与以前我国社会中男女两性婚姻家庭生活的单一性、稳定性高度相关并保持一致。在当时的语境下，非婚姻家庭生活方式的同居状态并不是用非婚同居这个纯粹描述客观现实的事实概念来界定，而是用鲜明的法律概念“非法同居”来指称。时代的发展使同居的含义发生了裂变，随着非婚同居人数在数量上逐渐增多及去非法化的演变，同居不再专用于婚姻家庭领域。有人称 21 世纪是新同居时代。在这个时代，同居成了一个符号，也成了越来越多的人的一种生活方式。而且在许多情况下与婚姻无关。如果我们将当代各种同居现象纳入观察的视野，将发现存在以下同居类型:一般性的同居可以分为具有亲属关系的家庭成员之间的同居和不具有亲属关系的非家庭成员之间的同居。不具有亲属关系的非家庭成员之间的同居可以分为不存在爱和性的关系,仅因共同生活于某一房产中的同居。包括合租等和因爱和性产生的同居。在因爱和性产生的同居中可以分为同性之间的同居和异姓之间的同居。还可分为有配偶者之间的同居和无配偶者之间的同居。我们看到同居的含义因生活关系的错综复杂而让人眼花缭乱。这种泛化的发展趋势反映了现实生活中人们生活方式的多元性。

但对笔者而言,将同居纳入如此宽的视域下会使研究失去针对性,而且不同类别之间的同居所产生的问题并不具有太多的相关性。故笔者不采广义的同居含义。本书所指的非婚同居主要指存在于没有配偶的异姓之间,以性和爱为纽带,但并非婚姻的一种长期稳定的生活共同体。也有人把它叫作亚婚姻或准婚姻,它是一种事实状态。

(二)非婚同居的构成要件

(1)在主体上,当事人为没有配偶的男女双方。如果一方缔结过婚姻,则另一方与其同居将构成姘居,是非法同居,而不是我们所讨论的非婚同居。非婚同居的重点就在于双方均无同居的障碍,即均为自由的人,均未缔结婚姻关系,包括未婚者、离婚者,或者丧偶者。它不包括有配偶者与他人同居、同性恋者同居。强调没有配偶的目的在于将非婚同居与重婚及有配偶者与他人同居等婚外同居区别开来。

(2)主观上,双方自愿建立像夫妻一样的生活共同体,但并不具备构成合法婚姻的形式要件。首先,合意是非婚同居关系成立的主观要件。合意代表双方共同生活均出自各方的自由意志,这就要求双方均具备表达这种自由意志的民事行为能力,即双方均应为完全民事行为能力人,且双方作出决定之时均不存在任何的欺诈、胁迫。其次,同居双方有相互照顾、共同生活的意思表示。非婚同居的双方应该像夫妻一样共同生活,建立包括性生活、平常必要的共同的政治经济生活等为主要内容的共同体,但是,没有履行结婚登记手续,不构成婚姻关系。

（3）同居行为必须是公开的。同居双方是否以夫妻名义相称不影响非婚同居行为的认定，只要同居行为是公开的，不是刻意隐藏的，就能成为非婚同居行为的构成要件。此处的公开性也并不是指需要特殊的仪式或者称谓以昭示其同居关系。此处的公开性仅指的是双方均未刻意隐瞒其同居的事实。但一般来说，当事人的亲人或朋友、邻居应该知晓其同居关系。

（4）同居行为应当持续一定期间。之所以需要非婚同居行为持续一定的时间，是因为这种结合只有持续存在，才能证明其具有一定的稳定性。所谓稳定的共同生活，应该是同居双方持续的共同生活，并非是临时的、短暂的发生性关系，这与一夜情、多夜情和通奸等行为区别开来。在法律规制非婚同居行为的国家，都要求当事人的行为持续一定的期间才能获得非婚同居规则的适用，而且这一期间不能有明显的间断。如美国的某些州规定的是 3 个月以上，丹麦等规定须 3 年以上。结合我国国情，笔者认为，非婚同居的持续期间应以两年为宜。

三、非婚同居与其他相关概念的区别

（一）非婚同居与事实婚姻

事实婚姻是相对于法定婚姻而言的婚姻状态，是指具备结婚实质要件的男女，未办理结婚登记，即以夫妻关系同居生活，群众也认为是夫妻关系的两性结合。①

（1）主体构成不尽相同。事实婚姻的男女双方必须完全符合结婚的法定实质要件，其与非婚同居伴侣的区别主要表现在两个方面：其一，事实婚姻双方均须达到法定婚龄。而非婚同居者只要具备完全民事行为能力即可，而非必须达到法定婚龄；其二，事实婚姻双方没有法律规定禁止结婚的情形存在。而非婚同居双方即便有法定结婚的禁止性条件，也在所不限。

---

① 杨立新：《家事法》，法律出版社 2013 年版，第 103 页。

(2)合意的目的不同。事实婚姻双方对共同居住的关系怀着“结婚”的合意，仅仅是欠缺了结婚的形式要件，可以说，事实婚姻当事人不仅追求婚姻的名义，也追求婚姻的效力，因此，对双方结婚意愿的推定可以被法律认可；而非婚同居者双方达成的是同居的合意，并无双方已缔结婚姻的共同认识。换句话说，双方当事人合意的内容仅是同居，而非婚姻，对于其日后是否有结婚的意愿在所不论。

(3)二者的客观表现不尽相同。事实婚姻的当事人要求以“夫妻名义”相称，要具有婚姻生活的外观，像“夫妻”一样生活，且这种外观要被群众认可；而非婚同居则不一定具有这种婚姻的外观，其公开的关系和共同生活的模式可能是“夫妻”型的，也可能是其他类型的。

(4)二者的法律后果不尽相同。在法律后果上，事实婚姻一旦被认定，即具有婚姻的全部效力，当事人之间具有夫妻人身与财产方面的权利和义务，所生的子女为婚生子女，婚姻法上的所有合法夫妻的权利义务、亲子关系的规定都可以同样适用于事实婚姻。在离婚程序方面实行前置调解，调解和好或者撤诉的，由法院发给调解书或者裁定书以确认该婚姻关系有效。经调解不能和好的，依法调解离婚或者判决离婚。而非婚同居的伴侣之间，按照目前的相关法律规定，没有任何人身关系，按照《婚姻法解释二》第1条规定：“同居当事人起诉请求解除同居关系的，人民法院不予受理。但当事人因同居期间财产分割或者子女抚养纠纷提起诉讼的，人民法院应当受理。”也即单纯诉请解除同居关系或确认双方身份的不属于人民法院的受案范围，只有涉及“同居期间财产分割或者子女抚养”的，人民法院才受理并作出判决。同居财产的分割和对弱势方的利益保护也不适用于《婚姻法》的相关规定，双方在关系存续期间所生的子女为非婚生子女。

(二)非婚同居与非法同居

(1)非法同居，是不符合法律强制性规定的非婚同居，主要包括如下情形：

①违反《婚姻法》第3条关于“禁止重婚”以及“禁止有配偶者与他人同居”的规定，同居的双方或一方有法律上的配偶，而与他人公开同居生活，不论是否以夫妻名义，均为非法同居。以上的同居行为，除了构成离婚的法定理由以及离婚损害赔偿的法定事由之外，还可能会触犯刑法而导致刑事制裁。我国《刑法》第258条规定，有配偶而重婚的，或者明知他人有配偶而与之结婚的，处二年以下有期徒刑或者拘役。《刑法》第259条规定，明知是现役军人的配偶而与之同居或者结婚的，处三年以下有期徒刑或者拘役。

②违反《刑法》规定，与不满14周岁幼女同居生活的，将“以强奸论，从重处罚”。考虑到幼女不能判断行为的性质，也难以认识到行为的后果，因此即使是幼女“同意”的同居生活，也将追究同居人的法律责任。

③非自愿的同居。共同生活应当建立在自愿的基础之上，对于违反对方意愿采取欺诈、胁迫、乘人之危等手段迫使对方违反意愿与其同居的，其行为不合法。强迫同居行为将可能触犯《刑法》第236条强奸罪或第238条非法拘禁罪。

（2）二者的区别：

①主体范围不同。非法同居的一方或双方要么为已婚者，要么为无民事行为能力人或限制行为能力人；而非婚同居的主体为具有完全民事行为能力的单身者。

②法律性质不同。非婚同居行为是我国法律目前没有明文规定禁止的行为，在一定意义上说是合法行为或者说至少它不是违法行为，法律对其的态度是“不禁止、不制裁、不保护”的态度；但非法同居就是不合法的同居了，非法同居不仅违法，而且有时还构成犯罪，是法律明文禁止的行为。

四、世界主要国家非婚同居的发展情况及立法趋势

（一）各国非婚同居关系的发展情况

作为一种社会现象，非婚同居可谓源远流长，它肇始于罗马法上

的“姘合”。姘合在古罗马帝国是指无“婚意”的、同地位低下的女子的同居。由于缺乏婚姻待遇，姘合同夫妻关系很容易区分。① 直到20世纪60年代以前，非婚同居一直受到法律的禁止和伦理道德及社会舆论的谴责，并非一种普遍的现象。但到20世纪70年代以来，受工业化发展的影响，传统的性观念、婚姻观、家庭观受到冲击，更多的人不再把性和婚姻抑或家庭视为必然的联系，非婚同居作为一种新的生活方式随之产生并迅速发展起来。有统计数字表明，1997年，在美国未婚同居的男女有400万人；而1960年还不到50万人。据估计，在25～39岁的未婚妇女中，有1/4左右正在与一个伙伴同居；一半左右的第一次婚姻是经过同居的。美国最近的一次全国抽样调查表明，60%的高中生表示“同意”或“几乎同意”同居作为试婚的方式；将近3/4的高中男女生认为，男女住在一起不结婚，是一种试验性的生活方式，他们是做自己愿意做的事，与社会无关。② 而到20世纪90年代，年龄在20～39岁的妇女中，拥有非婚同居伴侣的比例依次是：瑞典32%，丹麦27%，法国、荷兰、奥地利、瑞士接近18%，比利时、英国、德国大约8%，只有意大利才2%。2000年前后，非婚同居家庭占全部有配偶家庭数的比例，依次为：瑞典30%、挪威24.5%、墨西哥18.7%、芬兰18.5%、新西兰18.3%、法国17.5%、加拿大16%、美国8.2%。③ 自20世纪60年代以来，欧洲经历了“去婚姻化”，非婚同居的比例，北欧超过70%，西欧约50%，南欧40%左右；美国进行了“家庭革命”，2006年的调查显示，50.2%的家庭不存在婚姻关系，其中大部分是所谓“非家庭型家庭”，即非婚同居（包括同性恋）家庭。④ 从1960～2005年，美国的非婚同居伴侣

---

① ［意］彼得罗·彭凡：《罗马法教科书》，黄风译，中国政法大学出版社1992年版，第154页。

② 陈一药：“同居关系会替代婚姻吗——美国的最新研究报告”，载《国外社会科学》1994年第4期。

③ 杨成刚：《非婚同居的法律规制研究》，华侨大学2008年硕士学位论文，第9页。

④ “传统婚姻在美国地位明显下降”，载《参考消息》2006年10月17日。

数增加了 10 倍，超过半数的年轻人通过婚前同居以确定是否适合在一起。[①] 这一迅速增加的社会群体推动了欧美各国关于规制非婚同居的立法。

（二）各国的立法趋势

1. 美国

早在 20 世纪 70 年代，美国婚姻问题专家 E. D. 马凯林等学者就呼吁加强对非婚同居的研究，以便为社会决策提供丰富的信息，强调确认非婚同居者法律地位的迫切性。[②] 1976 年 7 月，美国有 20 个州的刑法把同居认定为违法行为；有 16 个州和华盛顿特区把未婚男女间合意性交往作为违法行为，而且，根据这些州的规定，对同居的刑罚相当严厉，很多州规定最高罚款 500 美元和 6 个月拘禁，不过，在实际上是很少强制执行的。[③] 1976 年的 Marvin 案[④]开美国对非婚同居契约关系保护之先河。加利福尼亚州最高法院在审理该案时指出，法院应当承认当事人订的非婚同居协议，除非该协议纯粹建立在性交易基础之上。故基于非婚同居关系而产生的明示或默示合同有效。Marvin 案确立了法院承认同居合同的三项基本原则：(1)亲属法不规范非婚同居关系的财产分割，这类关系具有司法判决性质，即由法院决定是否适用当事人之间的约定；(2)法院应强制当事人履行其明示合同；(3)无明示合同时，法院可考虑当事人的行为是否构成默示合同、合伙、共同投资或者其他类型的默示契约。此外法院认

---

① "中国老年人非婚同居的情况"，载 2012－08－24 法律快车 www.lawtime.cn。访问日期 2016－01－27。

② ［美］马克·赫特尔：《变动中的家庭——跨文化的透视》，宋践，李茹等译，浙江人民出版社 1988 年版，第 143～145 页。

③ 陈功：《家庭革命》，中国社会科学出版社 2000 年版，第 75 页。

④ 演员利·玛威和歌手迈克莉·玛威自 1976 年起开始同居。在长达 6 年的同居期间结束后，迈克莉起诉至法院，要求利·玛威依双方的约定对其支付扶养费。但迈克莉不能出示书面合同，她辩称，即使双方未订明示的书面合同，同居行为本身就可以说明这一默示合同的存在。转见阚凯：《非婚同居的法律问题研究》，黑龙江大学 2012 年博士士论文，第 147 页。

为有必要时也可适用实际交换价值原则或衡平救济方法。① 加利福尼亚州的 Marvin 案开创了以合同为依据调整非婚同居关系的原则。此后,美国大多数州都有法律规定,承认非婚同居合同的合法性。同居合同只要是双方当事人的真实意思表示,并且不违反法律规定,均应给予法律上的保护。合同理论成为美国调整非婚同居关系的重要手段,以至于有人直接将美国的非婚同居称为“合同同居”。

除基于合同关系给予同居者以保护之外,目前美国华盛顿州适用“一般性关系”身份、佛蒙特州、夏威夷州、新泽西州和加利福尼亚州等也以身份为依据(如通过“同居伴侣”登记),对同居者的权利给予法律保护。②

在非婚同居关系解体或一方死亡时,以合同为依据的非婚同居法律制度最关注的问题是——同居者之间是否存在有关财产或扶养的协议;而以身份为依据的非婚同居法律制度最关注的问题是——当事人的行为是否符合同居的定义。与以合同为依据进行保护的方法相比,身份关系的保护更具有优越性,因为对于当事人来讲,证明同居关系比证明合同关系更加容易。

美国有关非婚同居的法律制度多种多样,非常复杂。目前除伊利诺伊州等 3 个州坚持传统立场,完全不承认非婚同居关系以外,其他州以各种不同方式,或多或少地承认非婚同居当事人的权利。此外美国现在至少有 37 个州和哥伦比亚特区明确承认非婚同居合同的法律效力。非婚同居伴侣的权利主要包括:(1)有权享受家庭健康保险政策;(2)有权作为家庭成员请假照料生病的伴侣;(3)有权作为家庭成员休丧假;(4)有权作为家庭成员到医院和监狱探视;(5)一方死亡后,他方对共同居住的房屋享有继续承租权。此外,许多公司最近也制订和实行平等雇佣办法,不仅雇佣已婚配偶,也雇佣

---

① 夏吟兰:《美国现代婚姻家庭制度》,中国政法大学出版社 1999 年版,第27~29页。

② 王薇:《非婚同居法律制度比较研究》,西南政法大学 2007 年博士论文,第 83~84 页。

非婚同居伴侣，并将公司的家庭成员福利也给予非婚同居者。①

2. 英国

英国在 18 世纪中期之前，一直承认普通法婚姻。所谓“普通法婚姻”在英国是一种事实存在，主要是指有子女的非婚同居的结合，它们原本不属于英国家庭和继承法律的调整范围，但如果同居伴侣对外以夫妻相称，像夫妻一样共同生活，其同居事实、习惯和声誉构成婚姻关系，法院认可由此创设的有效婚姻关系，即普通法婚姻。很大一部分非婚同居者通过普通法婚姻理论获得与正式婚姻配偶完全一样的法律保护。② 直到 1753 年的《秘密结婚法》(Clandestine Marriage Act 1753)的颁布，才在英格兰和威尔士地区废除了普通法婚姻。目前，英国，甚至整个欧洲，也仅剩苏格兰地区还承认普通法婚姻。英国这种漠视非婚同居关系的态度一直坚持到 19 世纪末 20 世纪初。随着工业革命及两性观念的变化，英国的非婚同居关系越来越普遍，迫使英国政府开始局部承认非婚同居者的些许权利。如 1906 年《劳工赔偿法》规定，在要求第三方赔偿时，非婚同居家庭的非婚生子女可以要求赔偿；如果死亡劳工的非婚生子女的父(母)依靠死亡劳工的收入维持生活，可以要求赔偿。第一次世界大战开始后，英国政府发放的家属津贴扩大到所有家属，包括非婚同居者，当时使用的是未婚妻子的称谓。这些政策当时出台的目的是为了鼓舞军人的士气，目的不在于保护非婚同居者，但起码可以说明当时政府、社会对同居者已经有了宽容的态度。

此后，在 1921 年颁布的《失业工人家属(临时扶养费)条例》也规定：失业工人的妻子，或与丧偶或未婚的失业工人共同居住，照顾他的未成年子女且由他扶养的女性，可以领取每周 5 先令的临时扶养费。同时，这一时期也出现了关于“事实上的伴侣”与“法律上的

---

① 夏吟兰：《美国现代婚姻家庭制度》，中国政法大学出版社 1999 年版，第 28 页。

② 王薇：《非婚同居法律制度比较研究》，西南政法大学 2007 年博士论文，第 110 页。

伴侣”的争论，但法院对非婚同居一般还是保持着否定的态度，虽然出现了一些在财产继承、房屋租赁、福利救济等方面承认同居者权利的案例。但总的来说，并没有在法律上正式地对非婚同居者给予肯定和相应的权利保护。进入 20 世纪 70 年代，非婚同居成为不可阻挡的趋势。即使《离婚改革法》(1969)的颁布使离婚更加自由，也未能阻止越来越多的人选择同居的生活方式。① 但随着非婚同居现象的逐渐增多，司法首先改变了对同居者的态度。1972 年，英国上诉法院在 Cooke v Head 一案中判定，只要同居者是自愿的，对于打算要结婚的同居者的财产权利问题，应该按照配偶享有权利的同样的方式进行处理。3 年后，上诉法院在 Tanner v Tanner 一案中进一步判定，同居者可以基于合同性许可所给予她的权利而对其先前伴侣购买的房子享有占有权。在同一年中，上诉法院还在 Dyson Holdings Ltd v Fox 一案中作出了一个广受争议的判决：同居者根据《租金法》，作为已故承租人家庭的成员可以主张法定租赁权的移转。②

与此同时，议会也开始通过立法赋予同居者以权利，虽然无统一正式的立法，但依然通过一些零星的立法和判例使得非婚同居者的权利得到了相应了保护。如 1975 年的《继承法(为家庭和受抚养人所做的规定)》、1982 年的《司法法》《住宅法》、1996 年的《家庭法》《家庭暴力与婚姻程序法》等都不同程度地从不同侧面对同居者的权利给予了一定的承认与保护。但这种零星的保护方式给予同居者的保护是极其零散和不确定的，这种状态一直持续到 20 世纪 90 年代。

随着非婚同居关系逐步被接受和承认，英国法律在处理非婚同居问题上，事实上是采取了由当事人自我约定处理和法院裁量处理

---

① 梁政：《非婚同居的法律问题研究》，社科院研究生院 2012 年硕士论文，第16 页。

② 周应江：“英国家庭法对非婚同居关系的承认与保护”，载《中华女子学院学报》2008 年第 1 期。

与法律规定相结合的方式。一方面，同居当事人可以通过设定相互间的赠与、明示设立财产信托、订立同居合同等方式来规范相互间的权利义务关系；另一方面，法院可基于推定信托或者禁止反言等规则的适用处理同居者之间的财产争议等问题；此外，在同居关系下的子女抚养、遗产继承等问题上，立法还就此作出了一些明确的规定。在英国的家庭法理论上和司法实践中，同居合同被认为是调整同居关系的重要手段。虽然，此种合同因可能涉及性交易从而可能因违背公共政策而无效，但是法学理论和司法实践上一般都认为，同居者可就同居期间的财产、经济、孩子抚养等方面的事务进行约定，同居合同适用合同法的一般规则，在当事人违约时可诉请法庭强制执行。①

在整个 20 世纪，通过零星的立法和判例，异性非婚同居者的法律地位已经有了很大的进步，进入 21 世纪之后，人们更多地把目光投向同性的非婚同居者。2001 年 10 月，英国下议院通过了《伴侣关系（民事登记）法案》。2005 年 12 月 21 日颁布了《民事伴侣关系法》，明确了同性伴侣可以经过登记确立民事伴侣关系，并取得类似于婚姻关系中的配偶的权利和义务。自此，同性同居伴侣通过登记即可获得与已婚配偶相同的权利。但是，该《民事伴侣关系法》只适用于同性伴侣，而不适用于异性同居伴侣关系。

总体来看，英国非婚同居者实现权利的方式有同居合同、明示信托、默示信托、财产性禁止反言等方式。

3. 法国

1804 年拿破仑制定民法典时就明确表示：“同居者无视法律，法律也无视他们。”《法国民法典》曾长期坚持拿破仑的这种强硬态度，没有规定非婚同居双方的权利义务关系，也没有对同居伴侣关系破裂和一方死亡的情况作出任何规定。② 直到 20 世纪七八十年代，司

① 周应江：“英国家庭法对非婚同居关系的承认与保护”，载《中华女子学院学报》2008 年第 1 期。

② 王薇：《非婚同居法律制度比较研究》，西南政法大学 2007 年博士论文，第 143 页。

法机关逐渐考虑到异性同居的现实，承认了他们某些权利（如在社会保险和住房方面），但没有确定任何正常地位。但到20世纪末，面对婚姻家庭领域的巨大变化，及非婚同居者越来越高涨的权利诉求，法国立法机构不得不正面应对这一领域的立法改革。在经历了重重阻挠和多次辩论与修改之后，法国议会最终于1999年11月15日颁布了《紧密民事协议与同居关系法》，于2000年1月开始实施。并在《法国民法典》（第一卷）增加"紧密民事协议与同居"一章。规定同居关系分为"紧密民事协议"（PACS）和"自由同居"两种，当事人可自由选择登记为PACS，也可以自由同居。至此，法国正式建立了一种新的区别于婚姻的同居制度。非婚同居者可以依照《紧密民事协议与同居关系法》的规定，获得如下权利：

（1）PACS（民事互助契约）的界定。1999年通过的《法国民事互助契约法》对《法国民法典》进行了修订，经过增补的《法国民法典》之第515－1条规定，"民事互助契约是两个异性或同性成年自然人为组织共同生活而缔结的合同"。①

（2）PACS的实质要件。

①只有成年人，即满18岁的人才有缔约能力，未成年人及受监护的成年人均不具有缔约能力。

②合意。缔约人双方需亲自到主管的司法官面前登记，这条规定和婚姻制度一样，"亲自而为"充分表明了缔约人之间的合意。但是，如果此过程中存在欺诈、胁迫等事由，一方缔约人可在5年内向有管辖权的法官提出撤销之诉。②

③如同婚姻制度的禁止条款一样：禁止血亲间乱伦以及单一伴侣原则。PACS规定了以下几种情形不得订立紧密关系民事协议，否则所订协议无效：A. 直系的尊血亲与卑血亲之间，直系的姻亲

---

① 邵廷娟：《法国民事互助契约制度研究》，中国政法大学2005年硕士学位论文，第13页。

② 陈庆敏：《民事互助契约制度基本问题研究》，2009年上海交通大学硕士学位论文，第6～7页。

之间以及直至并包括第三等亲在内的旁系亲属之间；B. 两人之中至少有一人有婚姻关系时，此两人相互之间不得订立紧密关系民事协议；C. 两人中至少有一人已经与另一人订立有紧密关系民事协议时。可见，订立紧密关系民事协议除无性别相异的要求外，须不具有结婚的障碍。缔结 PACS 的实质要件与结婚的实质要件大致相同。①

(3)PACS 的形式要件。

①合同的订立。双方订立一式两份的 PACS 书面合同，并分别签名。在合同当中，除法律规定的强制性义务外，双方可以自由约定共同生活的相关事项。

②合同的申报。缔约双方应到共同居所地初审法院的书记处进行书面或口头申报。契约申报需提交以下材料：A. 两份由缔约方订立的合同原件；B. 缔约人的民事身份状况证明；C. 缔约人出生地初审法院书记官出具的他们没有缔结其他民事互助契约的证明。

③然后是契约的登记成立。受理申报的法院书记员经核实缔约人符合法定条件后，将其缔约申报登记在当地的登记簿上，在两份契约原件上签字、注明日期并加盖法院公章后，将两份原件返还给缔约双方保存，并分别发给缔约各方一份 PACS 证书。

(4)PACS 的解除。

①双方合意解除。只要双方当事人达成一致的解除意见，向有管辖权的初审法院递交申请。民事互助契约在法院备案后即可以解除。

②单方解除。PACS 可以由单方决定解除。但须向对方送达其决定，并将送达副本提交给原登记法院。一方终止协议的决定送达对方满 3 个月，PACS 即告终止。

③双方或一方结婚。缔结 PACS 并不改变当事人的民事身份，

---

① 王薇：《非婚同居法律制度比较研究》，西南政法大学 2007 年博士论文，第151 页。

缔结了 PACS 的当事人在婚姻范畴内仍然是单身,因此也就依然享有结婚的权利。当事人一方结婚具有导致民事互助契约关系自然立即失效的法律后果。

④当事人死亡。双方或一方死亡,导致民事互助契约关系解除。

(5)PACS 赋予当事人的权利义务。

①人身方面相互扶助的义务。增补的《法国民法典》之第515-4条规定:缔结紧密关系民事协议的当事人应相互给予实际的帮助,帮助的方式由协议确定。

②财产方面的权利义务。民事伴侣契约当事人可以在 PACS 契约书中指明在契约结束时在同居期间有偿取得的一切财产归各自所有,否则推定为解体时各自一半;取得日期不能确定的财产,推定为同居期间取得;其他财产没有约定的,推定为解体时各自一半。①

③其他方面的权利:A. 缔约一方可以享受另一方的某些社会保障;B. 对于外籍 PACS 伙伴来说,在其居留申请的审查过程中,是否存在 PACS 被作为"在法国私人关系"的因素之一加以考虑;C. 在公职部门工作的人员,若工作地远离其 PACS 伙伴,可以优先获得调动工作;D. 关于租住的房屋。当承租人一方突然放弃租约或死亡,在租约期限内,其 PACS 伙伴获得租约的转让权;E. 关于所得税。同夫妻一样,PACS 缔约双方可以共同申报所得税等。②

4. 德国

长期以来,非婚同居在德国被视为"姘居行为"而加以刑事处罚,并被认为是违反善良风俗的行为。但从 20 世纪 60 年代起,随着婚恋观念的转变,特别是性自主权的发展,越来越多的人选择非婚同居的生活方式,"婚姻"日益受到"非婚同居"的挑战。非婚同居完全取

---

① 杨遂全:《中国之路与中国民法典:不能忽视的 100 个现实问题》,法律出版社 2005 年版,第 288 页。

② 邵廷娟:《法国民事互助契约制度研究》,中国政法大学 2005 年硕士学位论文,第 18 页。

决于伴侣的自由决定，所以无需特定法律形式，也不能像婚姻那样获得法律保护。而且非婚同居行为也不再受到刑法制裁。但随着非婚同居数量的增加，也引发了好多纠纷。如何确定非婚同居者的法律地位？非婚同居者之间的纠纷如何解决？如何维护非婚同居中弱势方的权利？这一系列问题也成为政府必须面对的事情。

面对非婚同居越来越普遍的情况，德国民法虽几经修改，但对婚姻的成立始终采取严格的形式婚主义。但对非婚同居关系符合法定条件的，也给予一定的承认和保护。如《德国民法典》第 1310 ~ 1312 条规定，婚姻成立的形式要件是：当事人须先将婚姻事由呈报户籍官员，经公示催告，确定无各种婚姻障碍后，再履行一定的仪式，即当事人于户籍官员面前，为愿意结婚的意思表示，经户籍官员宣告后，当事人始为合法夫妻，婚姻于是成立。但对欠缺婚姻形式要件的事实婚姻，立法并没有持绝对的否认的态度。《德国民法典》第 1314 条第 2 款规定，欠缺民法典第 1311 条结婚形式要件的婚姻是可以撤销的婚姻。该民法典第 1313 条规定，婚姻只可以由基于申请所作之法院判决予以撤销，婚姻随判决发生法律效力而解除。《德国民法典》第 1315 条第 2 款第 2 项规定，违反本法第 1311 条的情形，如果"婚姻"双方在结婚之后以夫妻身份共同生活五年，倘若其中一人死亡则在此至少共同生活 3 年；且在上述同居期间无一方申请撤销婚姻的，婚姻可排除撤销。①

从以上规定可以看出，德国现行民法主要通过两种途径来解决事实婚姻的法律地位问题：第一，明确事实婚姻是可撤销的婚姻，但在婚姻被撤销前是有效婚姻，受法律保护；第二，非婚同居关系达法定期限的话，可转化为合法婚姻。非婚同居者享有如下地位和权利：(1)婚姻法原则上不能适用于非婚共同生活伴侣，但婚姻法中的个别具体规范并不以婚姻、而是以紧密的人身关系为适用条件，这些规范

---

① 郑冲、贾红梅译：《德国民法典》(修订本)，法律出版社 2001 年版，第 304 ~ 306 页，第 382 ~ 384 页。

可以类推适用于非婚共同生活关系。例如，照顾子女的非婚母亲可以向子女之父主张扶养费请求权，遭受家庭暴力的非婚共同生活者可以根据《家庭暴力保护法》提出救济；(2)民法中关于财产关系的一般规定可以适用于非婚共同生活关系，包括合同、侵权、不当得利、无因管理等引起的债上请求权、物上请求权以及共有关系下的分割请求权；(3)1998 年的子女法改革规定，未婚同居父母也可以共同行使父母照顾权，这使得婚生父母和非婚生父母不再具有本质区别。虽然子女权利法改革没有直接涉及同居关系，但它为未婚父母设立的共同父母照顾权会间接影响未婚同居的法律关系。(4)非婚共同生活者可以通过约定来调整他们之间的法律关系。这种约定不能因为非婚共同生活本身的道德瑕疵而归于无效，在赠与和遗嘱情形下也是如此。总的来说，法院对此问题的一般态度是：只要某约定是为了实现长期稳定的、具有内在约束性的共同生活，即应有效，包括对共同住房、家具和扶养关系的约定。①

此外，德国议会于 2001 年 2 月 16 日通过了《关于停止歧视同性共同体的法律》(又称《生活伴侣关系法》)，对同性恋关系进行法律规制。这与美国的《非婚伴侣关系法》相似，该法承认了同性恋者作为生活伙伴的法律地位，即同性恋者可以与异性恋一样只要经过了法定程序——登记，彼此之间就有法定的义务，彼此之间的关系受法律保护，不受第三人干涉，也不得受到歧视。

5. 日本

在日本，非婚同居关系起初在法律上不发生任何效力，大正四年(1915 年)，在审理一起姘居关系纠纷案件中(这里的所谓姘居，即未进行登记的事实婚姻)，法院判决被夫任意撵出的妻享有损害赔偿请求权。近年来的判例和学说，都把非婚同居看作是由于社会习俗、道德和法律不一致而产生的一种准婚姻关系，并且对此种准婚姻关系

① 王葆莳："德国婚姻法百年变革述评"，载《德国研究》2012 年第 4 期，第 111～112 页。

作出了一些规制：①

第一，无故废约人负有赔偿对方物质和精神损失的责任。

第二，一般可以承认这种关系具有婚姻身份的效力，即可以解释为互相负有同居、互相协助，并遵守贞操的义务。

第三，在财产关系中，存在婚姻费用的负担、有关日常家务的连带责任、对财产归属不明的推定。

第四，非婚同居关系不能适用婚姻关系的有关规定，非婚同居关系解除后，一方可提出关于赡养费等其他损害赔偿的请求，如果因一方死亡以外的原因解除非婚同居关系时，可提出财产分割请求。②

6. 埃塞俄比亚

《埃塞俄比亚民法典》在“人法编”的第八章“非法同居”中，用14个条文（从第708~721条）详细地规定了准婚姻关系的几乎所有问题。具体包括：（1）非法同居的界定：“非法同居是一名男子和一名女子在未缔结婚姻的情况下，像夫妻一样共同生活的情势创立的事实状态。”（2）构成要件：A. 有关男女的行为类似于已结婚者的行为；B. 他们不必向第三人声明他们已结婚；C. 一男一女保持性关系，即使是反复进行的且众所周知，这一单纯的事实本身不足以成立非法同居。（3）同居者之间的权利义务关系：A. 同居双方不产生姻亲关系；B. 双方不发生生活保持义务；C. 不产生共同财产关系；D. 双方间不发生继承权。（4）同居关系的终止：任何一方都可以提出终止同居关系，女方提出终止同居关系不承担任何损害赔偿和返还原物的责任；男方提出终止同居关系的，法院可以出于公平考虑判决其承担女方不超过6个月生活费用的赔偿。（5）同居身份的证明：同居身份可以通过可信赖的证人证明，也可以通过提出可信赖的证人对其提出异议，还可以通过公证证明。（6）争议处理。是否已经成

① ［日］我妻荣、有泉亨著：《日本民法典》，夏玉芝译，工商出版社1996年版，第86~89页。

② 张剑：《非婚同居的法律规制研究》，山东大学2005年硕士学位论文，第20页。

立同居关系以及同居双方当事人因同居而发生的争议只有法院有权裁决。[①]

7. 其他国家

(1)北欧五国的情况。目前北欧五国法律规定:未婚同居的男女和已婚夫妇一样,享有完全平等的社会地位,而且都要缴纳相关的税,其子女也都享有同等的福利待遇。如果同居的男女要分离,同居期间的房地产和家庭用品等由双方平分。与此同时,五国政府对新做父母者,不论结婚与否,都给予慷慨的经济援助:12 个月的产后休假,期间工资发放 90% 。此外,父亲也能享受 6 个月的产假,女方从怀孕到分娩期间的一切医疗全部免费。每个孩子每年可获得 1 900 ~2 500 美元的补助,第二胎还可再增加 18% ,以后每多生一个,就多一倍的补助。同时北欧国家把同居者所生育的子女称之为“未婚后儿童”,绝口不提“私生子”或“无合法身份子女”等字眼。[②]

(2)荷兰的情况。荷兰对非婚同居伴侣的承认和保护是比较超前的,该国立法者充分尊重民意,认为法律应该是满足公众需求的行为规则,如果大多数公民都赞成或实施某种行为,这种行为就有合法依据。[③] 荷兰非婚同居存在的社会环境非常宽松,在这方面的立法更是显得尊重当事人的意愿,荷兰的法律为非婚同居者提供了两种选择:登记伴侣或者同居协议。1997 年 12 月荷兰通过了《登记伴侣法》,并于 1998 年 1 月 1 日起生效。该法规定同居者享有与缔结婚姻者基本相同的权利义务(父母子女关系除外)。并且在同居关系解除时,经过当事人协商一致,可以直接使用已婚夫妻关系破裂时的有关规定。[④] 2001 年 4 月 1 日生效的《开放婚姻法》更明确规定:允许登记伴侣关系变更为婚姻关系,也允许婚姻关系变更为登记伴侣关

① 杨立新:“论准婚姻关系”,载《中州学刊》2005 年第 11 期,第 84 ~ 88 页。

② 王洪:《婚姻家庭法热点问题研究》,重庆大学出版社 2000 年版,第 92 ~ 93 页。

③ 乔新生:“荷兰立法观念缘何如此出新”,载《检察日报》2001 年 6 月 27 日。

④ 《荷兰民法典》第 166 条第 1 款。

系，只需要在民事身份登记处进行变更登记。这样，在荷兰，同性和异性伴侣都可选择结婚、登记为同居伴侣，或不登记而同居；还可以在登记伴侣关系与婚姻关系中转换。这再次说明，在荷兰，类似婚姻关系的同性或异性同居者伴侣关系享有类似婚姻的法定权利义务。①

此外，匈牙利（1996 年）、比利时（1998 年）、西班牙的部分地区（1998 年）、瑞士的部分地区（2002 年）先后通过了“同居伙伴关系法”。大多数国家要求同居伴侣到政府登记，或同居满法定时间。这些国家均对同居关系给予了不同程度的法律保护。

综观境外对非婚同居的保护模式看，大体分为以下几类：契约模式（美国、德国）；身份模式（法国、荷兰）；事实伴侣模式（法国、日本、加拿大和澳大利亚新南威尔士州、台湾地区）。各种模式都有其优点和缺点，要结合具体的国情辩证地看待这些模式的优势和不足。

五、我国立法规制非婚同居关系的法理基础

（一）非婚同居是对现行烦琐、复杂的婚姻制度的一种改良行为，具有合理性

我国两性关系的发展遵循人类两性关系的发展共性，随着社会的发展、思想的解放，两性关系的多元化是发展的必然趋势。因为从婚姻的功能上来看，传统的婚姻功能主要是“养老育幼”和“情感交流”。但随着社会经济的快速发展，婚姻家庭的这种传统功能出现了弱化的趋势。传统意义上的“抚养”包括夫妻间的扶养、对子女的抚养和对老人的赡养，可统称为“家庭的保障职能”。由于妇女的经济独立性增强，社会地位提高，夫妻间在经济上的依赖程度降低，婚姻家庭的扶养职能减弱。加上社会保障体系的逐渐建立和完善，社会福利措施增多，保险事业兴盛，个人可以在家庭之外获得更有效的保

① 王薇：《非婚同居法律制度比较研究》，西南政法大学 2007 年博士论文，第 173 页。

障。因此，婚姻家庭的扶养、抚养和赡养职能都在弱化。至于婚姻的情感功能，也不是只有在婚姻家庭中才能得以满足的。随着经济社会发展和家庭职能的重大转变，作为传统家庭的唯一形式——婚姻的地位也发生了变化。“男大当婚，女大当嫁”不再是理所当然的定律。婚姻不再是人们体验家庭功能、进行情感交流的唯一选择。加之，组织婚姻家庭这样一个组织体，涉及诸多的因素，不完全由个人的爱好所决定，门第观念、经济地位的差别、工作环境的频繁变动等外部条件都是缔结婚姻所要考虑的因素。相比于婚姻，非婚同居因其建立和解除程序简单，无身份之束缚，彼此与对方家庭之间不形成姻亲关系，完全是个人行为，受社会外部因素的制约少。更重要的是非婚同居作为婚姻之外的另一种生活方式，可以在很大程度上承担或替代家庭职能，使家庭的形式走向多元化。同时，“婚姻的神圣性同样带来了婚姻的繁杂与负累，在如此张扬个性与崇尚自由的年代，婚姻的重重关卡让人不能或不敢踏入这神圣的殿堂之门。非婚同居在功能上的等同性与解除上的简便性恰好满足了时代的需要”。[①] 正如杨立新所言：“男女同居包括老年人同居，不是对现行婚姻制度的冲击，而是对现行繁琐、复杂的婚姻制度的一种改良行为。对人们选择自己认为更适合的方式解决男女两性结合关系的形式问题，使之更适合社会的需要和人的需要，更能够体现现代社会男女两性结合关系的多样化，满足人们对两性生活的不同层次的需求”。[②] 它的出现是社会历史发展和婚姻家庭变迁的产物，有其产生和存在的合理性。人们选择更为适当的婚姻形式是文明进步的体现。法律应该顺应民意，而非反悖民意。

（二）不通过立法规制，非婚同居中的弱者（女性）的利益难以保障

非婚同居带有我们前述的一些优点：如简便、满足人们自由的

---

① 孙建江、吴亚晖：“民事结合制度对传统婚姻家庭制度的冲击”，载《法学》2005年第10期，第87～93页。

② 杨立新：“论准婚姻关系”，载《中州学刊》2005年第11期，第84～88页。

需要等。但任何事情均有其两面性,同居者避婚姻而趋同居并不一定就能实现趋利避害的初衷。由于我国目前还没有任何规范同居关系的法律制度,故同居者选择非婚同居之时也就选择了一种法律不加干涉的生活方式。那么,当事人能否靠意思自治的手段自行解决同居所产生的问题?如果不能,在同居关系破裂后,谁将更容易受到伤害?答案显而易见:是女性。这个结论并不是靠主观推测得出的,我们可以从大量媒体的报道及法院的相关司法案例中得到印证。

第一,反复怀孕对女性身心健康造成伤害。非婚同居关系中的当事人大多没有生育的计划,虽然现代医学的避孕技术使性行为与怀孕发生了分离,但同居中的性爱仍存在避孕失败而怀孕的可能。在这种情况下同居中的女方一旦怀孕往往被迫堕胎或生育。前者使女方承受身体和心理上的损伤与压力。而后者也必然带来计划外生育的种种问题,同居中的女性无法逃避这些成本。实际的调查统计也表明,有相当一部分女性在同居过程中都曾意外怀孕。对于为避婚姻而选择同居的女性而言,一旦怀孕,她们中多数会自主进行人工流产。对那些主观上并不排斥婚姻,仅因客观上不具备结婚条件而选择与男友同居的女性而言,一旦在同居中受孕,面对结婚条件还不成熟的男友或干脆就没有打算结婚的男友,女性的选择只能是被迫终止妊娠。无论前者还是后者,流产手术客观上对女性的生理及心理都有很大伤害。实践中一些女性同居者反复多次的人流手术甚至使她们永远丧失了生育能力,这种伤害将永远无法弥补。如果此时同居关系破裂,同居男友不再与失去生育健康的女友厮守,给予其必要的心理安慰和生活关照(实践中许多同居男友以种种理由,通常以感情不睦为借口,离开或抛弃了女友),将对女性造成生理和心灵的双重伤害。这样的情形在请求妇联给予维权的案件中很常见。在《家庭》杂志研究中心于广州进行的非婚同居调查中,17% 的同居女性承认有过人流经历,一些女性甚至因多次人流手术而丧失了生育能力。[1] 若女性在经历了怀孕、流产甚至丧失了生育能力之后，男方又终止非婚同居关系，这种精神重创不次于离婚。即便是在维系同居关系的情形下，女性在这一过程中所遭受的生理、心理创伤也不应被忽略。[2] 当多次堕胎造成身体机能及健康严重受损的情况下，面对男友的抛弃与无情，愤怒的女性只能向法院起诉，要求男方承担相应的赔偿责任。但这种请求在司法实践中因为没有相关的法律作为依据而无法得到支持。与此形成鲜明对比的是，男方却不用担心这一系列的不幸降临在自己身上，他们除了常为自己的伴侣选择流产而感到庆幸外，也不用承担由此引起的失业、降职风险或者法律意义上的补偿、帮助等责任，非婚同居这个伤害和风险的天平已经严重失衡。[3]

第二，来自同居男性的暴力对女性身体与心理的伤害。随着未婚同居现象的增多，发生在同居者之间的暴力现象也开始增多。虽然同居双方并没有建立法律意义上的家庭关系，但因其生活模式和家庭生活模式相同，在长期的同居生活中，同居双方事实上和婚姻中的夫妻双方一样也会面临这样那样的矛盾与冲突。在冲突中，由于身体力量的不对等，女性往往成为同居暴力的受害者。根据北京红枫妇女心理咨询中心近几年的咨询案例统计显示，未婚同居男女之间发生的暴力现象呈现逐年增加的趋势。目前已占到家庭暴力总数的近 1/10。虽然同居中女性施暴者也占有一定比例，但近 90% 的同居暴力施暴者仍为男性。很多发生于试婚同居家庭中的暴力与婚姻中(特别是新婚期)的家庭暴力具有完全相同的特征。广西壮族自治区妇联 2006 年接听的维权求助调查表明，婚姻家庭类案件占来电总数的 57.8%，其中，反映家庭暴力的案件就占此类案件总数的 16.8%。而同居暴力已成为投诉的新问题，这些受害者均为 25～50

---

① 王朔成："同居问题的思考"，载 http://www.studa.net/faxuelilun/060717/17104264.html. 访问日期 2016-02-01.

② 张伟：《转型期婚姻家庭法律问题研究》，法律出版社 2010 年版，第 226 页。

③ 阚凯：《非婚同居的法律问题研究》，黑龙江大学 2012 年博士士论文，第 102 页。

岁女性。[①] 另有社会服务组织提供的数据表明，在非婚同居纠纷中，女方因家庭暴力与怀孕流产遭受伤害的比例分别占 19.44% 与 8.33% 。[②] 没有法律的介入，双方的权利、义务和责任容易发生脱节和虚置，暴力实施的危险性就相应增加。正是由于同居暴力具有婚姻家庭暴力的特点并呈现逐年增长的势头，所以，国际上同样将其列入反家庭暴力的范畴。

第三，女性的家务劳动在同居关系解除时无法得到补偿。在长期而稳定的同居关系中，其生活模式基本与婚姻生活模式相同。女性在与男友同居期间，由于男女之间各自的生理特点、性别优势以及传统习俗，通常决定了女性较多地留在家里，从事大量的后勤服务性的家务劳动。有时甚至以牺牲自己的发展机会为代价，为男方的事业发展提供没有后顾之忧的后勤保障。在个别情况下，有一些同居者还要生儿育女。女性不得不承担起大部分抚养小孩的任务（即使在双方没有生育计划的情况下，同居中的意外怀孕也必然使女性承担着更为不利的后果），她们不仅要忍受怀孕带来的生理不适应，而且要承担因怀孕、流产带来的失业降职风险。女性同居者所有这些难以进行市场化的家务劳动付出，在同居关系解除时通常无法得到补偿和财产分割方面的照顾。非婚同居成为男性免费使用女性劳动力的场所和形式，两性不平等的生产模式在家庭和社会之间恣意地渗透和延伸，最终形成了女性经济依赖严重、自我供养不足、社会地位低下的恶性循环。西方学者的研究成果指出，非婚同居关系中的女性比其伴侣具有更高的承诺倾向。这个更留恋于这段关系的人会委曲求全地付出更多劳动，承担更多义务，遭受更多剥削，并在同居关系破裂后承受更大的伤害，甚至陷入生活困难的境地。[③] 有学者发现，现代社会的非婚同居中的女性还不及古时的妾在法律上得到的

---

① 罗妮："同居暴力离婚后暴力成投诉新热点"，载《法治快报》2007－01－23，第4版。

② 参见廖秉静："非婚同居的法律思考"，载《武汉科技学院学报》2007年第3期。

③ 阚凯：《非婚同居的法律问题研究》，黑龙江大学2012年博士士论文，第100页。

保护多，并由此反问："在赋予婚姻严格内容的古代社会，尚能顾及游离于婚姻之外的两性关系中的弱势——女性和庶出子女的生存，设计妾制使她们的一生有所依托，而高举人权旗帜的现代社会又怎能对这一生活模式予以简单地否定，将非婚同居者的权利排斥于法律保护之外，使其成为多元化社会家庭自治理念的牺牲品呢？"①

由于同居法律制度的缺失，使女性在非婚同居中受到的不利无法得到救济成为普遍情况，必须引起立法者的关注。

（三）不通过立法规制，非婚同居的不稳定对未成年子女产生不利影响

如果非婚同居关系持续期间生有子女的，那么子女的利益很可能会因为同居关系的不受保护而受到损害。虽然按照我们国家《婚姻法》第25条的规定，非婚生子女与婚生子女的法律地位完全平等，但在现实社会中，非婚生子女将遭遇到诸多实际困难。从我国目前的生育政策看，生育子女一般需要男女双方持结婚证，凭单位的介绍信才能领取生育指标。生育孩子后只有凭生育指标和出生证明才能给孩子上户口。而非婚同居者生育了子女后，没有办法领取生育指标，子女自然就很难取得户口。没有户口的孩子在入托、上学以及将来生活的方方面面都会受到很大影响。更为重要的是，非婚同居关系的脆弱性决定了其破裂的可能性远远大于婚姻，而不稳定、不完整的父母关系对子女成长极为不利。英国的研究已证实，与生活在已婚双亲家庭中的孩子相比，生活在同居双亲家庭中的孩子受虐比例高出20倍；与非生父的母亲的同居男友共同生活的孩子受虐比例则高出33倍。② 美国13位家庭问题研究专家的一份联名报告指出，在不完整家庭中长大的孩子，后来离婚、同居、学业不良、低就业从职、

---

① 王旭霞："多层次家庭规制体系之一——非婚同居的历史考察及重构"，载《兰州大学学报》2009年第2期，第101～102页。

② 陈一筠编译："同居关系会替代婚姻吗？——美国的最新研究报告"，载《国外社会科学》1999年第4期，第63页。

患病、死亡以及行为不端的可能性均较高。[1] 我国媒体也多次报道过非婚同居的生父母在生育非婚生子女后虐待子女甚至将其扼死并遗弃的报道。这与同居家庭的经济条件差、社会歧视等因素都不无关联。如果子女的出生具有"不可欲性",这个孩子就很难得到双亲的全力关爱。加之母亲同任何非生父的男人同居都会使孩子处在不安全的家庭环境中。[2] 如果法律继续对非婚同居关系保持拒绝的态度,就等于将家庭中最弱势的人置于不利的地位,这显然与保护妇女、儿童权益原则背道而驰,不利于维护社会和谐和家庭稳定,同时还为规避法律的侵害行为提供了契机。正如波斯纳所言:"拒绝在法律上承认同居,这样做的主要后果是使妇女更难为自己和孩子获得合同的保护,更难避免被孩子的父亲抛弃;从为了孩子而尽量维护核心家庭的立场上看,这种后果是完全违背理性的"。[3]

既然非婚生育子女的可能性不可避免,那么,法律应该从保护子女最佳利益的原则出发,对非婚同居关系的法律地位、非婚生子女的地位、亲子关系的认定、子女的抚养教育等一系列问题也必须有所回应。

(四)非婚同居成为影响社会稳定的潜在隐患

在非婚同居关系完全游离于法律之外的状况下,非婚同居可能是对社会稳定的潜在威胁。因为同居当事人之间的关系没有法律保障,一旦发生纠纷,投告无门或无法获得救济的情况下,双方就很容易发生激烈的矛盾冲突,甚至引发恶性案件,影响社会的安定团结。

从西方家庭社会学所反馈的数据来看,非婚同居对多数伴侣来说只是一种短暂的体验。5 年之内,55% 的人会结婚,40% 的人则分

---

① 王丽萍:《婚姻家庭法律制度研究》,山东人民出版社 2004 年版,第 56～57 页。

② 陈一筠编译:"同居关系会替代婚姻吗? ——美国的最新研究报告",载《国外社会科学》1999 年第 4 期,第 63 页。

③ [美]理查德·A.波斯纳:《性与理性》,苏力译,中国政法大学出版社 2002 年版,第 355 页。

道扬镳。[①] 根据 Kiernan 的研究，无婚意的非婚同居解体的可能性最高，往往是在两年内就土崩瓦解；而有婚意的同居关系的发展前景变数较多，既存在两年以下的短期关系，也有少数维系 5 年以上的稳定生活。[②] 中国婚姻家庭法学研究会于 2002 年针对北京市和哈尔滨市开展的“婚姻法执行中的问题”调查显示，非婚同居关系在 2 年之内就解体的比例分别占到两地法院所审理的该类案件总数的 38.4% 与 60%；也有一部分非婚同居比较稳定，北京的调查发现有 34.6% 的同居关系维系超过 5 年。[③] 另有学者 2008 年对福建省莆田市与三明市中级人民法院审理的非婚同居案件统计显示，同居时间不满 5 年的占 80% 以上。[④] 还有一种解释是，非婚同居关系中的承诺和责任相对较少，双方只能依靠同居关系中的自然“抵押”(如孩子)以避免或限制种种机会主义行为的实施，而同居家庭中的孩子至少在一定程度上造就了这种关系的脆弱性。[⑤] 显然这种解释明确指出，缺乏制度性约束会造成双方关系的动荡不安，这为法律规范非婚同居关系提供了很强的说服力。缺乏稳定性的非婚同居关系所带来的危害是不容忽视的，它不仅降低了双方当事人对共同生活进行投资的积极性，也预设了某种不可名状的无形伤害，并为一方不负责任与喜新厌旧的行为找到了最好的托词和借口。[⑥]

这种脆弱关系的不平衡性、不稳定性的危害不仅仅局限于双方当事人之间，还会对子女的成长造成深远的影响，这些消极负面影响会在相当长的时间里给社会带来损害。更令人担忧的是制度的缺

---

① [美]大卫·诺克斯·卡洛琳·沙赫特：《情爱关系中的选择——婚姻家庭社会学》，金梓等译，北京大学出版社 2009 年版，第 107 页。

② See Kathleen Kiernan. The Rise of Cohabitation and Childbearing Outside Marriage in Western Europ, International Journal of Law. Policy and the Family, Vol. 15, Issue1, 2001. p. 12. 转见阚凯：《非婚同居的法律问题研究》，黑龙江大学 2012 年博士士论文，第 95 页。

③ 巫昌祯：《婚姻法执行状况调查》，中央文献出版社 2004 年版，第 12 页。

④ 何丽新：《我国非婚同居立法规制研究》，法律出版社 2010 年版，第 97 页。

⑤ 徐安琪、叶文振：《中国婚姻研究报告》，中国社会科学出版社 2002 年版，第 106 页。

⑥ 阚凯：《非婚同居的法律问题研究》，黑龙江大学 2012 年博士士论文，第 96 页。

失,使当事人之间的利益失衡状态被排除于法律的调整与救济之外,这种放任自流的做法只能使双方通过自我救济的方式解决彼此的纠纷与矛盾,而这些失去理性的、没有制度约束的解决办法极有可能激化矛盾,演变为影响社会秩序的诱因。

(五)规制非婚同居不仅符合我国国情,也符合世界立法趋势

随着婚恋观念的变化,我国非婚同居关系也呈翻翻式上升趋势。据《中国青年报》2003 年 11 月 19 日发表的一份关于大学生健康教育的调查报告中揭示,45.5% 的男性大学生和 26.6% 的女性大学生认为未婚同居更适合社交生活方式。另据《瞭望东方》周刊 2010 年 7 月 12 日的报道,一项针对 17 所上海高校 900 余名应届本科女毕业生的社会调查显示,“同居”“婚前性行为”等曾经的敏感词汇都已不再是禁忌。当代大学生普遍将“性行为”与“爱情”相联系,而不仅仅满足于柏拉图式的精神恋爱。近 50% 的受调查者认为,只要“双方愿意”就可以有婚前性行为。此外,“17 所上海高校调查”显示,69.7% 的受调查者对非婚同居表示“可以理解,但自己不会这样”;13.2% 的人表示“如果恋人要求的话,自己也可以接受”;6.9% 认为“同居很浪漫,是加深爱情的一种方式”;只有 10.2% 的人认为“这是不检点的行为”。超过 5% 的受调查者承认在大学时代曾与恋人同居。[①] 2001 年潘绥铭教授主持进行的“全国大学本科生性行为调查”显示,大学生的平均同居率为 5%;而据“2005 年西安五所高校 800 名大学生抽样调查”数据显示,同居发生率已攀至 7%。[②] 社会学者最近在深圳市的一项调查表明:64.0% 的被调查对象对非婚同居持肯定态度,其中,认为有了爱就可以同居的占 22.8%,认为恋爱关系确定了就可以同居的占 41.2%,对非婚同居持否定态度的只占

---

① 张伟:《转型期婚姻家庭法律问题研究》,法律出版社 2010 年版,第 229~230 页。

② 钱叶卫:“非婚同居性行为损害赔偿问题研究”,载《中华女子学院学报》2009 年第 3 期。

36.0%。[①] 从这些调查显示，非婚同居已经为大多数人所接受，在这种认知的影响下，显然非婚同居现象在逐年攀升。而这些数据显示的仅仅是年轻人的认知和实践。关于中年人、老年人的非婚同居关系也随着婚恋观念、道德观念的变化而在逐年增加。

同居数量的上升，引发了很多纠纷与社会问题。如非婚同居法律的缺位致使同居中女性的人身及财产权益在受到损害，使非婚生子女的成长受到不良影响，同时也影响了社会的安定团结等。面对非婚同居的社会现实，我国必须加强非婚同居方面的立法，才能调整这一社会关系，从而也使弱者的权益得到合理的救济。同时，世界上主要国家对于非婚同居问题要么通过专门立法，要么通过扩张婚姻家庭法的内容，或者通过司法的方式进行不同程度的保护。我国也应当参照非婚同居制度研究比较深入的国家的立法，对非婚同居进行立法规制，既弥补了我国这一立法空白，以保护同居当事人的利益及其子女的利益，也完全符合各国婚姻家庭法律变化发展的趋势。

六、我国现有关于非婚同居的立法及不足

（一）我国现有关于同居人身关系方面的立法

（1）《婚姻法解释一》第5条规定："未按《婚姻法》第8条规定办理结婚登记而以夫妻名义共同生活的男女，起诉到人民法院要求离婚的，应当区别对待：一、1994年2月1日民政部《婚姻登记管理条例》公布实施以前，男女双方已经符合结婚实质要件的，按事实婚姻处理；二、1994年2月1日民政部《婚姻登记管理条例》公布实施以后，男女双方符合结婚实质要件的，人民法院应当告知其在案件受理前补办结婚登记；未补办结婚登记的，按解除同居关系处理。"

---

① 迟书君等：《新型城市移民——2003年深圳流动人口恋爱、婚姻、家庭状况调查》，社会科学文献出版社2006年版，第383页。

(2)《婚姻法解释一》第6条规定,未按《婚姻法》第8条规定办理结婚登记而以夫妻名义共同生活的男女,一方死亡,另一方以配偶身份主张享有继承权的,按照本解释第5条的原则处理。

(3)《婚姻法解释二》第1条规定,当事人起诉请求解除同居关系的,人民法院不予受理。但当事人请求解除的同居关系,属于《婚姻法》第3条、第32条、第46条规定的"有配偶者与他人同居"的,人民法院应当受理并依法予以解除。

当事人因同居期间财产分割或者子女抚养纠纷提起诉讼的,人民法院应当受理。

(二)现有关于同居中财产关系方面的立法

《婚姻法解释二》第1条规定:"当事人因同居期间财产分割或者子女抚养纠纷提起诉讼的,人民法院应当受理"。但是《婚姻法解释二》并没有对因同居而引起的财产纠纷应当如何处理作出规定,那就只能按照1989年意见来处理,1989年意见关于同居中财产关系方面的规定主要如下:

(1)1989年意见第8条规定:"人民法院审理非法同居关系案件时,如涉及非婚生子女抚养和财产分割问题,应一并解决。具体分割财产时,应照顾妇女、儿童的利益考虑财产的实际情况和双方的过错程度,妥善分割。"

(2)1989年意见第10条规定,解除非法同居关系时,同居生活期间双方所得的收入和购置的财产,按一般共有财产处理,同居生活前,一方自愿赠送给对方的财物可比照赠与关系处理;一方向另一方索取的财物,可参照最高人民法院(84)法办第112号《关于贯彻执行民事政策法律若干问题的意见》第18条规定的精神处理。

按照该意见,同居期间的财产按照一般共有财产来对待,而不是共同共有。即能证明为个人财产的,按个人财产处理;不能证明为个人财产的按共同财产处理。

(3)1989年意见第11条规定:"解除非法同居关系时,同居期间为共同生产、生活而形成的债权、债务,可按共同债权、债务处理。"

(4)1989 年意见第 12 条规定:"解除非法同居关系时,一方在共同生活期间患有严重疾病未治愈的,分割财产时,应予适当照顾,或者由另一方给予一次性的经济帮助。"

(5)最高人民法院(84)法办第 112 号《关于贯彻执行民事政策法律若干问题的意见》第 18 条规定:"借婚姻关系索取的财物,离婚时,如结婚时间不长,或者因索要财物造成对方生活困难的,可酌情返还。"

(三)现有关于规范非婚同居中亲子关系的立法

非婚同居期间所生育的子女是同居双方的子女。但由于子女并非在合法的婚姻关系中出生,因此子女为同居双方的非婚生子女。

(1)《婚姻法》第 25 条明确规定:"非婚生子女享有与婚生子女同等的权利,任何人不得加以危害和歧视。"

(2)1989 年意见第 9 条规定:"解除同居关系时,子女由哪一方抚养,先由双方协商;协商不成时,由法院根据子女的利益和双方的具体情况来判决。哺乳期内的子女原则上应由母方抚养,如父方条件好,母方同意,也可由父方抚养。子女为限制民事行为能力人的,应征求子女本人的意见,一方将未成年的子女送他人收养,须征得另一方的同意"。

(3)《婚姻法解释三》第 3 条还规定:"非婚生子女起诉请求确认亲子关系的,如果非婚生子女一方提供的证据能够证明双方可能存在亲子关系,另一方没有相反的证据又拒绝做亲子鉴定的,人民法院可以推定非婚生子女一方的主张成立。"但同时也应看到,现有立法对非婚生子女的权益保护仍存在不足。

(四)现有关于同居期间女方怀孕男方要求解除同居关系的法律规定

(1)《婚姻法》第 34 条规定:"女方在怀孕期间、分娩后 1 年内或中止妊娠后 6 个月内,男方不得提出离婚。女方提出离婚的,或人民法院认为确有必要受理男方离婚请求的,不在此限。"

（2）最高人民法院民事审判庭关于贯彻执行最高人民法院《关于人民法院审理未办结婚登记而以夫妻名义同居生活案件的若干意见》有关问题的电话答复中指出："三、关于女方在非法同居期间怀孕，男方提出解除非法同居关系，人民法院是否受《婚姻法》（1980 年《婚姻法》）第 27 条的限制是否受理的问题，我们认为《婚姻法》第 27 条保护的前提是合法的婚姻关系，女方在非法同居期间怀孕，违反了婚姻法的有关规定，为了严肃执法，对男方诉到法院要求解除非法同居关系的，应予受理。受理后即应作出解除非法同居关系的判决。女方分娩后，再处理子女抚养问题。"

虽然以上意见与现行司法解释冲突，但从其立法本意来看，在同居期间，女方怀孕或分娩后不足 1 年或中止妊娠后不足 6 个月的，但男方因同居期间的财产纠纷或子女抚养问题提起诉讼，不受《婚姻法》第 34 条的限制。人民法院仍应当受理。

（五）我国现行立法的不足

第一，我国没有一套专门调整非婚同居的法律规范。目前司法实践中解决非婚同居的财产分割和子女抚养纠纷的主要依据是 1989 年的《最高人民法院关于人民法院审理未办结婚登记而以夫妻名义同居生活案件的若干意见》，但它只是针对未办结婚登记而以夫妻名义同居生活案件的。对于男女两性不以夫妻名义的非婚同居，以夫妻名义同居但没有破裂的非婚同居，以及同性非婚同居，我国现行婚姻法及相关司法解释都没有作任何规定和解释。显然，用 1989 年《若干意见》处理所有的非婚同居关系具有明显的滞后性和局限性。

第二，根据 1989 年意见及婚姻司法解释一的规定，除了极少数仍旧可以被认定为事实婚姻的非婚同居关系可以得到法律的认可之外，对绝大多数非婚同居者之间的人身关系是全然否定的。他们之间既不具有夫妻的身份关系，也没有法律认可的其他身份关系，使非婚同居关系处于身份不明的状态。而且相关的司法解释对于非婚同居中弱势方人身权利的保护与救济没有明确具体规定，比如，同居期间一方暴力侵害另一方的人身权应该如何救济、女方因多次怀孕堕胎导致身体健康的损害如何赔偿等。导致同居关系解除时,弱势方的利益很难得到保护。

第三,目前为止,司法实践中处理非婚同居财产纠纷的主要依据仍是1989年意见。这一意见第10条规定:“同居生活期间双方共同所得的收入和购置的财产,按一般共有财产处理。”而关于“一般共有”的表述不仅与民法上的“共同共有”的规定不符,而且含义模糊不清,实践中难以操作。《民法通则》第78条规定:“共有分为按份共有和共同共有。按份共有人按照各自的份额,对共有财产分享权利,分担义务。共同共有人对共有财产享有权利,承担义务。”显然1989年意见中的“一般共有”既不属于“按份共有”,也不属于“共同共有”。结合1989年意见第10条的整体规定,似乎“一般共有”强调的是“共同所得共有”。如果“一般共有”真按照“共同劳动所得共有”来理解并适用的话,难免会使共同财产的范围过窄,这样对操持家务的同居女性十分不利。尤其对那些发生在农村地区的非婚同居或其他“男主外、女主内”分工明确的生活共同体而言,男方赚钱养家、女方操持家务的情况普遍存在,这样界定“共同所得”可能使女方在非婚同居关系解除时“净身出户”;若其意指“共同生活期间的一切所得”,又会与“夫妻共有财产”相等同,不利于维护婚姻制度的独立性与严肃性,同时也可能严重违背当事人选择非婚同居的初衷。[①] 所以这样的规定模糊不清,给司法实践的适用带来了麻烦。事实上,司法实践中对“一般共有”的理解一般坚持属于谁的财产谁拿走,只有剩下的财产既不能确定为男方的,也不能确定为女方财产的情况下,才按照共有财产来处理。这样的处理显然对于从事家务劳动的女方而言非常不公平。

---

① 阚凯:《非婚同居的法律问题研究》,黑龙江大学2012年博士士论文,第126页。

七、我国非婚同居立法的构想

(一)非婚同居的立法原则,应坚持三个原则

(1)区别对待原则。所谓区别对待就是指法律对非婚同居关系规制时应坚持区别于合法婚姻对待的原则,也即使非婚同居与婚姻有明显的界线。从法理上看,虽非婚同居和婚姻都具有身份关系的性质,其目的都在于创设共同生活秩序的事实,但二者的本质却有明显的不同。在当今社会,婚姻仍然是人类社会最基本最普遍的组成单元,在婚姻中,家庭的功能得到最大化的实现,婚姻中双方的权利义务一般都是法律明确规定的,双方当事人一般不能通过协议变更。婚姻双方当事人的权利得到最大的保护,社会资源得到更合理的分配,由婚姻组成的生活共同体中,能够为未成年子女提供最有利益的健康成长环境,婚姻家庭的稳定依然是社会稳定的基础。而非婚同居关系基本上是依据同居双方的意思表示而结成的生活共同体,当事人之间的权利义务一般都是由双方当事人通过协商确定,一般不具有强制性。非婚同居的成立、非婚同居的内容、非婚同居的解除一般很少体现国家强制力的干预。所以,法律应该将二者区别对待,既能明确二者的界限,又能很好地引导人们在选择不同的生活方式时的预期,这也是对人们选择生活方式自由的一种尊重。

(2)价值中立原则。中立原则是指法律在调整非婚同居关系时,保持中立的态度,对非婚同居现象不作是非判断与评论。只是对非婚同居关系存续期间,及同居关系终止时的人身关系和财产关系进行合理的调整,以使双方当事人及非婚生子女的利益得到最大化的保护。换句话说,法律对非婚同居现象既不禁止,也不鼓励。法律关注的重点主要是维护非婚同居双方当事人及子女的利益平衡,而不是将非婚同居关系转化为婚姻或者作出反向运动。人们选择非婚同居的行为和权利不受任何限制,当然在法律上也找不到任何对非婚同居的激励因素。法律的任务仅仅在于勾画一个清晰明朗的蓝图,

不干预公民可选择的权利，但要为不同层面的需求提供不同的救济措施。这既能适应家庭结合方式多样化的发展趋势，也符合婚姻家庭法的发展方向，更是社会进步的重要标志。

(3)意思自治原则。契约自由是传统民法的基本原则，虽经现代民法的修正和改良，但基本精神仍然保留。同居关系作为类婚姻的一种生活模式，它不同于婚姻的重要区别就在于更多的体现双方当事人的意思自治精神。现代西方婚姻家庭法学界更多地倾向于认为婚姻是一种带有身份性质的契约，这样的认识也早为国内婚姻家庭法学者所认可。前面我们已经谈到婚姻中的权利义务更多是法律明确规定的，它带有很大的强制性，“行为人只有对婚姻行为的起始或终结有一定的意志自由，对该行为的后果则无意思自治”。[①]而非婚同居关系中的双方则是希望选择不受法律干预约束的共同生活模式，这是很多人选择非婚同居的初衷，这种不愿受法律干预的私密性关系，为双方当事人意思自治留下了很大的空间。非婚同居完全是以意思自治选择的一种生活模式，当事人对于双方同居关系的建立、共同生活的内容、财产利益的所属、子女的抚养及关系的终结都可以明示或默示协议的形式进行自由安排。“如果当事人能够公平地开始和结束这种关系，法律将完全掩上自己的眼睛”。[②]这也就意味着，除非双方当事人签订的这一约定在内容上有欺诈、胁迫、重大误解、显失公平等法律规定的无效情形，或者违反了强行法以及公序良俗原则，就应该在解决同居纠纷时，尊重当事人的意愿，优先适用同居协议，这是非婚同居立法应该坚持的一项基本原则。

(二)立法模式选择

根据非婚同居的伴侣关系成立的形式及其法律效力，目前有关

---

① 杨大文主编：《婚姻家庭法》，中国人民大学出版社2001年版，第98页。

② 高留志：“论非婚同居的立法规制”，载《广西政法管理干部学院学报》2003年第6期，第72页。

非婚同居法律制度的立法模式可以被概括为以下3类:契约模式(美国、德国);身份模式(法国、荷兰);事实伴侣模式(法国、日本、加拿大和澳大利亚新南威尔士州、我国台湾地区)。各种模式都有其优点和缺点,要结合具体的国情辩证地看待这些模式的优势和不足。那么结合我国实际情况,我国在规制非婚同居问题上应该选择哪种立法模式更合适呢?

我们认为,借鉴外国立法经验,结合我国实际,在以婚姻作为法律保护的主要对象的前提下,建议我国非婚同居立法采取区别于婚姻的事实伴侣模式为主,以契约模式为辅的立法模式。其主要理由如下:

第一,采取区别于婚姻的事实伴侣模式为主的理由之一,是立法必须按照身份法律关系本身的特点进行。因为非婚同居关系是当事人自主自发建立的一种生活方式,这种自发自生的生活共同体决定了非婚同居具有事实在先的特点。所以,立法应在澄清非婚同居与婚姻差异的基础上,更多地将制度的重心落实在非婚同居所形成的事实之上,重在对家庭生活本质内容的尊重及对同居双方权利义务的平衡。这样的价值取向决定了调整非婚同居关系的法律应该尽量克服形式主义的条条框框要求,以免再次本末倒置地对大量客观存在的事实家庭予以忽略,造成同居双方权利义务的不对等。

第二,采取区别于婚姻的事实伴侣模式为主的理由之二,因为它是对我国传统事实婚姻制度及事实婚姻习俗的继承和改造。因为"亲属法多为各法律体系所固有,夫妻亲子之自然关系,莫不受其社会环境、风俗、人情之影响,各有其传统,故亲属间之法律关系,多随习俗而移转,其与'国情'不合之规定,鲜能发挥其效用"。① 因此,在尊重事实的基础上制定的法律才能得到良好的遵守,法律的规范性、指引性作用才能得到有效的发挥。所以关于非婚同居的立法采取区

① 史尚宽:《亲属法论》,中国政法大学出版社2000年版,第5页。

别于婚姻的事实伴侣模式，既尊重了中国几千年来保留的“重事实、轻登记”的民风习俗，同时把“事实婚姻”转变为“事实伴侣”，尊重客观事实、保障和维护结合体之幸福稳定的基础上，将符合一定条件的非婚同居伴侣作为“事实伴侣”赋予一些权利义务，法律给予其弱于婚姻的保护。这样，非婚同居与婚姻两者分别受到法律不同程度的保护，既为同居关系当事人权利的救济提供了途径，又不影响婚姻制度的严肃性，同时也是对我国长久以来存在的“事实婚姻制度”的继承和发展，保证了法律的稳定性和连续性。

第三，兼采以契约模式为辅的立法模式，可以使非婚同居法律制度更能兼顾适应不同情况的非婚同居者之需求，体现了法律对非婚同居当事人自主选择个人生活方式意愿的尊重。这样的模式不要求当事人进行登记，法律也无符合一定条件赋予同居伴侣的规定，只是法律规定承认当事人之间的同居伴侣协议，完全尊重当事人的意思自治，不仅是否取得身份关系可以意思自治，连关系下的权利义务均可以由双方自由协商，除非双方当事人签订的这一约定在内容上有欺诈、胁迫、重大误解、显失公平等法律规定的无效情形，或者违反了强行法以及公序良俗原则等情形。这也充分分反映了婚姻家庭法的私法属性和权利法性质。

（三）具体内容设计

在确定了我国非婚同居法的立法模式后，参考其他国家的相关法律，结合我国实际情况，我们对设立我国非婚同居法提出以下具体构想。

1. 非婚同居关系的成立

如前所述，非婚同居法律制度调整的是符合法定条件的两人共同生活关系。在上述立法模式下，上面提到过，较适合我国的非婚同居法律规制的立法模式是承认符合一定条件的非婚同居者获得不完全等同于婚姻的法律权利和地位的事实伴侣模式，同时承认同居协议的效力。所以当事人同居关系的成立应该有两种方式：包括两种同居伴侣关系，即事实伴侣关系和契约伴侣关系。这两种关系的成

立,都要求符合以下条件:

(1)同居的主体须为无禁婚亲或禁婚疾病的成年人。①同居关系成立的主体年龄,双方均需达到法定的成年年龄。无民事行为能力人或者限制民事行为能力人,不能成为非婚同居的主体。②同居关系的主体双方须均无法定的结婚障碍情况存在。这个结婚障碍主要是指《婚姻法》第7条规定的两种情形:A. 直系血亲和三代以内的旁系血亲;B. 患有医学上认为不应当结婚的疾病。凡是有这两种禁止条件的双方之间不得建立同居关系。③同居关系主体的性别,双方必须为异性。这符合我国目前对家庭关系主体的一般看法。

(2)男女双方完全自愿。即男女双方通过合意建立非婚同居关系,排除一方对他方欺诈、胁迫等非自愿的情形,也不允许第三人对其进行干涉。

(3)同居双方均须无配偶、也无其他同居伴侣。事实伴侣或协议伴侣非婚同居关系应具有排他性。即当事人为没有配偶或者同居伴侣的男女双方,包括未婚者、离婚者、丧偶者或者其他单身者。已有同居伴侣者,不能允许再与其他人建立非婚同居关系。这样的要求不仅是对类似于婚姻制度中一夫一妻制原则的维护,也是对人类基本伦理和文明秩序的维护。

(4)同居双方须持续地公开共同生活达到一定期间。持续地公开共同生活,不仅是双方当事人向社会公示其非婚同居关系的重要方式,持续公开共同生活也意味着两性关系的长期性、稳定性和公开性,这是非婚同居的重要特征和构成要素,也是法律确认其为一种相对稳定的家庭生活方式的重要依据。至于双方是否以夫妻名义同居、双方是否有婚意在所不问。至于同居的期间应该至少以两年为限。

2. 非婚同居的法律效力

符合法定条件的非婚同居当事人基于真实意思表示,双方自愿且公开持续地共同生活达到法定期间即形成非婚同居伴侣关系。非婚同居双方可以对同居期间的人身和财产等进行约定并达成书面协议，只要其不违反法律的强行性规定，对双方都具有约束力。如同居双方无约定，非婚同居伴侣依其是否进行登记，承受法律规定的不同的权利义务。关于非婚同居的法律效力，概括起来如下三点：

（1）在人身关系方面：

①非婚同居当事人之间的身份关系，分为事实伴侣或协议伴侣。非婚同居双方不发生配偶的亲属身份关系，无论同居时间有多长，是否有子女，只要没有登记结婚，就不能认为是配偶关系。

②非婚同居双方当事人不产生姻亲关系。

③非婚同居关系当事人之间不产生任何提供生活保持的义务，任何一方都有提出解除共同生活状况的权利，而不需要承担相应的法律责任。

④双方之间不产生继承关系，不得相互继承遗产。

⑤不像婚姻配偶一样互负法定的忠实义务和同居义务，但违反这两项义务一方面直接导致当事人之间的关系破裂，另一方面也可作为关系破裂财产分割时予以考虑的因素。

⑥非婚同居伴侣可以享有家庭成员的某些权益，非婚同居双方当事人有类似夫妻间的日常家事代理权、人身自由权，也可以以"同居伴侣"的身份享受公共机构或单位给予婚姻配偶或家庭成员的某些待遇。例如，为对方作医疗治疗及护理决定、到医院探病、到监狱探监、休假、调动优惠等。非婚同居伴侣也应有向公安机关、法院和有关机关寻求救助的权利。

（2）在财产关系方面：与婚姻关系中的财产制、抚养及继承相对应，非婚同居关系的财产关系包括财产制、经济帮助请求权以及针对对方遗产的权利。

①财产制。非婚同居的财产制方面，应当实行以约定财产制为主，以法定分别财产制为补充的原则。根据尊重意思自治的立法原则，双方当事人在平等、自愿的基础上，对非婚同居期间的财产归属、费用分担、债务偿还、关系终止后的财产分割、经济帮助、子女抚养等

问题作出了明确、合法、有效的约定时，就应该依据约定的内容来处理相关事项。如果双方没有约定的，就按照分别财产制来处理，但这种分别财产制为有限的分别财产制。因为同居双方一般均具有独立的经济收入和独特的财产管理方式，保留相对的经济独立是当事人选择非婚同居生活方式的重要理由，也是非婚同居区别于婚姻的主要标志。具体而言，就是当事人有约定的从约定，无约定的，依据不同情况分别处理：A. 同居前的财产为双方各自的个人财产，归各自所有；B. 同居期间个人所得的财产及其孳息或增值收益归个人所有，但对方当事人对该孳息或增值收益有贡献的除外；C. 同居期间共同劳动或共同经营所得由双方共同所有；D. 同居期间为共同生活需要所购置和积累的财产以及无法证明归个人所有的财产由双方共同所有。但这种财产仅指一般生活用品和生活费用，房屋、汽车、车库、商铺等价值特别大的财产除外。如果把这些占个人财产总额很大比例的价值较大的财产也作为双方的共同财产，则未出资方所获得的利益太大，这显然是不合宜的，也有违当事人选择非婚同居的初衷；①E. 对于同居期间一方继承或受赠与的财产，除明示是赠与双方的，应认定为一方所有；F. 为了照顾同居中经济上的弱势方，法律应该明确规定：同居关系终止时，对于承担抚育子女、照顾老人、协助另一方工作等付出较多家务劳动的一方必须由另一方给予经济补偿。家务劳动补偿制度的设立目的不外乎两点："一是承认家务劳动或协助工作的价值，二是弥补分别财产制度存在的实际上的不平等"。从而体现法律的公平正义；②G. 人民法院在具体审理非婚同居案件的财产分割时，要考虑双方的过错程度（过错包括同居暴力、以恋爱、结婚等理由诱骗同居等），对无过错方给予适当照顾。

②经济帮助请求权。原则上讲，非婚同居伴侣之间没有类似于婚姻配偶的扶养权利义务关系，因为非婚同居者建立这种关系的目

---

① 王薇：《非婚同居法律制度比较研究》，人民出版社2008年版，第450页。
② 夏吟兰：《离婚自由与限制论》，中国政法大学出版社2007年版，第221页。

的就在于选择这种关系的自由性和无负担性，因而如果允许非婚同居当事人之间享有夫妻之间所具有的扶养请求权，是有悖非婚同居关系建立的初衷的。但对于那些事实上已经达到了互相扶持程度的同居伴侣来说，剥夺这一权利，则有失公正。因而，从公平和人道主义的角度出发，立法应当明确，在解除非婚同居关系时，赋予确有困难的一方当事人经济帮助请求权。具体帮助的条件应该考虑三个方面的因素：一是一方在非婚同居期间患有严重疾病而未治愈；二是一方直接抚养双方的共同子女；三是一方因其他原因无独立生活能力的。

③针对遗产的权利。根据传统的继承法理论和我国现行法律，继承权利取得的前提是亲属身份（包括血亲和姻亲）。而非婚同居当事人之间属于事实状态，无婚姻关系，也无夫妻身份，显然不具有继承的法律主体资格，不能享有法定继承权，也无遗嘱继承权。但非婚同居伴侣可以根据我国《继承法》第14条、第16条以及1989年意见第13条的规定，依据相互扶助的具体情况，作为法定继承人以外的人请求分得适当的遗产，或根据死亡伴侣的合法有效的遗嘱，作为受遗赠人接受遗赠。这样的规定是合理的，因为同居关系毕竟不同于婚姻，所以在遗产继承权上应该给予同居者弱于婚姻的保护。但是，借鉴国外的立法经验，法律也可以明确规定：无其他法定继承人的同居一方死亡，则另一方可以继承其遗产；同居者对同居住房有优先购买权和承租权及其他生活用品优先购买权。

（3）亲子关系。

非婚同居关系当事人所生子女，为非婚生子女，按照《婚姻法》第25条规定："非婚生子女享有与婚生子女同等的权利。"这一规定明确非婚同居所生子女适用亲属法上关于亲子关系的一切规定，发生父母子女间的权利义务关系，享有亲权，法律不得对其子女有任何歧视。此外，为了能够更好地做到无差别地对待婚生和非婚生子女，我国立法也可以进一步借鉴国际立法趋势，取消婚生和非婚生子女在称谓上的区别。

此外关于非婚同居者是否有权收养子女的问题，个人认为，现阶段暂时不适合允许非婚同居者收养子女，由于非婚同居关系的脆弱性和不稳定性，无法给所收养的子女提供一个稳定健康的成长环境，也为了避免非婚同居关系破裂时给收养的子女造成不应有的伤害和负面影响，我国立法应暂时拒绝赋予非婚同居者收养子女的权利。但是可以允许同居者一方收养另一方的子女，类似于鼓励继父母收养继子女的制度，以期尽量为儿童的成长创造稳定的环境。

3. 非婚同居关系的终止

根据前述构想，我国设立的非婚同居法律制度是以区别于婚姻的事实伴侣为主，以协议同居为补充。按照这样的模式，非婚同居关系的成立与解除都无须经过登记或诉讼程序。因此，非婚同居关系可依双方达成合意或依一方的要求而终止，也可因事实上双方停止同居而终止；一方或双方死亡，非婚同居关系当然的终止；此外同居当事人双方或一方结婚，非婚同居关系也即终止。

第五章　同性婚姻问题研究

一、典型案例引发的思考

典型案例1. 日前，28岁的九九（化名）与25岁的阿雅（化名）来到海珠区婚姻登记处时，工作人员并没有发现她们是一对同性恋人。当一头短发、一身休闲西装的九九派喜糖时，该工作人员还高兴地接过，口称“谢谢”，并指着两份登记表说，“这一份男方填，那一份女方写。”“我们俩都是女的。”九九表明身份后，这名工作人员先是一怔，但很快反应过来，“你们这是闹事吗？按照婚姻法规定，我们只能接受男女异性结婚，快走，快走。”这名工作人员把喜糖拨到一边。九九和阿雅打算去一旁的颁证室合影留念，但还未踏上颁证台，一位工作人员便将她们请了出来。

问题：她们为什么不能结婚？障碍在哪里？应该如何对待这样的问题？

典型案例2. 陕西某小学教师曹某（女）与丈夫傅某系同学，两人婚后分居两地，曹某在一次探亲时，发现丈夫行为有些异常，与同性朋友之间关系亲昵，夫妻间关系因而紧张。傅某为了消除曹某疑虑，与曹某协商签订了《夫妻忠诚协议》，约定如有一方出现道德品质问题，背叛另一方或有婚外情等行为，应赔偿对方名誉损失和精神损失费35万元。事隔不久，曹某在家中发现丈夫与一男青年的暧昧行为，当即责问傅某，傅某承认自己是同性恋。曹某气愤异常，遂向当地法院起诉离婚，并要求傅某赔偿名誉损失和精神损失费35万元。

这起看似普通的离婚案件由于当事人提出的离婚诉由比较特殊，在法院审理过程中引起了法官们激烈的争论。争议的焦点在于：被告傅某的同性恋行为是否违反了《婚姻法》的相关规定。最终，曹某与傅某在法院审理中达成调解意见：傅某与曹某解除婚姻关系并赔偿曹某人民币5万元。上述案件中妻子曹某主要是根据《夫妻忠诚协议》，获得赔偿。但如果没有这份协议，想要获得赔偿则欠缺法律依据。因为根据我国《婚姻法》第46条的规定，无过错方有权请求损害赔偿的情形为：重婚、有配偶者与他人同居、实施家庭暴力、虐待遗弃家庭成员四种法定情形。而婚姻法中同居或重婚，都只是针对异性而言，也就是说，与婚外异性同居或重婚可以获得赔偿，但同性之间即使共同生活在一起，也不能叫同居。而事实上，已婚男女与婚外同性同居，或者与同性恋者行所谓的结婚仪式，对婚内的另一方也会造成实质上的精神损害。但由于立法的空白，同性恋引起的离婚赔偿缺少法律依据。①

问题：婚外与同性同居是否构成离婚过错损害赔偿的理由？应如何看待这样的问题？

典型案例3. 2005年6月，在苏州，一位徐州打工者刘某多次遭到老板性暴力侵犯，由于怕失去工作，开始并未报警，但在连续数夜受到其性侵犯后，忍无可忍的刘某于7月3日刑事自诉到苏州市虎丘

---

① 徐智渊："同性恋行为能否构成离婚条件"，载 http://www.chinacourt.org/html/artide/200311/12/90092.shtml。最后访问时间：2016年2月12日。

区人民法院，要求对老板绳之以法。但法院以法无规定为由不予立案。①

问题：同性性侵犯算不算强奸？对侵犯者应该如何处理？法律依据在哪里？

二、同性恋的认识发展

"同性恋"这一在我们生活中不会被经常提起的词汇，却承载着医学、社会以及法律等太多方面的意义。"同性恋（homosexuality）一词为德国医生 Benkert 于 1869 年首创，它是指对异性不能作出性反应，却被与自己性别相同的人所吸引。"②同性恋者就是有这种性倾向的男人或女人。在德国医生于 1869 年创造"同性恋"这一词汇之前，同性恋现象就普遍存在于人类社会的各个时期。不同的历史时期、不同的国度对同性恋者和同性性行为的态度可谓大相径庭，但依赖人类文明的进步和科学的发展，同性恋的法律地位经历了同性性行为的除罪化、同性恋病态说、同性恋的非病理化、同性恋者平等享有宪法赋予权利的四个发展时期。

（1）同性恋的除罪化。人类社会对同性恋的态度，在不同历史时期、不同文化背景下有着巨大的差异。遥远的古希腊文明将同性恋视为高尚的行为，同性之爱得到赞赏和宣扬。而到了中世纪的西方社会，基督教的盛行使得同性恋遭受了残酷的压制和批判，同性恋一经发现，就要被判处死刑。在近代的英国和美国，同性恋遭到了空前的镇压。英国的法律将同性恋视为犯罪，同性恋者在不同的时代背景下要被处以死刑、有期徒刑或终身监禁。在美国，同性恋者被视为"性倒错者"，不得在军中服役，也不得进入美国。③ 从文化视角看，同性恋遭到扭曲，往往是基于宗教、伦理及生育观念的考量。作为西

① 熊金才：《同性结合法律认可研究》，法律出版社 2010 年版，第 234 页。

② 何东平："欧洲地区对同性婚恋的立法沿革及启示——兼谈我国未来对同性婚恋的立法思路"，载《福建论坛·人文社会科学版》2009 年第 6 期。

③ 王歌雅："论同性恋者婚姻权的法律规制"，载《法学》2008 年第 1 期，第 34 页。

方文明的重要存在,《圣经》中的生殖崇拜是反对同性恋的最根本的理由,因为基督教的教义认为同性恋是可耻的,至今如此。而当时的伦理规范认为同性恋是有伤风化的。因为同性恋不符合自然规律,违背了婚姻的自然属性。这一时期的生育观念认为,异性恋与婚姻是以生殖为目的的,同性恋则恰恰违背了生殖目的。基于上述种种考虑,同性恋遭遇了法律的抵制与惩罚。但从"法国大革命后的《拿破仑法典》对同性恋的态度开始相对宽容,即对成人之间不伤害社会风化的私下同性恋行为不再视为犯罪"。[①] 其后荷兰、巴伐利亚、葡萄牙、圣马力诺等国家和地区相继不再视同性恋为犯罪,由此形成了第一次同性恋去罪化浪潮。及至 20 世纪,同性恋日渐得到人们在道德评判上的宽容对待。伴随针对同性恋的文化宽容,法律也出现了同性恋非为犯罪的宽容时期。

(2)同性恋病态说。同性恋刑法上的去罪并没有从根本上改变社会对同性恋者的态度。在相当长的一段时间内同性恋是与病态、性变态、不正常、恶心等词语相联系的。1886 年,奥地利精神病专家理查德发表了《性心理疾病》,创立了同性恋病态说。该说源于同性恋的病源分析。1870 年,柏林精神病学家卡尔·韦斯特佛尔(Carl Westphal)在他的杂志《精神病学与脑神经病学资料库》中发表了第一个同性性吸引医学个案病史。这个病史资料涉及一名妇女,她感觉被其妹妹的寄宿学校的女生所吸引。韦斯特佛尔总结道:这名妇女患了神经病理学疾病。据此他杜撰了一个新术语"逆反性感情"。这篇论文激起了其他众多精神病学者的关注。因而,在非常短的时间内,爱恋同性的这种"症状"被视为精神疾病。同时,鉴于医学的发展,人们对医学的认可度也在不断加强,以医学的名义作出的定义也是能使人信服的。在这样的情况下,科学和教义双管齐下,都对同性恋持一种否

① 谈大正:"现当代法律对同性恋的宽容趋向及其法理依据",载《中国性科学》2005 年 9 月第 14 卷第 9 期。

定态度。由此,同性恋是一种疾病,显然成了当时不可辩驳的真理。[①]这种观点到20世纪初才有所改变,但仍然认为同性恋是一种性恋变态。1905年,精神分析学派的创始人,奥地利精神病医生、心理学家弗洛伊德在其《性欲三论》中指出,同性恋属于一种"性倒错",是性心理发展停滞的表现。霭氏在1933年完成的《性心理学》中也认为同性恋是一个变态,而不是病态。19世纪末期,作为医学上的诊断单位,同性恋长期被如此看待。美国著名的精神治疗医师弗尔德曼(S. Feldman)在1956年认为"根深蒂固的同性恋者与性变态者一样,是精神官能症患者。"[②]

(3)同性恋的非病态说。1948年美国性学家金赛领导的研究小组,在《男性性行为报告》中主张,将同性恋者的性倾向定为病态缺乏科学依据。1955年,美国人类学家胡克通过实验得出结论:同性恋者的病态是社会压制的结果,帮助他们的最好办法是宽容而非治疗。上述研究结论为同性恋非病态化奠定了观念基础。20世纪中期,医学界的研究越来越向人们表明,同性恋者与异性恋者除性倾向不同外,在其他方而并无差异,因此同性恋不能视为一种病。直至1973年,在规模宏大的同性恋解放运动的影响下,美国精神病学会理事会认为同性恋不必成为疾病。同性恋非病态的观点才最终被多数精神病医生接受。[③] 这些研究结论推动了医学界对精神病分类标准的修改。世界卫生组织世界卫生大会于1990年5月通过《国际疾病分类标准》第10版,并于1994年起施行该版标准编码,在"性发育和性指向有关的心理和行为障碍"部分中,未将同性恋作为一种性心理障碍,为避免误解,该条还特别加注"性指向本身不视为一种障碍"。[④]

---

① 张剑源:"性倾向、性别认同、同性恋立法运动回顾及相关问题研究",载《环球法律评论》2008年第4期,第95~96页。

② 马钰凤:《同性结合者家庭权法律保护研究》,西南政法大学2013级博士论文,第130页。

③ 王歌雅:"论同性恋者婚姻权的法律规制",载《法学》2008年第1期,第33页。

④ 王森波:《同性婚姻法律问题研究》,复旦大学2011级博士论文,第33页。

国际科学界现在普遍将同性恋视为一种少数人的自然状态——与异性恋相平行的状态。科学的发现改变了人们的观念,同性恋者开始受到社会的接纳与尊重。

(4)同性恋者获得法律的认可,得到了法律的保护。20 世纪六七十年代,同性恋解放运动兴起,之后同性恋者为争取自己的合法权益作出不懈的努力。1954 年英国的《沃芬登报告》(The Wolfenden Report)在同性恋法律地位变迁的过程中发挥了重要的作用,该报告认为刑法的目的是为了保护公共秩序和风化、保护公民免受进攻和损害,是为了给公民提供针对他人掠夺和腐败的保护措施。而私人道德或不道德的问题,不关刑法的事。所以,报告建议不再将自愿的成人的私下同性性行为规定为刑事犯罪。1967 年英国的《性犯罪法案》(the Sexual Offences Act)通过,同性私下性行为不再被视为犯罪。① 此外,同性恋者在20 世纪中期的努力,使同性恋者逐渐形成了自己的团体和阵营,他们发出了要求与异性恋者具有平等权利的诉求。欧洲其他国家也逐渐改变了对同性恋的态度,保护同性恋者相关权利的法案日渐出台。到 21 世纪初,同性恋者越来越得到法律的保护和认可,这是同性恋者获得追求自己幸福生活权益的时代,实现同性婚姻的合法化便是这一时代的核心使命和终极目标。目前世界上已有 42 个国家和地区规范了同性共同生活关系,共有 10 个国家已经实现同性婚姻合法化。从分布上看,这些国家主要是欧洲国家及其属地,美国及加拿大,澳大利亚、新西兰和南美洲的巴西、哥伦比亚、乌拉圭也承认了同性共同生活关系。这些国家有的采用婚姻模式,有的采用民事伴侣模式,有的采用民事互助契约模式或是事实伴侣模式,总之都从不同的程度给予同性伴侣法律上确认或保护,也许一些国家对于同性恋未用“婚姻”之名,但是对于同性恋者、对于传统婚姻、对于社会和谐都有极其重大的意义。

---

① 原婷婷:《关于同性婚姻立法模式的研究》,中国政法大学 2011 年硕士学位论文,第 2~3 页。

三、同性恋存在的历史和现实考察

（一）同性恋存在的历史

同性恋一词是近代传入中国的外来语，中国历史中并没有同性恋的称谓。但同性恋在我国存在的时间较久远，早在古代就已形成了关于同性恋的各种雅称和俗语。“余桃癖”“断袖癖”“安陵”“龙阳”等，被视为雅语；而“兔子”“兔儿爷”“香火兄弟”“小唱”“男风”“妾童”“契弟”等，被视为俗语。至于“契若金兰”“菜户对食”则是女性同性恋的代称。到民国时期，已经较多使用“同性爱”或“同性恋爱”等词，新中国成立后普遍使用“同性恋”一词。

最早有记录的关于同性结合的文字出自宋代《太平广记》中的《潘章》。文中记载的故事发生于春秋战国时期的楚国。“潘章少有美容仪，时人竞慕之。楚国王仲先闻其名，来求其友，因愿同学。一见相爱，情若夫妇，便同衾枕，交好无已。后同死而家人哀之，因合葬于罗浮山。冢上忽生一树，柯条枝叶，无不相抱。时人异之，号为共枕树”。说的是美貌少年潘章与王仲先“一见相爱，情若夫妇”，并共度余生。根据书中记载，当时的结合受到家人的接受，因为当两人去世之后，“家人哀之，因合葬于罗浮山”。①

两汉和魏晋南北朝时期，同性恋多存在于皇室和贵族阶层。到唐代，同性恋在民间已相当流行。宋代的官方伦理虽以性封闭为主旨，但“男风”泛滥，同性恋未止。明、清两代，也不乏同性恋现象的记载，尽管明清时期开始将鸡奸作为犯罪行为进行处罚，但这一规定似乎并未怎么付诸实践，男风并未因此受到影响。同性恋似乎成为一种社会风尚。袁枚和郑板桥就均好此道，袁枚曾因好男色招致上司不满，批评他“剔黔歌郎”的行为“破老有伤盛德”，袁枚对此专门上

---

① 宇文子高：“潘章与王仲先”，转见生性凉薄的新浪博客，访问日期为2016－03－05。

书回辩。[①] 而且袁枚在《随园诗话》《子不语》《续子不语》中，一再谈及龙阳之美，心向往焉。因为他翰林文人、风流俊雅的身世姿容，投怀送抱者颇多。《随园轶事》中载："先生好男色，如桂官、华官、曹玉田辈，不一而足。而有名金凤者，其最爱也，先生出门必与凤俱。"[②] 郑板桥对其男风之好也直言不讳，他在《板桥自叙》中说自己"酷嗜山水，又好色，尤多余桃口齿及椒风弄儿之戏。"[③]

上述记载，主要是指男同性恋者。至于女同性恋者，大多属于特殊的阶层，如宫廷中的女性、女尼、女道、深闺中的女性及女性团体。

有关同性恋现象在西方的记载也几乎与文字记载的历史同时出现。著名史诗《吉尔伽美什》中记载，约公元前 1700 年前后，一位国王像对待妻子一样对待另一位名叫 Endidu 的男人，荷马史诗《伊利亚特》中记载了特洛伊战争期间 AChilles 和 Patrcls 两位士兵间的爱情。女同性恋的最早记载可追溯到公元前 6 世纪，居住在古希腊莱斯宾岛上的女诗人萨福留下了大量的关于女性之间的爱情诗篇。[④]

在古希腊，同性之爱受到比异性之爱更高的推崇。爱好男童不仅得到了法律上的允许，还得到了舆论的认同，不仅如此，它还得到了军事机构和教育机构等不同机构的坚定支持，甚至还有宗教上的保证。"它是一种受到推崇的文化实践，所有的文学都赞颂它，所有的反思都证明它是优越的"。[⑤] 柏拉图和色诺芬都写过男童之爱。

---

① 张在舟：《暧昧的历程——中国古代同性恋史》，中州古籍出版社 2001 年版，第 332～333 页。转见王森波："历史上的同性恋现象"，载王森波的新浪博客，http://blog.sina.com.cn/s/blog_837c57440101e84y.html。访问日期为 2016－03－05。

② "郑板桥和袁枚：欲为金臀立法的忘年知己"，http://www.sina.com.cn2006 年 04 月 19 日 18:27，访问日期 2016－03－05。

③ 张在舟：《暧昧的历程——中国古代同性恋史》，中州古籍出版社 2001 年版，第 344 页。转见王森波："历史上的同性恋现象"，载王森波的新浪博客，http://blog.sina.com.cn/s/blog_837c57440101e84y.html。访问日期为 2016－03－05。

④ 王森波：《同性婚姻法律问题研究》，复旦大学 2011 年博士论文，第 20 页。

⑤ ［法］米歇尔·福柯：《性经验史》，佘碧平译，上海世纪出版集团 2005 年版，第 243 页。

柏拉图写了美少年阿伽通和亚尔巴西德对苏格拉底的爱慕，色诺芬则描写美少年奥托里克斯魅力如同“黑夜里的一束光亮，一看到他，没有人不感觉到心灵荡漾。”①

事实上，在人类历史的相当长一段时期，人们对同性性行为表现出极大的宽容。DavidF · Greenberg 说：“在古时候，除埃及可能是个特殊的例外，男人之间的性行为是被广泛接受的”。② 但随着社会文明及习俗的发展，同性性行为就不再是单纯的性行为，而被赋予了一定的社会和文化意义，同性性行为社会文化意义的赋予，使得少数特定的同性性行为受到了肯定，从而使除此之外的同性性行为被社会边缘化并逐渐演变成对同性行为的一种限制。此后又随着宗教的发展，特别是基督教在西方世界的影响，同性性行为被认为是一种违反自然的罪孽，渐渐受到信仰宗教国家与社会的排斥，并被罪刑化。公元 342 年，罗马帝国颁布了第一部禁止同性恋的法律，公元 390 年，教皇宣布同性恋为非法，并处以当众烧死的处罚。自此至 13 世纪前后，随着教会势力的加强，欧洲基督教国家基本对待同性恋的态度都是罪刑化。即使进入 14 世纪，欧洲教会的权力受到削弱，虽然世俗统治中的宗教影响逐渐减弱，但关于反对同性恋的法律却延续下来一直到近代。③

（二）我国同性恋的现实考察

我国当代对同性恋的关注和研究，起步于 20 世纪 80 年代。改革开放后，伴随观念的开明、环境的宽松，人们对同性恋的态度也发生了变化，同性恋者也从过去的隐忍到逐渐透明。著名学者李银河在其《同性恋亚文化》一书中，经过大量事实的论证，得出了这样的结论：“同性恋是一种普遍存在的行为方式，古今中外，概莫能外，按照金西对美国同性恋者数量的统计和怀特姆关于各个社会和各类文化

---

① 王森波：“历史上的同性恋现象”，载王森波的新浪博客，http://blog.sina.com.cn/s/blog_837c57440101e84y.html。访问日期为 2016－03－05。

② 王森波：《同性婚姻法律问题研究》，复旦大学 2011 年博士论文，第 25 页。

③ 王森波：《同性婚姻法律问题研究》，复旦大学 2011 年博士论文，第 28～29 页。

中同性恋者所占比例均十分接近并保持未定的权威说法,可以推测,同性恋者在我们的社会中也当占到成年人口的3% ~4% 。按照这样的比例推测,我国目前有3 900 万至5 200 万同性恋者,这是一个相对数量很少而绝对数量庞大的群体”。[①] 我国卫生部门首次对同性恋人群基数开展的研究调查显示:15 ~49 岁性活跃期的中国男性同性恋者,约占同年龄段男性大众人群的2% ~4% 。[②] 浙江大学医学博士许毅通过实验调查得出的结论是同性恋发生率不低于1% ~2% 。[③] 这意味着在我国有不低于3 000 万的同性恋群体。2004 年12 月,中国卫生部的一项最新调查研究显示:“处于性活跃期的中国男性同性恋者,约占男性人群的2% ~4% ,以此估算,中国约有500 万至1 000 万男性同性恋者。这也是中国官方首次公布的同性恋者数量。”[④]因同性共同生活关系没有得到任何形式的法律认可,兼之社会的歧视,这些人大多躲在异性婚姻里。因而不仅是同性恋者自身,他们的家庭同样也面临着各种各样的问题。

随着全球对同性恋态度的宽容,国内同性恋者也开始通过多种方式发出自己的诉求。在这些诉求的推动下,2006 年4 月26 日晚,中国人民大学法律协会在该校逸夫楼200 人报告厅举行非传统婚姻模拟立法听证会,就同性婚姻是否可以合法以及同性伴侣是否可以领养孩子两个议题进行听证。参加活动的包括学者、政府官员、法律人士、同性恋者及其亲友、普通市民。2009 年被称为“中国同性恋之年”,2009 年1 月4 日至5 日,内地首届同志亲友恳谈会在广州举行。来自辽宁、湖南、广西、广东等十多个省份的40 多名同性恋者的亲友,以及有关学者参加会议。2009 年3 月27 ~28 日,首届中国同

---

① 李银河:“同性恋亚文化”,载张北川、高燕宁编:《同性恋健康干预》,复旦大学出版社2006 年6 月版,第4 页。

② 王茜:“我国同性恋基数庞大”,载《经济参考报》2004 年12 月18 日。

③ 许毅:《性定向研究》,浙江大学医学院2004 年博士论文,第13 页。

④ 刘仕雯、许承余:“游走在法的边缘——论同性恋婚姻”,载《法制与社会》2008 年06 月(下)。

妻会在山东青岛市召开。2011年，记录30年中国同志平权运动的影片《誌同志》（崔子恩导演，李银河顾问，张元、许戈辉、程青松等人出镜）入围“阳光华语纪录片奖”，该影片涉及同性结合的合法化内容。2012年1月，国内首条400同志亲友热线（4000－820－211）在广州开通，这是国内首家主要服务于同性恋者及其亲友的民间机构，此条热线主要由家长和专业的心理咨询师负责接听。2012年5月17日，武汉街头大学生自发组织的“国际不再恐同日”的主题行为艺术表演表达了反对对同性恋者的歧视，“尊重多元、对恐同说不”的理念。[①] 同性恋者的诉求推动了我国社会学家、法律学界对同性恋的关注与研究，这为同性恋合法化奠定了舆论基础。

四、同性婚姻关系合法化的正当性

同性恋，是指性成熟的个体在心理上和生理上只对同性具有性兴奋的反应。

同性婚姻，或称“同性恋婚姻”或“同性别婚”（htesmae—Sexmarrigae），是指两个相同性别成员之间的结合。

（一）同性婚姻合法化符合我国宪法精神和人权保护原则

人权，是指人基于人的本性，并在一定的历史条件下基于一定的经济结构和文化发展，为了自身的自由生存、自由活动、自由发展，以便能够真正掌握自己的命运而必须平等具有的权利。[②] 胡锦涛同志在《国家人权行动计划（2009—2010年）》中明确指出：“所谓人权，是指在一定的社会历史条件下每个人按其本质和尊严享有或应该享有的基本权利。”在人权标准上，《世界人权宣言》《公民权利和政治权利国际公约》《经济、社会、文化权利国际公约》已成为世界各国共享的标准。这些国际人权文件中所宣称的“生命、自由、人身安全的

---

① 马钰凤：《同性结合者家庭权法律保护研究》，西南政法大学2013年博士论文，第94～96页。

② 朱力宇：《法理学原理与案例教程》，中国人民大学出版社2010年版，第148页。

权利”“在法律面前人格受到承认的权利”“享受法律平等保护的权利”等人权观念深入人心。在我国,宪法是国家的最高法,任何法律都不得与宪法相抵触,宪法规定了公民最基本也是最重要的权利。我国《宪法》第 33 条第 2 款规定:“中华人民共和国公民在法律面前一律平等”,同时,该条第 3 款规定:“国家尊重和保障人权。”法律层面上的人权是指公民的基本权利,即人生而享有的在后天能实现价值的天然权利,其最基本的内容是平等、自由的权利。这也是宪法制度保障的基本权利。

自由被视为人权的一项基本的价值,从而得到人们的推崇。康德曾说,“自由是每个人由于他的人性而具有的独一无二的、原生的、与生俱来的权利”。[①] 洛克宣称:“法律的目的不是废除或限制自由,而是保护和扩大自由”。[②] 按照这种观点,对于一项无害于他人的行为,法律不应禁止和干涉;对于一个基于个人自由而作出的选择,法律应予以确认和保护,禁止和干涉是对个人自由的侵犯,确认和保护是为了自由更好的实现。这种自由的理念和思想不仅体现在很多国际人权公约中,也深入我国宪法和法律。1999 年 8 月 23 ~ 27 日第 14 次世界性学会议在中国香港举行,会议通过了《性权利宣言》,该宣言明确指出,性权利是基本的人权,是每个人人格不可分割的部分,其以全人类固有之自由、尊严与平等为基础。该宣言共列举了包括性自由权、性自治权、性公平权、性自由结合权在内的 11 项性权利。并将性权利宣称为“基本的、普世的人权”。同性恋的性权利也是自由权利的一部分,这为同性恋者争取性自由权之宪法保障奠定了基础。我国《婚姻法》第 2 条明确规定:“实行婚姻自由、一夫一妻、男女平等的婚姻制度。”从该条文可以看出,每个公民都享有婚姻自由。同性恋也有婚姻自由,同性婚姻诉求也是伴随着自由话语而提出的,他们认为婚姻体现着个人选择婚姻生活方式的自由,同性恋者

---

① [德]康德:《法的形而上学原理》,沈叔平译,商务印书馆 1991 年版,第 50 页。

② [英]洛克:《政府论》(下),叶启芳、瞿菊农译,商务印书馆 1964 年版,第 36 页。

同样有追求美好家庭生活和性选择的自由，因此法律需要对同性生活伴侣关系给予法律确认，从而保障他们基本的生活方式选择上的自由，这才是保护人权的价值体现。

平等权也是人权的基本内涵，平等对待是现代法律的一项基本要求，其观念的产生源于一种分配正义的理念，意为相同的人和事应做相同的对待。① 平等的核心含义是相同情况相同对待，所以与平等直接对立的是特权和歧视。实现同性恋与异性恋的平等，首先就要求法律要保障人们之间具有相同的价值和尊严，具有独立存在的人格。承认同性婚姻则是对同性恋者尊严和自由的最大保障。我国宪法也明确规定："中华人民共和国公民在法律面前一律平等。"这表明，不能因为种族、性别、宗教、社会出身、身份、财产、性倾向等原因而在法律面前有所歧视，法律应当对自然人某些不可更改的特征予以尊重与认可。我国公民在法律人格上都是平等的，基于人格平等所产生的各项权利不应因性取向的不同而被剥夺。婚姻自由是各国宪法保障的一项基本权利，任何人都应平等地享有。从具体的权利诉求上，同性恋者提出的是同性婚姻缔结权，他们将婚姻缔结权看作是宪法上的一项不可剥夺的权利，也是一种个人选择与什么样的人共同分享生活的权利，这种权利不应因个人性倾向的不同而受到影响。同性恋者意在说明，法律上的权利本来是赋予每一个人的，但是由于法律不承认同性婚姻，等于实际上剥夺了同性恋者的结婚权，使同性恋者无法享受到通过婚姻所带来的利益，这违反了平等对待原则，从而构成对同性恋者的歧视。所以我们没有理由把同性恋者排除在"婚姻"之外，必须承认同性恋者同样有追求美好家庭生活的权利。保护同性恋者的平等权和自由权是宪法和法律的重要使命，也是宪法人权保护原则的基本体现。

---

① ［古希腊］亚里士多德：《尼克马克伦理学》，廖申白译，商务印书馆2003年版，第132页。

（二）同性婚姻合法化也是对国内同性恋追求权利、化解其生存困境的现实应对

无论对同性恋持何种态度，不可否认的是，同性恋是任何社会都普遍存在的社会现象。我国同性恋者争权运动起于20世纪90年代，相对于西方国家相对较晚。前期主要通过创办同性恋者网站和同性恋者交友网站争取自己的权利，近几年随着人们观念越来越开放，社会上开始出现一些同性恋的集体活动和同性恋活动场所，如2001年第一届北京同性恋电影节在北京大学举办，显示了同性恋追求平等、自由的渴望越来越强烈。同性恋者要求同性婚姻合法化的呼声随着人权运动的推进和社会文明的不断发展也越来越高。但在传统伦理道德延续几千年的中国，同性恋或同性婚姻在人们的日常生活中被认为是一种病态、是一种亚文化而被鄙视和排斥，就连作为国家调控社会的法律也对此采取冷漠的态度，使得同性恋者为了维护自身的尊严而不敢向社会公开自己的同性恋意向，而且很多人迫于社会及家庭的压力走进异性婚姻。根据张北川教授的调查数据显示："男女同性恋人数在人群中占3%～4%，中国有13亿人口，在中国就是3 900万至5 200万同性恋。其中男同性恋者居多，处于性活跃期的中国男性同性恋者约占男性人群的2%～5%，这些'男同'有1/3的人已经结婚，那些没有结婚的人有40%～60%认为自己迟早是要结婚的。"①此外据学者调查，中国约80%的男同性恋者都会选择建立异性婚姻。2012年2月凤凰卫视"走读大中华"栏目给出的数据显示中国现在约有2 000万男同性恋者，也就是约有1 600万以上的同妻人群。迫于家庭和社会的压力，男同性恋者往往不得不违心地选择异性婚姻。同妻现象是非常有中国特色的现象，同妻被称为"被弱势群体伤害的更弱势群体""婚内的孀居者"。② 这组数

---

① 高燕宁：《同性恋健康干预》，复旦大学出版社2005年版，第156页。

② "千万同妻成艾滋病高危人群，多数曾遭性冷落"，载 http://www.aibai.com/infoview.php?id=23340，2012年7月10日，爱白网资讯栏目，访问日期2016年3月11日。

据表明,绝大多数的同性恋者迫于中国传统家庭观的压力最终都会和异性结婚,而同性恋者的性倾向并不会因此而改变。毫无疑问,同性恋者在婚后很难履行婚姻的义务,这势必会对配偶一方造成伤害,成为酿成家庭悲剧的隐患。此外,国家对同性婚姻采取冷漠的态度,也使同性恋者精神长期处于压抑的状态。1992 年,鲁龙光教授对同性恋曾进行了临床研究,发现我国同性恋者中普遍存在抑郁、焦虑、孤独、自杀企图等负面情绪问题。① 当这种不良情绪超过自身的承受限度的情况下,就会以报复性的手段作出超越正常人的行为,还有可能会发展到违背道德和违反法律的程度,从而影响社会稳定和健康发展。再者,由于越来越多的人公开承认同性恋并公开举行了婚礼,但根据我国法律的规定在他们之间并不存在婚姻关系,不是传统意义上的夫妻,夫妻之间的权利义务关系对他们当然不适用,所以他们之间的权利义务关系没有法律来加以保障,一旦发生权利义务纠纷时,将得不到法律的有效救济,造成法律对这一群体规制的空白。

此外,来自同性恋健康的威胁,也迫使国家必须规范立法,对同性恋关系进行有序调整。提及同性结合者的健康威胁,可能首先被提到的就是同性结合者感染艾滋病的风险。1994 年潘绥铭和吴宗健所进行的男性同性恋者艾滋病风险研究中,运用世界卫生组织推荐的"关于艾滋病的知识、态度、信念与行为"调查问卷的第二阶段"性伴侣情况"进行研究,结果表明:在同性恋者的社交活动中,感染和传播艾滋病的风险,归根结底来自某些可能导致双方血液和体液接触的性行为方式。参与聚集社交活动的男同性恋者与双性恋者,性伴侣的人数远远多于一般异性恋者,绝大多数性伴侣是男性。研究的结论是:同性恋者确实存在较高艾滋病感染风险。② 2002 年山东的调查显示无安全措施的肛交,感染艾滋病的几率为 5‰~10‰。

---

① 鲁龙光:"同性恋 1000 例临床分析",载《中国心理卫生杂志》1992 年第 6 期,第 132~134 页。

② 潘绥铭、吴宗健:"中国男同性恋者社交中的艾滋病风险",载《浙江学刊》,1994 年第 5 期,第 66~69 页。

同性恋者 HIV 的感染率是 1.3% 。[①] 2004 年,陶晓燕等人进行的深圳男性同性恋者高危行为调查显示:深圳市 114 名酒吧中的男同性恋者中,在安全套的使用上,有 65.8% 的人认为应当选择优质安全套,53.5% 的人认为应当正确使用安全套,55.3% 的人认为应当每次都用安全套。男性性伴侣的人数显示,5 人以下的占 26.3% ,5 人以上的占 21.9% ,10 人以上的占 12.3% ,20 人以上的占 5.3% ,50 人以上的占 0.9% 。71.9% 的调查对象既与男性又与女性发生过性行为。[②] 2008 年 3 月,在卫生部主导下,61 个城市疾控中心和同性恋社群在四个月时间里对 18 000 多位同性恋者进行了调查,结果显示,2008 年中国男同性恋者人群的艾滋病毒感染率为 4.9% ,其中 HIV 检测阳性率最高的城市达到 15% 。2009 年 3 月至 5 月,这项调查再度展开,统计结果显示男同性恋人群的艾滋病毒感染率达到 5.0% ,其中西南片区感染率比较高,贵阳、昆明、成都、重庆同性恋感染率超过 10% 。2007 年,卫生部公布的新增 5 万人艾滋病感染者中,同性性传播导致的感染占 12.2% 。2009 年,新增感染者估计为 4.8 万人,虽然新增病例速度放慢,但同性性传播却飙升到 32.5% ,占了新增感染者人数的 1/3。[③] 艾滋病感染的风险主要来自同性恋者的多性伴和无保护性性交。而多性伴的交友习惯使同性恋者被称为艾滋病高发人群之一。而且男同性恋者将同妻也置于艾滋病感染的高危人群之中。

而社会对艾滋病和同性恋的歧视所带来的负面效应,提升了同性结合者感染艾滋病的风险。第一,社会对同性结合的歧视和排斥,使很多同性结合者不敢或不愿公开身份,同性结合者大多处于“地下”状态,同性结合者之间的联系也处于秘密的分散状态。这种被迫

---

① 曲书泉、张大鹏、吴玉华等:“东北某地男同性恋者艾滋病病毒、艾滋病的知识态度行为调查”,载《中国性病艾滋病防治》2002 年第 8 卷第 6 期,第 338 ~ 340 页。

② 陶晓燕、蔡文德、蔡于茂、魏安业、黄广文、宋丹:“深圳市 114 例男同性恋者高危行为调查”,载《现代预防医学》2004 年第 31 卷第 2 期,第 248 页。

③ 金微:“中国艾滋病新一轮暴发”,载《国际先驱导报》,2009 -12 -01。

秘密的同性性接触中，很多同性性接触者没有或甚少得到正面且积极的艾滋病防治教育，频繁更换性伴侣使艾滋病感染的风险提高。由于社会对艾滋病的歧视，许多同性结合者拒绝做艾滋病病毒检测，并且在因性病就诊时很少说明自己的同性性接触情况，从而贻误艾滋病的治疗，并导致艾滋病的进一步传播。第二，同性结合者大多迫于社会和家庭的压力，选择与异性结婚。这增加了艾滋病由同性性接触者向其婚内异性伴侣传播的风险。[①] 据2012年的报道，中国有1 600万同妻被她们的丈夫置于艾滋病感染高危人群中，而拉拉（女同性恋者）中的“同妻”现象也很普遍，只是社会关注度不高。第三，艾滋病问题同样是基于同性恋问题而引发的严重的社会问题之一，尽管艾滋病与同性恋并不存在必然的联系，但无可否认的是，同性恋群体中伴侣关系上的不稳定和多伴侣关系加剧了艾滋病的传播。

艾滋病防治不仅是一个简单的医学问题，还是一个社会问题和法律问题。对艾滋病的防治不仅仅是从医学角度宣传艾滋病防治的方法，更重要的是要正视艾滋病与同性结合之间的关系。虽然从表面上看，生理上的性接触是导致艾滋病传播的主要原因，似乎通过艾滋病医学防治的展开是可以避免的。但而更为深层的原因除了社会对同性恋和艾滋病的歧视之外，还包括法律对同性结合者权益保护的缺失。在法律层面上，法律认可和保护的欠缺是同性结合者选择建立短期关系的主要原因。从根本上说，长期关系的稳定建立有赖于法律对身份关系的认可和保护。同性结合者因为不能建立合法的同性结合身份关系，从而选择同性同居和多性伴的情况就显得更为突出，关系的稳定性也更容易受到影响。所以让同性恋者组建家庭，享有家庭权，在一定程度上可以减少同性结合者多性伴的现象，因为稳定的同性性接触会降低艾滋病感染几率。给同性结合者更多的选

---

① 马钰凤：《同性结合者家庭权法律保护研究》，西南政法大学2013年博士论文，第119页。

择，减少同性恋者被迫选择婚姻的机会，也避免将其异性伴侣置于艾滋病感染的高危状况。

同性恋人数的增加引发了“异性形式婚姻”及同性恋者的心理及生理的问题，同时，同性恋者法律地位的缺失不仅导致同性恋者的人格权、身份权、财产权受侵犯时无法获得有效的法律救济，同时也会衍生司法和执法环节对同性恋的不公平对待以及社会对同性恋的歧视和排斥。为了应对和解决这些问题，真正保护同性恋者的权利，国家应该通过立法确认同性婚姻，通过立法，把同性婚姻当事双方的权利和义务及其相应的法律责任体现在具体的法律条文中，完善同性配偶的权利义务的法律体系，使同性配偶的行为有法可依，健康的社会秩序和稳定的社会环境才能得到更好地维护。

（三）同性家庭模式具有正当性

从家庭的功能来看，传统家庭功能包括：第一，个人获得性满足；第二，生儿育女、实现社会的再生产；第三，家庭是经济单位，维持个人和社会的经济秩序；第四，组建有良好关系的家庭对个人情绪安定和社会稳定有积极作用。①

随着社会的发展，观念的改变，传统家庭功能也在不断进行调整和变化。当代婚姻家庭的类型化功能在削弱，而个人主义的家庭生活方式正在凸显。婚姻家庭开始更为依赖情感上而不是经济上的必要性，即满足个人需要成为婚姻的主要功能。结婚的目的在于满足个人的情感需要、性的需要，在这样的婚姻主旨下，传统婚姻强调的异性结合的基础就发生了动摇。传统社会强调婚姻的目的是“上以祀宗庙，下以继后世”，也即强调婚姻的生育繁衍人口的功能，而生育引发的抚育问题需要两性结成较为稳定的关系。费孝通说：“我们与其说因为两性的爱好，所以愿意共同抚育儿女，倒不如说因为要共同

① ［日］依田明：《家庭关系心理学》，蒋乐群、朱永新译，天津人民出版社 1983 年版，第 18 页。

抚育儿女，两性间需要有能持久的感情关联”[①]。婚姻确立了男女双系抚养子女的模式，的确很好地解决了子女的抚养问题，子女抚养也的确需要一个长期稳定的婚姻形式，从两方面看这种解释似乎都是合理的。但现代婚姻的功能已经退出了生育为头等大事的状态，而代之以情感慰藉、性生理的满足功能。传统婚姻虽然也存在完全个体角度的生理和情感满足功能，但这种功能在传统社会中从来都不是主要的，可以说，传统的家庭并不是家庭成员情感依恋的焦点。因为传统社会婚姻的上述功能决定着婚姻在很大程度上并不是个人的私事，而是与家族和社会权力结构相连。因此，婚姻的缔结常常并非个人选择的结果，而是家庭权威对双方家族势力和婚姻利益权衡的结果。婚姻也并不依赖夫妻情感来维系，而是由更为复杂的其他社会因素来维系。而当代，家庭功能变化的基本趋势：一个是增强，一个是削弱。学者的观点是：在未来，家庭的教育、娱乐、情感功能会强化，而生育、赡养功能会弱化。其附带的后果是：由于计划生育的实行和劳动力的自由流动，核心家庭会成为主流，社会保障的完善、自我实现的需要和对婚姻的信心不足会导致丁克家庭的增多，只剩下老年一代独自生活的空巢家庭会随着居住方式的代际分离和居住条件的改善而成为一种无奈的选择。[②] 可见，传统家庭的生育功能、养儿育女已经失去效用，不再是婚姻的价值追求，而随之衍生的情感慰藉功能、性的满足、经济共同功能逐渐强大，这使婚姻不再是生育的工具、性不再是生育的奴役，这为同性结合组建家庭提供了更为合适的土壤，使追求情感享受、性满足的同性组合变得更为合理，也完全符合现代家庭模式多样化的发展，具有正当性。

---

① 费孝通：《乡土中国，生育制度》，北京人学出版社 1998 年版，第 120 页。

② 岳会博：《中国十年变局》，中国经济出版社 2010 年版，第 49～56 页。

五、世界主要国家同性婚姻的立法情况

(一)英美法系国家立法例

1. 美国

人类进入21世纪以来,由于欧洲一些国家通过立法对同性恋者缔结为家庭进行承认和保护,加之美国国内同性恋者要求缔结为同性生活伴侣的呼声日益高涨,美国也开始制定同性恋的法律规范。但在美国现行司法体制下,家事或亲属法中的婚姻法属私法领域而由各州自行制定,所以在美国,对同性恋的认可和保护是先从州的立法开始的。在州的成文法方面,佛蒙特州是第一个允许同性恋伴侣享有结婚权利的州。佛蒙特州的《民事结合法》已于2000年7月1日生效。根据该州法规定,同性恋者在州法下享有婚姻地位的合法保障。这在美国国内是开创性的,具有划时代的历史意义。该州的《民事结合法》没有使用"婚姻"一词,而是用"民事结合"一词。该法规定同性伴侣依法享有一切与婚姻配偶相同的利益、保护和责任,无论其来源于法律、行政法规或法院判决、公共政策、普通法或其他任何民事法律渊源。此后加利福尼亚州在2001年10月14日制定了《家庭伴侣法》,于2002年1月1日起生效。这两部法律为同性伴侣提供了完全等同于婚姻项下的权利,如收养、继承权、一方死亡时的损害赔偿权、医疗受益权等。罗得岛州于2001年提交了一份允许同性伴侣缔结法律婚姻的草案。康涅狄格州的州司法委员会于2002年初提交一份允许同性婚姻的法律草案,建议将婚姻项下的权利扩大到同性伴侣之间。马萨诸塞州最高法院于2003年11月18日作出裁决:要求立法机关修改相关法律,承认和保护同性婚姻。2004年2月,在美国总统的竞选过程中,民主党总统候选人克里支持修改宪法保护同性婚姻,而布什总统则支持修改宪法禁止同性婚姻,至于同性恋者按照结为夫妻的民间习俗是否有权举行婚礼则放权给各州自行决定。同年7月14日,参议员以48票赞成、50票反对否决了布什总统的主张,同年9月30日,众议院又以227票赞成、

186 票反对否决了布什总统支持的旨在禁止同性婚姻的美国联邦宪法修正案。① 美国纽约州对同性婚姻的认可被规定在 2011 年 6 月 24 日通过的《婚姻平等法案》(Marriage Equality Act)中,并于 2011 年 7 月 24 日生效。该法通过对《家庭关系法》(Domestic Relation Law)进行修改,从而在法律上认可了同性婚姻。也就是说,未被修改的部分就适用《家庭关系法》。2014 年 11 月 13 日,美国最高法院允许堪萨斯州成为美国第 33 个同性婚姻合法州。到 2015 年 6 月 26 日,美最高法的 9 名大法官以 5 比 4 的结果裁决同性婚姻合法,为同性配偶提供了结婚的权利。这一裁定意味着,各州不能禁止同性婚姻,同性婚姻将在美国全国各州合法,美国也成为全球第 21 个承认同性婚姻国家。报道称,该裁定是美国同性恋权利的历史性胜利。美国总统奥巴马在其个人社交网站上表示,同性婚姻裁定是"迈向平等的一大步"。

2. 英国

英国婚姻法历史上曾经不承认同性同居、同性婚姻,甚至对变性婚姻都予以拒绝。但随着近年来同性恋逐渐被社会公众宽容,这种情况有所改变。2001 年 6 月 28 日,英国伦敦市政府宣布正式承认同性伴侣关系,并从同年 9 月份开始提供同性伴侣登记服务,伦敦自此成为英国第一个承认同性伴侣关系的城市,但是伦敦市的同性伴侣登记服务并不能向同性伴侣提供与传统婚姻一样的法律保护,只是在发生诸如住房租赁、退休保险及移民纠纷时,可以证明双方关系的存在,由此处理一系列纠纷。同时,自 2002 年 1 月 10 日,英国国会开始讨论一项《同性婚姻法》的草案,正式着眼于同性伴侣的婚姻权益问题,考虑同性伴侣是否可以享有诸如合法异性婚姻下的一系列权利。目前在家庭法领域的规定如下:如果已育有子女的异性伴侣分居,并且其中一方另建立一种同性伴侣关系,如果在子女应当与何方共同生活的问题上发生分歧,则这种同性伴侣关系应当作为考

① 蒋月:《婚姻家庭法前沿导论》,科学出版社 2007 年版,第 316 ~ 317 页。

虑因素之一。在法院确信判决符合儿童最大利益的前提下,可以将居住令授予建立同性伴侣关系的父母一方。此后,在 2002 年 12 月 6 日,英国工党政府宣布,将正式建议承认同性伴侣关系给予同性伴侣一系列原本只有异性夫妻才能够享有的权益,其中包括财产继承权。① 2004 年 3 月 31 日英国政府颁布了一部《民事伴侣关系法案》(Civil Partnership Act),并于 2005 年 12 月 5 日正式生效。该法案赋予同性恋者婚姻的权利,但在立法中选择了"民事伴侣"这一称谓区别于"婚姻"。根据该法规定,同性恋者前往登记办公机构签署一份官方的民事婚姻文件,即可享有与异性夫妻相同的法律权利,组建自己的家庭。该法案赋予同性伴侣在医院的近亲地位权利,允许同性恋者成为辞世伴侣的养老金受益人,并在继承伴侣的房产时免缴遗产税。决定分手的同性伴侣也必须经过法庭裁决进行离婚。双方的离异手续也和异性夫妇的离婚手续一样。如果他们有孩子,还将协商解决抚养费的问题。尽管政府坚持这种关系并非是法定的婚姻关系而是两人间的契约,同性伴侣还需要同结婚一样表明他们长相厮守的意愿。英国政府没有要求同性恋者必须举行婚礼,而是让地方政府自行决定。同性伴侣在养老金继承方面与传统婚姻还是有所不同,继承权不可以回溯,事实上的同性恋同居也得不到承认,同性恋者得到的遗产数目将比较小。② 总之,目前在英国注册的同性民事伴侣将享有异性夫妻在财产、继承、移民、赋税、家庭住宅占有权等方面的民事权利。如可以解除同居关系,在配偶去世后可以享受对方的养老金,继承对方财产时免缴遗产税。当然同性伴侣在享有权利的同时,也必须承担本法所规定的义务,如同性伴侣享有知情权的同时,必然负有告知的义务;在要求对方忠实于自己的同时,必须忠实于对方;还有共同生活的义务等。要结为这样的"民事伴侣"关系只

① 陈苇:《外国婚姻家庭法比较研究》,群众出版社 2006 年版,第 137~139 页。

② 参见:"英国将颁布法案赋予同性恋者合法婚姻享有的权利",载中国新闻网 http/www.chinanews.com.cn. 2004 年 3 月 29 日国际新闻。

需经过特定程序，签署一些文件即可。而异性婚姻还需双方在民事或宗教仪式中相互立誓。这部法令的颁布促成了英国同性伴侣法律地位的重大改进。

3. 加拿大

加拿大首先在部分省逐步实现了同性伴侣的合法化，但各省所赋予的同性伴侣间的权利义务有着很大的差别。2003 年 6 月 10 日，安大略省上诉法院裁定加拿大现行法律关于婚姻的定义违反了加拿大权利和自由宪章的平等权，因为它只把婚姻限定于异性恋者之间，这次裁定拉开了加拿大同性婚姻立法的序幕。加拿大第一部《民事结合法》是新斯科舍省根据该省上诉法院对从 Walsh v Bona 一案的判决颁布开始的。该判决明确该省法律允许同性或异性同居伴侣作为“家庭伴侣”（domestic partnerships）注册，从而有权享有已婚伴侣的多种权利和义务，包括该省家庭财产法所包含的某些权利义务。[①] 魁北克省《民事结合法》比新斯科舍省《民事结合法》晚一年生效，虽然在体例上相似，但魁北克省《民事结合法》规定的内容更为规范。该省原来没有将私人家庭法的权利赋予以同居为基础的未婚夫妇，像其他拥有普通法的国家，不愿将婚姻权利和义务扩大适用于没有选择结婚的人。魁北克《民事结合法》尊重当事人的自主权，将婚姻权利和义务仅扩大适用于注册了结合关系的同性或异性伴侣，它也扩大了未注册的同性或异性同居伴侣诸如对残疾伴侣的医疗决定权方面的权利。魁北克改革与新斯科舍省的主要区别在于前者更为广泛并包括了有关亲子关系和收养的规则。2003 年 7 月 17 日，司法部长 Martin Cauchon 向联邦最高法院征询禁止同性结婚是否与宪法上权利与自由条款的规定相违背，联邦最高法院于 2004 年 12 月 9 日作出答复，认为同性婚姻是合宪的并应由联邦政府重新修订婚姻的定义。2005 年 7 月 19 日，加拿大参议院议会参议院在保守派与宗教领袖激烈的反对声中通过了《民事婚姻法》的议案，并于

① 段涛：《同性婚姻立法研究》，西南大学 2011 年硕士学位论文，第 16 页。

2005年7月20日生效。该法将婚姻界定为“二人之间的排他性的合法结合”。至此，允许所有同性伴侣可以像男女一样申请结婚。加拿大成为继荷兰，比利时与西班牙后世界上第四个承认“同性婚姻”合法的国家。根据法律，加拿大同性伴侣将会享有与传统异性伴侣相同的法律权利与保障，包括收养权。加拿大总理保罗·马丁(Paul Martin)讲话说，尽管每个人都有权利坚持自己不同的看法，但是，所有的加拿大公民都应该承认同性恋婚姻也享有与异性恋婚姻一样的权利。

(二)大陆法系国家的情况

1. 丹麦

丹麦是世界上第一个对同性恋者的结婚权进行保护的国家。早在1984年，一个调查组受命重新研究这些提案，议会修正了遗产继承和税务相关的法律以给予同性伴侣和异性夫妇同等的权利。1988年12月，丹麦国会以全部赞成票通过该法案，规定同性伴侣中的双方在继承、住房津贴、退休和离婚方面，享有与异性婚姻项下相同的权利。[①] 1989年6月丹麦颁布《注册伴侣关系法》，成为世界上第一个对同性婚姻进行立法的国家。该法规定，注册伴侣关系的法律效力与异性婚姻关系的效力完全相同，注册伴侣享有与异性婚姻配偶相对应的权利和保障。1999年对该法进行了修改。该法对同性婚姻并不称为“婚姻”，而叫“家庭伴侣”，以区别传统的异性婚姻。根据法律的规定，注册的同性伴侣可以享受某些异性夫妇独有的权利，例如继承、住房津贴、退休金、社会福利、失业救济和离婚方面的权利。同样，如果离婚，他们也有承担赡养的义务。但是，他们不可以领养小孩或接受免费的人工授精服务。1997年，丹麦国家教会的主教承认同性伴侣关系。现在，同性伴侣可以在教堂里举行结婚典礼，

① 王菁：《同性婚姻立法比较研究》，武汉大学2005年硕士论文，第9页。

可以收养他们配偶的子女,但是还是不能收养伴侣关系以外的小孩。①

2. 荷兰

由于长期受到自由平等思想的影响,荷兰一直是促进同性恋者各方面权利的先驱。事实上,从 1979 年开始,通过一项又一项法律的修改,荷兰就逐渐将已婚配偶享有的权利赋予了非婚同居者,从社会保障到税收、移民、养老金和遗产税等,而且在所有这些方面,同性同居者和异性同居者没有任何差别,但在亲权方面二者还有些细微的差别。1998 年 1 月 1 日,类似于婚姻的登记伴侣关系法案(Registered Partnership Act)生效,该法允许同性伴侣和异性伴侣(有法律上禁止结合关系的人除外)登记伴侣关系,享有几乎与异性婚姻无异的权利,除了 3 点:登记伴侣一方并不自动获得对另一方所生孩子的权利和抚养的义务;享有登记伴侣关系的外国人必须是荷兰公民或在荷兰有居住权;登记伴侣中健在的一方有权获得养老金,但是得到的要比失去自己另一半的已婚者得到的养老金少很多。2001 年 4 月,《开放婚姻法》《同性配偶收养法案》(the Adoption Act)以及《调整法案》(the Adjustment Act)3 部方案得以形成。3 部法案共同作战,一同扫清了同性伴侣和异性伴侣在缔结婚姻、收养子女以及自动获得亲权等方面的区别。② 使荷兰的同性恋者完全享有与异性恋者相同的所有权利和法律地位。荷兰在 2001 年 4 月 1 日生效的《荷兰民法典》第 30 条第 1 款作出如下规定:“婚姻法是异性或同性的两人之间所缔结的契约关系。”因此成为世界上第一个将婚姻制度适用于所有伴侣关系而不考虑他们性别的国家。它将民法典中与性别有关的丈夫、母亲等词语用比较中性的家长、配偶等词予以代替。该法不但允许同性恋者结婚,而且可以完全享有与异性结

① 孙振栋:“同性恋者人权保护问题研究”,载《民商法论丛》(24),金桥文化出版有限公司 2002 年版。

② Kees Waldijk,“Small Change:How the Road to Same-Sex Marriage Got Paved in the Netherlands”,第 444 ~ 453 页。

婚相同的所有权益,同时赋予了同性伴侣收养子女与跨国收养的权利。①

3. 比利时

2001年6月22日,比利时紧随荷兰之后,成为第二个对同性恋者和异性恋者进行一体保护的国家。2001年6月22日,比利时部长会议上通过了一项法律草案,规定今后在比利时境内的婚姻不一定必须是异性间的结合,婚姻也可能是由两名男性或是女性所组成。这一法案的通过使比利时成为第二个承认同性婚姻的国家。这项法案给予同性伴侣与异性伴侣同等的权利,但该法案不允许男同性恋夫妻收养子女,而女同性恋夫妻中的妻子可作为单亲母亲收养子女。② 比利时议会修改了民法典的第一篇,这项修正性的立法被称为《关于向同性恋者开放婚姻及修正民法典部分规定的法律》,于2003年2月13日生效。与《荷兰民法典》相似,《比利时民法典》也对禁止结婚的亲属的类别进行了详细说明,但同性婚姻伴侣还在亲权推定、作为第二家长收养和联合收养3个方面与异性婚姻伴侣存在显著的区别:修正后的民法典第143条第(2)款规定,对亲权的推定不适用于同性婚姻期间所生子女;第345条规定,仅允许异性婚姻伴侣为作为第二家长的收养;第346条对共同收养也作出了相似的规定。

4. 西班牙

2005年7月2日,西班牙众议院以187:147票通过一项同性婚姻合法化的法律,次日该法正式生效。它是继荷兰和比利时后第三个将同性婚姻合法化的国家。修改后的西班牙《民事婚姻法》将婚姻界定为"异性或同性二人之间的结合。"并赋予同性婚姻与异性婚姻同样的权利,其中包括同性恋伴侣享有减税的待遇、可以享受配偶的退休金、继承配偶的遗产、离婚及收养权、共同监护权以及获得抚养

---

① 段涛:《同性婚姻立法研究》,西南大学2011年硕士论文,第15页。

② 中国新闻网:"比利时将成为第二个允许同性恋结婚的国家",载 http://new.sina.com.en/w/284817.html。访问日期2016年3月8日。

费等方面的权利。①

5. 法国

法国于1999年颁布实施了《公民互助契约》(Pacte Civile de Sdidarité,简称PACS)。PACS是一种完全不同于荷兰伙伴关系模式的立法。有关的重要条款也未纳入民法典的家庭法部分,而是规定在自然人和市民身份的章节中。《公民互助契约》使法国成为全球第一个承认同性伴侣关系的天主教国家。PACS主要包含以下内容:一是互助契约成立的要件:明确只有满18周岁具有完全民事行为能力的成年人才有缔约能力;同时互助契约和婚姻制度一样禁止血亲间乱伦及坚持单一伴侣原则。二是明确互助契约的签订需具备书面形式、申报和登记3个形式要件,即缔结同居伴侣关系要经历一个公开的程序:要在公证员面前签署私人协议,应在法院登记,婚姻成立需提交医疗检查证明,进行结婚公告,举行结婚仪式并制作婚姻证书。PACS允许同性伴侣关系当事人签订一项协议,该协议就成为约束双方伴侣关系的依据。在财产关系方面,明确在缔结互助契约之前双方拥有的财产分属各方所有,在缔结同居伴侣关系后任何一方有偿获得的财产,无约定或相反证明的,所获得财产应当由双方平等分享。此外,缔约一方可以享受另一方的某些社会保障,缔约双方可以共同申报所得税等。PACS并未对收养或亲权作出规定。②

解除程序方面,PACS契约的解除进一步表明了立法者决意与离婚制度相区分的基本思路。PACS法律规定了在4种情况下该契约将告终止:(1)双方合意解除缔约伴侣。双方只需要共同向有管辖权的初审法院书记官递交申请,由后者备案即可。(2)单方提出解除。在双方不能就解除契约关系达成一致时,没有必要像离婚制度规定的那样提出一方有过错的事实,单方可以在任何时候提出解除

---

① 华翼网新闻中心:"西班牙议会通过同性婚姻法",载http://news.ehinesewings.eoln/egi-bin/ii91? id =eqo70ll0033622。访问日期2016年3月8日。

② 熊金才:《同性结合法律认可研究》法律出版社2010年版,第186~188页。

PACS。只要希望提出解约的一方向另外一方递送解约决定，同时向登记法院书记官递交该解约决定的副本，书记官在 PACS 登记簿上记录解约决定，在对方收到解约决定的 3 个月后，PACS 正式被解除。(3)双方或者一方结婚。根据法国政府 1999 年 3 月 8 日的官方公报公布的有关部委批复，基于宪法上的婚姻自由原则，结婚具有使得以 PACS 立即解除的法律效果。这一规定充分的标明立法者对传统的婚姻制度和新生的 PACS 制度之间关系的平衡性秩序设计，引人注目。(4)缔约人死亡。①

6. 德国

2001 年德国《生活伴侣关系法》颁布并实施，该法采用的立法模式在立法技术上类似于英国的伴侣模式，继受了亲属编婚姻法的内容，仅对极少数地方进行了修改和删除，在生活伴侣的身份成立要件、共同生活效力等身份关系方面，与婚姻无实质差别，可准用婚姻法的规定。这个法律主要包含了两个部分：第一，同性伴侣可以在婚姻登记处登记结为生活伴侣，生活伴侣的社会和法律地位与传统异性婚姻类似。第二，修改了 100 多个法律中的相关章节，将登记的同性恋生活伴侣的社会和法律地位落实在具体条文中，同时规定伴侣双方的权利义务与传统异性婚姻一样，同性恋生活伴侣可以共同使用一个姓；互相负有扶养的义务；家庭亲属关系与异性婚姻等同；双方对子女的教育有同等责任与权利；在法庭做证时，有权拒绝作对伴侣不利的证词；分离后有扶养的义务；一方死亡后，伴侣是法定的财产继承人。伴侣相互扶养的义务体现在税法上，即收入高的伴侣每年最多可以将其收入中的 4 万马克转让给收入低的伴侣，这 4 万马克将从收入中减掉，而不必缴纳所得税（异性婚姻没有 4 万马克的限制）。同时，一方失业或丧失收入，另一方要担负起扶养责任。然而，德国政府并没有在纳税和社会福利方面使同性伴侣获得与异性夫妇

① 孙涛："性或非性之民事契约，二人世界共同生活制度的另类演化"，载葛洪义主编：《法律方法与法律思维》第二辑，中国政法大学出版社 2003 年版，第 212～217 页。

一样的权利。

7. 芬兰

2001年10月,芬兰国会以99:84的投票结果通过了注册伴侣法案,允许同性恋者以伴侣身份登记,该法于2002年3月1日起正式生效。根据这一法律,同性恋者在登记注册确定伴侣关系后获得了部分同异性夫妻同等的权利和义务。该法规定了同性恋者登记注册的条件:双方必须年满18周岁,但如果双方有一人是已婚者则不能登记;两人如果有近亲血缘关系也不能进行登记。另外,该法还规定,登记注册的同性恋者只有在一方去世后,或通过法院才能解除双方关系。登记的同性恋者在对方去世后还可以继承其财产,有权领取家庭养老金。但该法不允许同性恋者收养子女,包括互相收养对方子女。①

8. 冰岛

1996年6月27日,冰岛议会通过了同性恋者享有结为同性伴侣关系权利法案,也有人称它为《注册伴侣关系法》,并于同年7月1日起实施。"当时,冰岛同性恋权利运动的领导人欧拉多特指出:这将彻底改变冰岛同性恋伴侣的生活,到目前为止,我们在保险、报税、继承伴侣的遗产方面一直受到不平等的对待。这种不公正,在过去,曾经导致了许多悲剧。冰岛现在站在那些给以同性恋者平等权利和义务的国家的前列"。② 该法规定,成立同性注册伴侣关系的法律效力与缔结婚姻关系的效力相同,但《收养法》有关配偶收养的规定不适用于注册伴侣。有关人工授精及配偶性别的法律法规不适用于注册伴侣。也即不允许注册伴侣人工授精和收养子女;也不得在教堂举行婚礼。除此之外,同性伴侣的权利义务与异性婚姻夫妻的权利义务基本相同,还明确规定同性伴侣一方享有他方在结婚时已有子女的监护权。

---

① 王菁:《同性婚姻立法比较研究》,武汉大学2005年硕士论文,第17页。

② 王菁:《同性婚姻立法比较研究》,武汉大学2005年硕士论文,第17页。

9. 瑞典

瑞典的《注册伴侣关系法》于 1994 年颁布、1995 年 1 月 1 日开始施行。该法明确规定了同性恋者注册为同性伴侣的条件，即 18 周岁以上不属于法律禁止之亲等的同性二人，至少有一方是瑞典公民，便可依照瑞典法律注册为伴侣关系。同性恋之间要登记为同性伴侣的程序，要求有地方法院法官或地方行政管理机构主持方可成立。伴侣关系的解除因一方死亡或法院裁定而解除。该法还规定了注册伴侣关系与异性婚姻具有相的法律效力，但是在人口再生产方面限制了同性注册伴侣没有体外授精或者人工授精的权利，监护权的国际相关法律关系和收养方面的规定也受到限制。此外明确基于婚姻的性别基础而赋予异性婚姻配偶的特殊待遇的法规也不适用于注册伴侣。

（三）中国的变化

（1）同性性行为非罪化。我国 1997 年《刑法》取消了 1979 年《刑法》第 6 章第 160 条的"流氓罪"条款。尽管法律上没有明确同性恋行为就是"流氓罪"，但当时大部分地方的司法审判是按"流氓罪"来惩罚同性恋行为的。1991～1992 年在上海对同性恋情况进行的调查显示：因同性性行为，11.3% 的同性恋者受到批评教育，6.29% 的受过拘留和劳教，4.6% 的人受过行政处分，1.5% 的人受过刑事处罚。[①] 新《刑法》取消"流氓罪"，同性性行为与异性性行为一样，只有在聚众淫乱的情况才认定为犯罪。这一修改被很多人认为是同性恋在中国非罪化的标志，但与此同时，同性间的性侵犯也因此失去了适用刑罚的依据。

我国民事法律中同样也没有关于同性恋的法律规定，对同性恋的法律态度大多都反映在司法实践环节中。比如，在离婚案件中，同性恋常被配偶认为是对个人的侮辱和欺骗，是导致婚姻破裂的主要

① 资料来源：http://bbs0.houSe.Sina.com.cn/ambult－1533244－1.html 访问日期 2016－03－23.

因素，这种意见在实践中很容易获得支持。同性恋因而成为一种过错，在财产分割上少分或不分，在子女抚养问题上也处于不利的地位，并且法院还会通过判决或调解的方式让同性恋者给予对方经济赔偿。民事司法中对待同性恋的态度还可以从名誉侵权案件中得到反映。1999 年，某歌厅经理因为方刚在《同性恋在中国》一书中将其描写成一个同性恋者，多处描写与其身份、职业、年龄和特征一致，因而受到亲友的猜忌、责难和疏远，故该歌厅经理以名誉权受侵害之由起诉要求方刚赔礼道歉并赔偿精神损失 6 万元。方刚辩称其写此书的目的是对同性恋表示同情，没有贬低的意思，同性恋仅仅是一种个人生活方式的选择，不是不道德的，也不是犯罪，因此称一个人为同性恋不构成侮辱、诽谤，不能认为被告侵害了原告的名誉权。一审法院认为：公民的名誉权受法律保护，同性恋目前在中国被认为是一种性变态行为，不被公众接受。被告将原告写成同性恋者，已构成对原告名誉权的侵害。方刚不服提出上诉，二审法院（北京市第一中级人民法院）在陈述理由时没有继续使用“同性恋被认为是性变态”的字眼，但仍认为构成名誉权侵害。这一案例反映了一般社会观念对法律适用的影响，也就是说，尽管法律上并没有关于同性恋的任何明确规定，但这不意味着没有规定便没有法律上的态度。① 北京市第一中级人民法院在这起涉及同性恋名誉权案件的终审判决中，撤销了一审判决中“同性恋目前在中国被认为是一种性变态行为，不被公众接受”的判词，被认为是从司法审判的角度第一次为同性恋“平反”。

（2）同性恋的去病化。2001 年 4 月 20 日，第三版《中国精神障碍分类与诊断标准》将“同性恋”分为自我认同型和自我不和谐型，前者被从精神疾病名单中剔除，实现了中国同性恋非病理化。

（3）学者公开提案，建议同性婚姻合法化。中国著名的社会学家李银河博士曾经两次试图向人大提交同性婚姻合法化的提案，但由于收集不到足够的签名而失败。2006 年李银河又向中国人民政治

① 王森波：《同性婚姻法律问题研究》，复旦大学 2011 年博士论文，第 121～122 页。

协商会议提案。全国政协新闻发言人吴建民表示,同性婚姻在中国仍太超前。虽然李银河的多次提案均以失败告终,但是她的坚持和努力让越来越多的人关注到同性恋群体,也有越来越多的学者从不同的角度研究同性婚姻合法化这一课题,这为同性婚姻合法化提供了理论前提。

(4)公众对同性恋的态度渐趋宽容。1997 年之前,同性恋者在我国是属于“看不见的群体”。媒体没有关于同性恋的公开报道,社会大众基本上是“谈同色变”。但从 2000 年开始,同性恋话题开始出现在媒体上。如 2000 年 12 月 20 日湖南卫视“有话好说”栏目举办了“走进同性恋”节目,邀请专家学者与观众共同探讨同性恋的话题。2004 年 12 月 1 日,广州电视台举办了“同性恋者的平常生活”节目,引导观众正确认识同性恋。2004 年 12 月 2 日,中央电视台“央视论坛”栏目举办了“同性恋:回避不如正视”节目,引导公众摆脱对同性恋者的漠视、歧视态度。这些节目都本着“增进社会对同性恋的了解,推进社会对同性恋态度的转变,推进同性恋者权益的保障”为宗旨,对同性恋的状态、生活进行了立体真实的展示。与媒体的报道相应,国人对同性恋的态度也渐趋宽容。据报道,20 世纪 90 年代,支持同性恋的大学生比例仅为 8% 。2002 年,中南大学湘雅医学院调查显示,认可同性恋和同性性行为的受访者仅为 10% 。而刘电芝等 2004 年的研究表明,已有 18% 的大学生对“同性恋倾向”在观念上持接受的态度,42% 的学生对同性恋表示宽容和理解。张龙杰2005 年的调查也表明,41.4% 的大学生表示认可同性恋,对同性恋持宽容和理解的态度。[①] 这些调查显示,中国社会对同性恋的态度渐趋宽容,同性恋活动也渐渐从“地下”转入“地上”,同性恋者的权利诉求也开始日益高涨。

---

① 中央电视台:中国同性恋状况调查,http://news.cctv.com/vote/see8934.shtml,2007 -12 -25。访问日期为 2016 -03 -29。

六、中国同性婚姻合法化的立法选择与制度设计

（一）关于同性婚姻立法的争论

自从同性恋问题引起我国有关学者的关注以来，就不乏关于是否应该将同性婚姻合法化的讨论。著名社会学家李银河是同性恋问题研究领域的专家，她深入同性恋群体，了解他（她）们的生活状况和内心需求，并率先将外国有关同性恋的研究成果引入国内，以供国内学者研究学习。在2000年8月31日，北京部分婚姻法专家、社会学家、法律工作者，就婚姻法修改问题中的热点问题召开了研讨会。会上，李银河提出了关于考虑同性婚姻的建议。她认为，同性恋者是具有各项权利的公民，他们有结婚的要求，这些要求与他们作为公民的权利没有冲突，应该得到承认。她当时提出两个方案，一是修改婚姻法的个别字句，以配偶（性别不论）代替婚姻法中的夫妻概念，使婚姻法包含同性婚姻内容；另一个方案是制订专门的同性婚姻法案。① 为此，从2003年开始，李银河多次在全国两会期间向全国人大提交关于同性婚姻合法化的提案，但均以失败告终。但是她的坚持和努力让越来越多的人关注到同性恋群体，也有越来越多的学者从不同的角度研究同性婚姻合法化这一课题。笔者个人认为，李银河教授提出的方案在目前的中国难以实现，因为将同性伴侣的结合冠以“婚姻”之名，挑战中国大众的传统婚姻伦理观，难以被人们接受。如果操之过急，试图一步到位将同性恋者纳入到婚姻的视野里，容易引起人们对同性恋群体的敌视情绪，反而不利于同性婚姻保护目的的实现。

夏吟兰教授建议制定“同居关系法”。夏教授认为制定“同居关系法”，将同性同居者也包括进来。② 夏吟兰教授的提法非常巧妙，

---

① 李银河：“中国同性婚姻提案草案”，载http://blog.sina.com.cn/u/473d5336010000u9.

② 轩辕杨子：“法学专家热议婚姻法热点问题”，载《西安日报》2009年11月22日，第002版。

将同性同居置于和异性同居一样需要法律规制的地位,这是一种低调折衷的选择,也许更有利于同性婚姻合法化的实现。杨大文教授对同性恋者同意在法律上给以宽容,但认为几千年来,婚姻制度就是为一男一女结合而设的,如果打破这个传统,婚姻就不是现在的婚姻了。所以,不同意在法律上承认同性婚姻。龙翼飞教授认为,《婚姻法》不会为同性婚姻单独设置新的规则,因为对社会成员财产权利或者人身权利的保护,在不同法律中都有规定。如两个同性在一起相互帮助,一起生活,继承法中规定,法定继承人外的其他人对被继承人尽过较多的照顾义务,可以分割一部分遗产,这就解决了继承的问题。关于相互生活中的问题,民法通则中有委托代理,涉及某些社会公众都接受的人身权利、财产权利的保护,在其他法律中都有规定。[①]这种观点基本上是不赞成同性婚姻合法化的,这既与同性恋的权利诉求不符,也与世界同性恋立法趋势相背太远。而李霞教授认为,我国可以考虑登记伴侣立法模式,即类似于英国的同性伴侣登记制度。她认为该制度可以为同性伴侣创立一种不同于婚姻的法律身份,既保护了同性恋者的权益也避免了对传统婚姻制度造成巨大的冲击,是较符合我国国情的模式选择。她同时指出,法国的 PACS 模式,一则没有赋予同性伴侣法律上的身份,即没有为同性恋者"正名";二则该模式将伴侣关系契约化,不符合我国不把身份关系契约化的习惯;三则法律程序复杂,不利于该制度的有效实施,所以,该模式不符合我国国情,不应该采用。[②] 李霞教授对同性婚姻立法模式的选择及其理由,较之上述两种立法模式的选择意见,既客观面对了中国传统婚姻伦理观对同性婚姻合法化的巨大阻力,又切实保护了同性同居者的利益。可以说,采用同性伴侣模式,只是没有用"婚姻"之名,但却实现了"同性婚姻保护"之实,是实现同性婚姻合法化模式目标的一

---

① "修改婚姻法热门话题再聚焦",载《中国青年报》2000 年 9 月 4 日。

② 参见李霞:"论同性婚姻合法化",载夏吟兰、龙翼飞、张学军主编:《婚姻法学专题研究》(2007 年卷),中国人民公安大学出版社 2008 年 9 月第 1 版,第 301~302 页。

个较稳妥的步骤。

（二）同性婚姻立法模式的选择

考察世界各国既有的法律文本。同性恋成文法的立法模式主要有以下三种：

一是给予同性结合以“婚姻”的法律地位，不仅给予同性婚姻和异性婚姻高度相似的法律保障，而且法律身份也是一样的，这种结合与传统婚姻具有相同的名字：婚姻（marriage）。如荷兰、比利时、西班牙、加拿大的婚姻模式。这些国家均通过修改婚姻的定义，改变了传统的婚姻只限于“异性结合”的概念，是一种大胆超前的挑战传统婚姻理念及社会集体意识的立法模式。婚姻模式更加突出体现了尊重个人自由选择及平等对待每一个人的价值理念。[①]

二是创设一种新的法律身份，如同性伴侣、民事伴侣、公民结合或家庭伴侣等，这是目前绝大多数承认同性伴侣关系的国家所采取的立法形式，只是各国所使用的名称不完全相同，如英国的同性伴侣模式、德国的生活伴侣模式、北欧的丹麦、瑞典、挪威、冰岛的注册伴侣模式。在具体的立法上，一些国家的登记伴侣关系已基本等同于或接近于婚姻关系，除部分基于生物基础的亲权问题之外，与传统婚姻上的权利义务并无不同。但也有些国家的登记伴侣的权利义务与婚姻相比还有很大的差别，尤其是在收养问题上差异较大，大部分登记伴侣关系形式的立法都是针对同性伴侣的专门立法。无论具体的立法有怎样的差异，这种立法模式的共同特征是除着眼于解决同性共同生活关系上所面临的问题外，更注重权益上与婚姻的平等对待，因而更多地反映了伴侣关系上的共同利益。因而在很多人眼里，这种立法模式属于一种准婚姻关系，在社会还无法将同性关系视为婚姻关系的情况下，[②]它只不过是一种“介于同性恋的企求与主流社会

---

① ［美］德沃金：《认真对待权利》，广西师范大学出版社 2003 年版，第 178 页。

② 王森波：《同性婚姻法律问题研究》，复旦大学 2011 年博士论文，第 112 页。

现在意愿的许可之间妥协的产物”。①

三是互助关系模式。这种模式是并不创设新的法律身份，而是通过特殊的法律程序，保护同居者之间的协议，通过保护个人之间的协议，达到权利保护的目的，如法国的 PACS。这种立法模式并未赋予共同生活关系双方明确的身份地位，也没有强调共同关系上的共同利益，双方之间的关系除了相互扶助问题上的权利义务以及关系成立的条件等问题经由法律规定外，其他方面的权利义务关系主要是通过双方约定方式来进行的，甚至有些国家如法国在法律上直接明确了这种关系的特殊契约性质。可以说，这种立法模式更多地尊重和体现了关系双方的个人意愿，关系的解除与婚姻相比也更为自由。这种模式下法律保护的只是同性恋者之间的契约，它为不同性倾向的同性恋者提供了一个可行的选择，为同性恋者建立相对稳定的共同生活关系提供了法律保障，有助于消除歧视，推进同性恋者权益保护制度的发展。

不同的立法模式的选择取决于社会对同性恋问题的基本态度和接受程度，同时同性结合的法律认可程度也具有显著的民族性特征。不同国家或地区基于其社会发展状况的不同而采用不同的法律认可模式，甚至在同一立法模式下，权利义务的规定也存在一定的差异。综合而言，同性伴侣模式为同性结合者创设了一种与传统婚姻之“配偶”身份相对应的伴侣身份，实现了同性婚姻结合与异性婚姻形式上的区分而实质上的平等，较好地平衡了同性恋平权诉求与维护传统婚姻家庭制度之间的矛盾；而婚姻模式简便，而且剔除了婚姻的性别限制，将婚姻无区别地适用于同性婚姻与异性婚姻，将二者统一纳于婚姻法的一体调整，从立法形式至实质层面实现了同性婚姻与异性婚姻的平等，引发了人们对婚姻传承与价值的深层思考；而互助关系模式未在身份上认同同性结合，而是在搁置身份的前提下赋予同性

---

① ［德］M. 克斯特尔：“欧洲同性恋立法动态的比较考察”，载《比较法研究》2004年第2期。

结合者部分权利和保障。但由于立法形式简单、身份缺失以及权利保障的有限性,只能视为同性恋权益保障的过渡性制度,是介于同性恋平权诉求与主流社会现实之间妥协的产物,不具有长久性。

就中国目前同性恋者的社会环境而言,在立法上承认同性婚姻,的确如全国政协发言人吴建民所说过于超前,有可能不仅不能解决同性恋者所面临的现实问题,反而会因此激发起新的社会矛盾。但我国目前在同性恋问题上,又的确面临着不得不解决的问题,还需将同性关系纳入法律的轨道。基于此,目前应考虑一种相对接近传统的低调的处理方式,可以选择"同性伴侣"的模式。伴侣模式承认同性结合与异性婚姻存在的差距,侧重的是同性恋者的权益保障,这种模式兼顾了婚姻家庭的历史文化传承,缓解了同性结合法律认可支持者与反对者之间的冲突,有助于降低执法成本,缓解社会矛盾,良好的实现文化传承与革新、自由与秩序、道德与法律、同性恋个人利益与国家或社会利益的结合,与我国的文化更有契合性。通过伴侣模式的立法赋予共同生活的同性恋者享受到异性恋者在婚姻关系上所享受到的各种权益,既能够解决同性恋者的权益享有问题,也能很好地解决社会个体权利平等的问题。

(三)同性伴侣

1. 同性伴侣的成立要件

此处所讲的"同性伴侣"特指同性二人之间长期稳定的共同生活关系,不包括异性间的同居关系,也不包括未经合法程序而生活在一起的短期不稳定的同性二人间的共同生活关系。①

同性伴侣关系的成立可以参照《婚姻法》有关婚姻成立的条件来确定,应包括实质要件和形式要件:

(1)实质要件。实质要件包括必备要件和禁止要件:

①必备要件包括三点:A. 性别要求。要求伴侣双方性别相同;B. 年龄要求。双方都已达到法定最低年龄,可以参照我国《婚姻法》

① 熊金才:《同性结合法律认可研究》,法律出版社2010年版,第278页。

第6条之规定，即男同性伴侣的结合年龄不得低于22周岁，女同性伴侣的结合年龄不得低于20周岁；C. 缔结同性伴侣的同性二人必须双方完全自愿。

②禁止条件：A. 同性伴侣双方皆无配偶或与他人有伴侣关系；B. 有以下亲属关系的不得缔结同性伴侣关系：兄弟或姐妹（包括全血缘或半血缘）、伯叔与侄子、舅与外甥、姑与侄女、姨与外甥女；C. 患有医学上认为不宜缔结同性伴侣关系的疾病者不得缔结同性伴侣关系；D. 为了维护公序良俗，具有直系姻亲或类似直系姻亲关系的同性之间，即使姻亲关系已经解除或者直系姻亲的配偶死亡的情况下，也不得登记成为同性伴侣。如一个男性与前妻的父亲之间、一个男性与前同性伴侣的父亲之间、一个男性与其女儿的前夫之间、一个男性与儿子的前同性伴侣之间、一个女性与前夫的母亲之间、一个女性与前同性伴侣的母亲之间、一个女性与其儿子的前妻之间、一个女性与其女儿的前同性伴侣之间。

（2）形式要件。申请登记伴侣关系的当事人应当到登记机关办理登记手续，否则不能产生伴侣关系的法律效力。笔者建议同性伴侣制度的登记机关应与婚姻登记机关相同，为双方或一方户口所在地的民政部门。这样规定，一方面能节省重新配备工作人员所需的资源，同时也有利于登记机关对同性伴侣者是否存在异性婚姻进行审查，也为日后我国同性婚姻与异性婚姻的统一管理打下坚实基础。

2. 同性伴侣的身份效力

同性伴侣在身份上的效力与婚姻无异，伴侣双方在民事伴侣关系中均享有诸如配偶权、姓名权、人身自由权、平等权、住所选定权、同居的权利和义务、日常家事代理权、亲属姻亲关系、未成年子女的监护权等，伴侣之间有相互扶养、相互忠诚的义务，同性配偶享有领养小孩的权利。不同的只有一点，根据国家政策和婚姻法的规定，夫妻双方都有实行计划生育的义务，而同性伴侣不能自然孕育子女，故无此义务。

3. 同性伴侣的财产效力

我国现行《婚姻法》规定的夫妻财产制是以法定财产制为主，以约定财产制为补充。法律对于同性伴侣财产制的规定，相较于夫妻财产制，宜多给予自由的空间，以强调同性伴侣对于彼此自我负责的能力。因而我国对伴侣之间的财产关系，只对基本问题予以规定：第一，伴侣双方可以约定财产所有权的归属，没有约定或约定不明的，使用异性婚姻的法定共同财产制；第二，伴侣双方互为第一顺位继承人，有相互继承遗产的权利；第三，伴侣双方有相互扶养的义务，一方不履行扶养义务时，需要扶养的一方，有权要求对方给付抚养费；第四，同性伴侣一方死亡后；另一方有权获得抚恤金等社会保障。

4. 对第三人的法律效力

同性伴侣就其财产与第三人的效力方面，与现行《婚姻法》的规定应当一致，即只有第三人知道伴侣财产约定的才能对该第三人产生对抗效力，否则该财产契约只在伴侣关系内部有效，对外不产生对抗效力。对于第三人是否知道伴侣关系的财产约定而发生争执时，配偶一方对此负有举证责任。

5. 伴侣关系的终止及效力

(1)伴侣关系的终止：引起伴侣关系终止的法律事实有两种：一是伴侣一方死亡。因一方伴侣自然死亡、宣告死亡的，同性伴侣关系自动解除；二是双方解除伴侣关系。

(2)解除伴侣关系的形式：又有两种情形，一是双方协议解除；二是一方要求解除伴侣关系另一方不同意的，只能通过诉讼解除。

对于伴侣一方死亡和协议解除伴侣关系的情形，依据的是死亡的事实或者双方个人主观意愿，与婚姻的解除一样。但对于诉讼解除伴侣关系的情形，在伴侣法上对于判决解除的标准应当和婚姻有所区别，以彰显法律对传统婚姻家庭的保护。区别主要有以下两个方面：一是解除伴侣关系无须经调解程序；二是解除伴侣关系可不去探究感情是否确已破裂，而是依据申请解除伴侣关系的声明经过一定的期间,法院得判决解除伴侣关系。伴侣关系解除后,双方基于身份上的权利义务即行消灭,当事人双方都可以重新缔结同性伴侣关系;对于双方的财产归属,有约定的按约定,没有约定的按照婚姻法中关于异性婚姻的财产制进行分割。

附1 《大清民律草案》（亲属编）

第四编 亲　属

第一章 通　则

第一千三百十七条 本律称亲属者如下：

一、四亲等内之宗亲；

二、夫妻；

三、三亲等内之外亲；

四、二亲等内之妻亲。

父族为宗亲，母族及姑与女之夫族为外亲，妻族为妻亲。

第一千三百十八条 亲等者，直系亲从己身上下数，以一世为一亲等，旁系亲从己身或妻，数至同源之祖若父，并从所指之亲属，数至同源之祖若父，其世数相同，即用一方之世数；不相同，从其多者以定亲等。

凡己身或妻所从出或从己身所出者，为直系亲；非直系亲而与己身或妻出于同源之祖若父者，为旁系亲。亲等应持之服，仍依服制图所定。

第一千三百十九条 妻于夫之宗亲、外亲，其亲属关系均与夫同。

第一千三百二十条 嗣子从承继日起，其亲属关系，与所嗣父母之亲生者同。

子于继母、嫡母之亲属关系，与其所亲生者同。

第一千三百二十一条 亲属彼此，互有同一亲等之关系。

第一千三百二十二条 由婚姻或承嗣而生之亲属关系，于离婚或归宗时即解销。

第二章 家 制

第一节 总 则

第一千三百二十三条 凡隶于一户籍者，为一家。

父母在，欲别立户籍者，须经父母允许。

第二节 家长与家属

第一千三百二十四条 家长，以一家中之最尊长者为之。

第一千三百二十五条 最尊长者，于不能或不愿管家政时，由次长者代理之。

第一千三百二十六条 一家中尊辈尚未成年时，由成年之卑辈代理之。

第一千三百二十七条 家政统于家长。

第一千三百二十八条 与家长同一户籍之亲属，为家属。

第一千三百二十九条 异居之亲属欲入户籍者，须经家长允许。

第一千三百三十条 家属以自己之名义所得之财产，为其特有财产。

第一千三百三十一条 家长家属，互负扶养之义务。

第三章　婚　　姻

第一节　婚姻之要件

第一千三百三十二条　男未满十八岁者，女未满十六岁者，不得成婚。

第一千三百三十三条　同宗者，不得结婚。

第一千三百三十四条　在本律规定之亲属范围内，不得结婚。但外亲或妻亲中之旁系亲，其辈分同者，不在此限。

前项规定，于第一千三百二十二条亲属关系解销后，不得结婚。

第一千三百三十五条　有配偶者，不得重婚。

第一千三百三十六条　女从前婚解销或撤销之日起，非逾十个月不得再婚。若于十个月内已分娩者，不在此限。

第一千三百三十七条　因奸而被离婚者，不得与相奸者结婚。

第一千三百三十八条　结婚须由父母允许。

继母或嫡母故意不允许者，子得经亲属会之同意而结婚。

第一千三百三十九条　婚姻于呈报于户籍吏，而生效力。

第一千三百四十条　违一千三百三十二条至第一千三百三十八条之规定而结婚者，户籍吏不得受理其呈报。

第二节　婚姻之无效及撤销

第一千三百四十一条　婚姻之无效，以开列于下者为限：

一、当事人无结婚之意思；

二、不为第一千三百三十九条之规定之呈请者。

第一千三百四十二条　婚姻惟依后三条所规定，始得向审判厅呈报撤销。

第一千三百四十三条　婚姻违背第一千三百三十二条第一千三百三十六条所规定者，得由当事人及其亲属或检察官撤销之。第若违背第一千三百三十五条者，前夫亦得撤销之。

第一千三百四十四条　婚姻违一千三百三十八条所规定者，惟有允许权者得撤销之。

第一千三百四十五条　因诈欺或胁迫而婚姻者，惟当事人得撤销之。

第一千三百四十六条　以上之撤销权，以六个月为限。

前项期限，在第一千三百四十三条，除所称第一千三百三十二条、第一千三百三十五条外，从知有婚姻时起。

在第一千三百四十四条，从有允许权者知有婚姻时起，在第一千三百三十五条，从发现胁迫或免离诈欺时起。

第一千三百四十七条　第一千三百四十三条所称违第一千三百三十二条而生之撤销权，至年龄及格时消灭。

第一千三百四十三条所称违第一千三百三十七条而生之撤销，自前婚解销或撤销之日起，经十个月或已分娩者，即行消灭。

第一千三百四十八条　第一千三百四十四条之撤销权，于六个月内经有允许权者追认其婚姻，或成婚已逾二年者即消灭。

第一千三百四十五条之撤销权，于六个月内经当事人追认其婚姻者，即消灭。

第一千三百四十九条　婚姻撤销之效力，不追溯既往。

当事人与成婚时，不知存有撤销之原因，其因婚姻而得之利益，惟以现存者为限，须归还相对人。若知存有撤销之原因，须归还所得利益之全部。如彼造善意者，并任损害赔偿之责。

第三节　婚姻之效力

第一千三百五十条　夫须使妻同居，妻负与夫同居之义务。

第一千三百五十一条　关于同居之事务，由夫决定。

第一千三百五十二条　夫妻互负扶养之义务。

第一千三百五十三条　妻未成年时，其监护人之职务由夫行之。

第一千三百五十四条 夫妻间所订立之契约，在婚姻中各得撤销之。但不得害及第三人之权利。

第一千三百五十五条 妻于寻常家事，视为夫之代理人。

前项妻之代理权，夫得限制之。但不得与善意第三人对抗。

第一千三百五十六条 由婚姻而生之一切之费用，归夫担负。但夫无力担负者，妻担负之。

第一千三百五十七条 夫妇于成婚前，关于财产有特别契约者，从其契约。

前项契约，须于呈报婚姻时登记之。

第一千三百五十八条 妻于成婚时，所有之财产及成婚后所得之财产，为其特有财产。但就其财产，夫有管理使用及收益之权。夫管理妻之财产，显有足生损害之虞者，审判厅因妻之请求，得命其自行管理。

第四节 离 婚

第一千三百五十九条 夫妻不相和谐而两愿离婚者，得行离婚。

第一千三百六十条 前条之离婚，如男未及三十岁，或女未及二十五岁者，须经父母允许。

第一千三百六十一条 第一千三百三十九条之规定，于两愿离婚时准用之。

违前条规定而离婚者，户籍吏不得受理其呈报。

第一千三百六十二条 夫妇之一造，以下列情事为限，得提起离婚之诉：

一、重婚者；

二、妻与人通奸者；

三、夫因奸非罪被处刑者；

四、彼造故谋杀害自己者；

五、夫妇之一造受彼造不堪同居之虐待或重大之侮辱者；

六、妻虐待夫之直系尊属或重大侮辱者；

七、受夫直系尊属之虐待或重大侮辱者；

八、夫妇之一造以恶意遗弃彼造者；

九、夫妇之一造逾三年以上生死不明者。

第一千三百六十三条 夫妇之一造于彼造犯前条第一款至第三款之行为，同意在前者，不得提起离婚之诉。

第一千三百六十四条 因第一千三百六十二条第一款至第八款所列情事而有主诉离婚权之人，须于明知离婚之事实时起，于六个月内呈诉之。若离婚原因事实发生后，已逾十年者，不得呈诉。

第一千三百六十五条 因第一三百六十二条第八款之情形，于生分死明后，不得呈诉离婚。

第一千三百六十六条 两愿离婚者，离婚后子之监护，由父任之。未及五岁者，母带任之。若订有特别契约者，按其契约。

第一千三百六十七条 呈诉离婚者离婚后，子之监护，准用前条之规定。但审判衙门得计其子之利益，酌定监护之人。

第一千三百六十八条 两愿离婚者于离婚后，妻之财产仍归妻。

第一千三百六十九条 呈诉离婚者，得准用前条之规定。但依第一千三百六十二条，应归责于夫者，夫应暂给妻以生计程度相当之赔偿。

第四章 亲　子

第一节 亲　权

第一千三百七十条 亲权，由父或母行之。

第一千三百七十一条 行亲权者，为继母或嫡母时，准用一千四百十七条、一千四百二十一条、一千四百二十二条之规定。

第一千三百七十二条 行亲权之父母，须护养并教育其子。

第一千三百七十三条 子须于行亲权之父或母所指定之处，定其居所。

第一千三百七十四条 行亲权之父母于必要范围内，可亲自惩戒其子，或呈请审判衙门送入惩戒所惩戒之。

审判衙门定惩戒时期，不得逾六个月，但定有时期后，其父或母仍得请求缩短。

第一千三百七十五条 子营职业，须经行亲权之父或母允许。

第一千三百七十六条 子之财产，归行亲权之父或母管理之。关于其财产上之法律行为，由行亲权之父或母为之代表。

第一千三百七十七条 子为人承嗣者，所嗣父母行其亲权。

第一千三百七十八条 行亲权之母，于再嫁后，不得行其亲权。

第一千三百七十九条 行亲权之父母，于女出嫁不得行其亲权。

第二节 嫡 子

第一千三百八十条 妻所生之子，为嫡子。

第一千三百八十一条 嫡子，以妻之受胎时期在婚姻有效中，并夫于受胎时期内，曾与妻同居者，推定之。

第一千三百八十二条 从子出生日，回溯第一百八十一日起至第三百二日止，为受胎时期。

受胎时期，有与前项异者，若能证明事实，以其时期为受胎时期。

第一千三百八十三条 第一千三百八十一条之推定若事实与之相异者夫得不认之。

第一千三百八十四条 前条之不认，夫须提起诉讼。

第一千三百八十五条 不认之诉，自夫知子之出生时起，于一年内为之。

第一千三百八十六条 经夫承认为嫡子后，不得撤销。

第三节 庶 子

第一千三百八十七条 非妻所生之子，为庶子。

第一千三百八十八条 第一千三百八十一条至一千三百八十六条之规定，关于庶子，亦准用之。

第一千三百八十九条 妻年龄逾五十无子者，夫得立庶长子为嫡子。

第四节 嗣 子

第一千三百九十条 成年男子已婚无子者，得立宗亲中亲等最近之兄弟之子，为嗣子。亲等相同，由无子者择定之。

若无子者不欲立亲等最近之人，得择立贤能或所亲受者，为嗣子。

第一千三百九十一条 无前条宗亲亲属，或虽有而不能出嗣，或不欲立其为嗣者，无子者得择立同宗兄弟之子，为嗣子。

若无子者不欲立同宗兄弟之子，得由其择立下列各人为嗣子：

一、姊妹之子；

二、婿；

三、妻兄弟姊妹之子。

第一千三百九十二条 遇有下列各款情形，得准用前二条之规定，为无子而死亡者立嗣子：

一、成年者；

二、未成年未婚而出兵阵亡或独子夭亡，而宗亲内无应为其父之嗣子者；

三、未成年已婚而其妻孀守者。

第一千三百九十三条 独子不得出为嗣子，但兼祧者不在此限。

第一千三百九十四条 出为嗣子者，须经父母同意。无父母者，须经直系尊属同意。

年在十五岁以下出为嗣子者，得由其父母代为允许。

嫡母、继母，非得亲属会同意，不得为出嗣之允许。

第一千三百九十五条 依第一千三百九十二条规定，立嗣子时，若死亡者有妻，由其妻行之。无妻由其直系尊属或家长或亲属合行之。

以遗嘱择立嗣子者，从其遗嘱。

第一千三百九十六条 出嗣，自报名户籍吏登记之日，发生效力。

第一千三百九十七条 违背第一千三百九十条至一千三百九十二条规定者，所嗣父母嗣子，或所嗣父母嗣子之法定代理人、家长或利害关系人，得声请审判衙门撤销之。

违背第一千三百九十三条及第一千三百九十四条第一项规定者，嗣子之本生父母或直系尊属得撤销之。

违背第一千三百九十四条第三项规定者，嗣子或亲属会得撤销之。

第一千三百九十八条 违背第一千三百九十条规定，未成年未婚而立嗣子者，其有撤销权人之撤销权，自立嗣者子成年或成婚而消灭。

违背第一千三百九十四条第一项规定者，其父母或直系尊属之撤销权，自知其出嗣日起，适六个月而消灭。自登记之日起，逾两年者，亦同。

第一千三百九十九条 遇有下列各款情形，所嗣父母得请求以其嗣子归宗：

一、嗣子不孝有据者；

二、嗣子行为放荡，足为家门之玷者；

三、嗣子逃亡三年不归者；

四、嗣子生死不明在三年以上者。

第一千四百条 遇有下列各款情形，嗣子得请求归宗：

一、所嗣父母虐待不堪者；

二、所嗣父母生有男子，而本生父母无男子者。

前项请求，若嗣子在十五岁以下，由其本生父母或直系尊属行之。

第一千四百零一条 归宗，须由请求者请开亲属会议决之。

第一千四百零二条 第一千三百九十六条规定，于归宗准用之。

第五节 私生子

第一千四百零三条 由苟合或无效之婚姻所生之子，为私生子。

第一千四百零四条 私生子经父认领，始为父之私生子。父于认领后，不得撤销。

前项之认领，须呈报与户籍吏。

第一千四百零五条 父虽为无能力人，亦得不经法定代理人之允许，而认领私生子。

第一千四百零六条 认领私生子之效力，溯及出生时。但不得害及第三人已得之权利。

第一千四百零七条 私生子或其他利害关系人，得举反对之事实，呈请撤销其认领。

第一千四百零八条 私生子及其法定代理人，得据事实请求其父认领。

第一千四百零九条 经父认领之私生子，父与其母成婚后，即为嫡子。成婚后认领者，从认领时起，为嫡子。

第七章 扶养之义务

第一千四百五十条 凡直系宗亲及兄弟姊妹，互负扶养之义务。妻之父母及婿，亦同。

第一千四百五十一条 负扶养义务者有数人时，须依下列之次序而履行义务：

一、直系卑属；

二、夫或妻；

三、家长；

四、直系尊属；

五、兄弟姊妹；

六、家属；

七、妻之父母及婿。

同系直系尊属或直系卑属者，以亲等最近者为先。

第一千四百五十二条　同一亲等之负扶养义务者有数人时，须准其资力，分担义务。

第一千四百五十三条　受扶养权利者有数人时，负扶养义务者，须依下列次序扶养之：

一、直系尊属；

二、夫或妻；

三、直系卑属；

四、家长或家属；

五、兄弟姊妹；

六、妻之父母及婿；

第一千四百五十一条第二项之规定，于前项情形准用之。

第一千四百五十四条　同一亲等之受扶养权利者有数人时，各准其需要，而受扶养。

第一千四百五十五条　负扶养之义务人，以有扶养之资力者为限。

第一千四百五十六条　受扶养之权利人以不能自存者为限，但第一千四百五十三条第四款及第六款所列各人，因过失致不能自存者，无受扶养之权利。

第一千四百五十七条　扶养之程度，以受扶养权利者之需要，及负扶养义务者之资力为准。

第一千四百五十八条　扶养之方法，得由负扶养义务者定之。但有正当之事由时，审判衙门得因受扶养权利者之呈请，定扶养之方法。

第一千四百五十九条 扶养之权利义务，因受扶养权利人或负扶养义务人之死亡而消灭。

受扶养权利人死亡时，其承继人不能支付丧葬费用者，由负扶养义务者任之。

附2　北洋政府的《民国民律草案》（亲属编）（1926）

第四编　亲　　属

第一章　总　　则

第一千零五十五条　本律称亲属者如下：

一、四亲等内之宗亲；

二、夫妻；

三、三亲等内之外亲；

四、二亲等内之妻亲。

父族为宗亲，母族及女子之出嫁族为外亲，妻族为妻亲。

第一千零五十六条　亲等者，直系亲从己身上下数，以一世为一亲等。旁系亲从己身或妻，数至同源之祖若父，并从所指之亲属，数至同源之祖若父，其世数相同，即用一方之世数；不相同，从其多者以定亲等。

凡己身或妻所从出或己所出者，为直系亲；而与己身或妻出于同源之祖若父者，为旁系亲。

第一千零五十七条 妻于夫之宗亲、外亲，其亲属关系均与夫同。

第一千零五十八条 嗣子或养子从承嗣或为人养子日起，其亲属关系，与所嗣父母或养亲之亲生者同。

第一千零五十九条 子于嫡母、继母之亲属关系，与其所亲生者同。

第一千零六十条 亲属彼此，互有同一亲等之关系。

第一千零六十一条 由婚姻而生之亲属关系，于离婚或再醮时消灭。

第一千零六十二条 由承嗣或养子而生之亲属关系，于归宗或解除养子关系时消灭。

嗣子或养子之妻，直系卑属及直系卑属之配偶人，以在嗣子归宗或养子关系解除时随而离去者为限，其与嗣家或养家之亲属关系消灭。

第二章　家　　制

第一节　总　　则

第一千零六十三条 凡隶于一户籍者，为一家。

父母在，欲别立户籍者，须经父母允许。

第一千零六十四条 有下列情形之一者，得自别立户籍；

一、不知谁何之子，无家可隶者；

二、私生子不得入父家或母家者；

三、出籍者；

四、应复籍而不得复籍者。

第一千零六十五条 依前条规定，新立一家者，得废其户籍，改隶他家户籍。

第一千零六十六条 废原有户籍后，复出籍另立一家者，应回复其废籍。

第一千零六十七条 依一千零六十三条第二项规定别立户籍者，如经父母允许或再兴本家或有其他正当事由时，得废其户籍，回复原有户籍。

第一千零六十八条 凡由一家分为数家者，各家得联合编一家谱。

编订家谱规则，由各家协议或推举代表以多数议决定之。其未定之事项，依本地之习惯。但有违反公共秩序或善良风俗者，俱无效。

第一千零六十九条 凡由一家分为数家者，各家得联合设立支祠或宗祠。

关于祠堂章程，准用前条第二项规定。

第二节 家长及家属

第一千零七十条 家长，以一家中最尊长者为之。

第一千零七十一条 最尊长者，不能或不愿管家政时，由次尊长者代理之。

第一千零七十二条 一家中之尊辈尚未成年时，由成年之卑辈代理之。

第一千零七十三条 家政统于家长，但得以家政之一部分委任家属处理。

第一千零七十四条 与家长同一户籍之亲属，为家属。

第一千零七十五条 异居之亲属欲入户籍者，除依第一千零六十七条规定外，须经家长允许。

第一千零七十六条 同居之家属欲出户籍者，除依第一千零六十三条规定第二项规定外，须得家长同意。

家属违反前项之规定，擅自出籍者，家长得拒绝其复籍。

第一千零七十七条 家长不得反于家长之意设定住址。

家属违反前项之规定设定住址者，家长得免除扶养之义务。

第一千零七十八条 家属为婚姻、立嗣或出嗣者，须得家长之同意。

家属违反前条之规定为婚姻、立嗣或出嗣者，家长得命其出籍或拒绝其复籍或免除扶养之义务。

第一千零七十九条 家属认领私生子或以他人为养子时，须得家长之同意。

家属违反前项之规定认领私生子或以他人为养子或为人养子者，家长对于私生子或养子，得免除扶养之义务或拒绝其入籍或拒绝其家属复籍。

第一千零八十条 依第一千零七十八条规定被命出籍者，其配偶人及直系卑属，亦随之出籍。

第一千零八十一条 家属以自己名义所得之财产，为其特有财产。

为家长之财产抑为家属之财产不分明时，推定为家长财产。

第一千零八十二条 家长家属，互负扶养之义务。

第三节 家 产

第一千零八十三条 以维持祖先祭祀、祠堂、坟墓或支给家属之教育、婚嫁、扶养及其他与此相类诸费为目的，得由家长、家属个人或共同另提一定财产，依总则之规定，设定家产，作为家财团。

第一千零八十四条 欲设定家产者，设定人于呈请登记时，须并呈请审判衙门依公示催告程序公告债权人，令其声明异议。

对设定家产之财产有抵当权者，审判衙门须以前项之公示催告，特别与以通知。

第一千零八十五条 债权人声明异议时，不得设定家产。但设定人对该债权人偿还债务者，不在此限。

前项偿还债务，不受偿还期间之拘束。

第一千零八十六条 设定家产时应登记之事项，除依总则第一千一百三十三条第一款、第二款、第五款、第六款、第八款规定外，须载明家之所在地、承管人之姓名及住址，如有限制管理人代表权者，并载明限制事项。

第一千零八十七条 审判衙门接受登记之呈请，须依第一千零八十四条、第一千零八十五条规定，查明认为无害债权人权利者，始得准许之。

审判衙门为前项之登记后，须以职权执行公示程序。

第一千零八十八条 家产设定后，除在其目的范围内，设定人别有章程规定或家长及家属一致决议外，无论何人，不得处分或以之设定他种之权利。

关于不动产，在其目的范围内，设定人或其管理人，得以之为赁贷借或设定永佃权。

第一千零八十九条 家产设定后，审判衙门不得因其家之个人债务关系，对该家产强制执行。

第一千零九十条 设定人在生前如有正当事由，呈由审判衙门核准后，得废止设定家产。

设定人亡故后，除依总则第一千一百四十条、第一千一百四十一条规定外，非由家长及家属一致决议，经由审判衙门核准，不得请求废止设定家产。

第一千零九十一条 审判衙门为前条之核准后，即行抹销登记，并须以职权执行公示程序。

第三章 婚　　姻

第一节 婚姻之成立

第一款 定　　婚

第一千零九十二条 定婚，因交换婚书或已纳聘财而生效力。

第一千一百零五条于定婚准用之。

第一千零九十三条 男女双方虽经定婚，仍不得以之提起履行婚约之诉。但父母或监护人于定婚后反悔，而当事人两相情愿结婚者，不在此限。

预定违反婚约之罚款者，无效。

本条第一项但书之请求权，以六个月为限。

第一千零九十四条 定婚后，男女之一方有下列情形之一时，他之一方得解除婚约：

一、定婚后又与他之定婚或结婚者；

二、故违结婚期约者；

三、定婚后致成残疾者；

四、男女之一方为奸盗者；

五、有其他之重大事由者。

第一千零九十五条 定婚之无效或撤销或解除时，除退还婚书或聘财外，无过失之一方，对于有过失之一方，得请求赔偿损害或抚慰金。

第一千零九十六条 定婚之无效或撤销或解除时，男女双方，对于相合之赠与物，得请求返还。

赠与物如已不存在，得依不当得利之规定，请求恢复原状。

因男女之一方亡故而解除婚约者，其相互之赠与物，若无特别意思表示，不得请求返还。

第一千零九十七条 有第一千零九十五条末段之请求权者，对于聘财及其他相互之赠与物，有留置权。

第一千零九十八条 第一千零九十五条、第一千零九十六条之请求权，自定婚无效或撤销或解除时起，经六个月而消灭。

第二款 结　婚

第一千零九十九条 男未满十八岁，女未满十六岁者，不得结婚。

第一千一百条 同宗者，不得结婚。

第一千一百零一条 在本律规定之亲属范围内，不得结婚。但外亲或妻妾中之旁系亲，其辈分同者，不在此限。

前项规定，于第一千零六十一条、第一千零六十二条亲属关系消灭后适用之。

在本律规定之亲属范围外，而有切近之尊卑辈分或为同母异父者，亦不得结婚。

第一千一百零二条 有配偶者，不得重婚。

第一千一百零三条 女从前婚解销或撤销之日起，非逾十个月，不得再婚。但于十个月内已分娩者，不在此限。

第一千一百零四条 因奸而被离婚者，不得与相奸者结婚。

第一千一百零五条 结婚，除依第一千零七十八条第一项规定外，并须经父母允许。父母双方亡故或在事实上不能表示意思时，须经祖父母允许。但年龄满三十岁者，不在此限。

父或祖父在，而嫡母、继母或嫡祖母、继祖母无正当理由不允许者，当事人得仅经父或祖父之允许而结婚。父或祖父不在，而嫡母、继母或嫡祖母、继祖母无正当理由不允许者，当事人得经亲属会之同意而结婚。

父母或祖父母之一方亡故或在事实上不能表示意思时，仅须得一方之允许。

祖父母双方皆有前项情形时，未成年人之结婚，须得监护人之同意。

第一千一百零六条 再醮，除依第一千零七十六条第一项规定外，并须经夫家父母允许。夫家父母双方亡故或在事实上不能表示意思时，须经夫家祖父母允许。

夫家祖父母双方亡故或在事实上不能表示意思时，须经母家父母允许。母家父母双方亡故或在事实上不能表示意思时，须经母家祖父母允许。

本条情形，适用前条第一项但书之规定。其余前条第二项第三项规定准用之。

第一千一百零七条 婚姻须呈报于户籍吏登记后，发生效力。

第一千一百零八条 违反第一千零七十八条第一项、第一千零九十九条至一千一百零六条之规定而结婚者，户籍吏不得受理其呈报。但因违反第一千零七十八条第一项规定，户籍吏业与指示，而当事人仍请受理者，不在此限。

第二节　婚姻之无效及撤销

第一千一百零九条　婚姻之无效，以开列于下者为限：

一、当事人无结婚之意思；

二、不为第一千一百零七条之呈报。

第一千一百一十条　婚姻惟依后三条所规定，始得向审判衙门呈诉撤销。

第一千一百一十一条　婚姻违反第一千零九十九条至一千一百零四条所规定者，得由当事人及其亲属或检察官撤销之。若违反第一千一百零三条所规定者，前夫亦得撤销。

第一千一百一十二条　婚姻违反第一千一百零五条、第一千一百零六条所规定者，惟有允许权者撤销之。

第一千一百一十三条　因欺诈或胁迫而为婚姻者，惟当事人得撤销之。

第一千一百一十四条　以上之撤销权，以六个月为限。

前项期限，在第一千一百一十一条，除所称第一千零九十九条、第一千一百零三条外，从知有婚姻时起算。在第一千一百零五条、第一千一百零六条，从有允许权者知有婚姻时起算。在第一千一百一十三条，从发现欺诈或免离胁迫时起算。

第一千一百一十五条　第一千一百一十一条所称违反第一千零九十九条而生之撤销权，至年龄及格时即消灭。

第一千一百一十一条所称违反第一千零九十九条而生之撤销权，自前婚解销或撤销之日起，经十个月或已分娩者即消灭。

第一千一百一十六条　第一千一百一十二条之撤销权，于六个月内经有允许权者追认其婚姻，或成婚已逾二年者，即消灭。

第一千一百一十三条之撤销权，于六个月经当事人追认其婚姻，即消灭。

第一千一百一十七条 婚姻撤销之效力，不追溯既往。

当事人于成婚时，不知存有撤销之原因，其因婚姻而得之利益，惟以现存者为限，须归还于相对人。若知存有撤销之原因，须归还利益之全部。如彼方善意者，并负赔偿损害之责。

第三节 婚姻之效力

第一款 夫妻之权利义务

第一千一百一十八条 妻于本姓之上冠称夫家之姓，并取得与夫同一身份之待遇。

第一千一百一十九条 夫须使妻同居，妻负与夫同居之义务。

第一千一百二十条 关于同居及其他共同生活事务，由夫主持。但妻得陈述意见或以行为实行协助。

前项前段情形，如系滥用职权，致妻受有污辱或损害之虞者，妻无遵从之义务。

第一千一百二十一条 夫妇互负扶养之义务。

夫妇之一方，如怠于扶养之义务时，他之一方有请求给与定期金之权利。

第一千一百二十二条 妻未成年，其监护人之职务由夫行之。

第一千一百二十三条 妻于日常家务，视为夫之代理人。妻如滥用前项权利，或无行使权利能力时，夫得限制或撤销之。但不得与善意第三人对抗。

前项权利之限制或撤销，妻如证明其为不当时，得呈请法院撤销之。

第一千一百二十四条 不属于日常家务之行为，须经夫允许。

违反前项规定之行为，夫得撤销之。

第一千一百二十五条 妻得经夫允许为一种或数种营业者，在其营业范围内，对于一切营业事务，有自由处决之权。

前项允许，夫得撤销或限制之。但其撤销或限制，不得与善意第三人对抗。

第一千一百二十六条 夫未成年时，对于其妻之行为，非经行亲权人或监护人之同意，不得擅行允许。

第一千一百二十七条 遇有下列各款情形，无须经夫允许：

一、夫妇利益相反；

二、夫弃其妻；

三、夫受禁治产宣示或虽未受宣示而有总则第一千零六十六条第一项第一款所定原因，其精神状态已在无识别力者；

四、夫受一年以上之徒刑，在执行中者。

第一千一百二十八条 妻不经夫允许，得自立遗嘱。

第一千一百二十九条 夫妇间所订立之契约，在婚姻中各得撤销。但不得害及第三人之权利。

第二款 夫妇财产制

第一项 总 则

第一千一百三十条 夫妇于成婚时，关于财产无特别契约者，其财产关系依次项之规定。

第一千一百三十一条 夫妇不依法定财产制有特别契约者，非于成婚时登记，不得与夫妇之继承人及第三人对抗。

第一千一百三十二条 夫妇财产关系，于成婚后不得变更。但废止原定契约，改依法定财产制，或依法定原因管理人有变更者，不在此限。

夫妇之一方，管理他之一方财产，如因管理失当或受破产宣示，显有足生损害之虞者，他之一方，得向法院请求准其自行管理。

夫妇共有财产，于为前项请求时，并得请求分析。

第一千一百三十三条 依前条规定或契约条款，管理人有所变更，或分析共有财产时，非经登记，不得与夫妇之继承人及第三人对抗。

第二项　法定财产制

第一千一百三十四条　由婚姻而生之一切费用，归夫担负。但夫无力担负者，妻担负之。

第一千一百三十五条　妻于成婚时所有之财产及成婚后所得之财产，为其特有财产。但就其财产，夫有使用、收益之权。

第一千一百三十六条　专供妻用之衣服、首饰及手用器具等物，推定为妻之特有财产。

其他动产所属不分明时，推定为夫之财产。

第一千一百三十七条　妻之特有财产，由夫管理。但前条第一项之财产，得由妻自行管理。

夫不能管理时，妻得自行管理。

第一千一百三十八条　夫于管理开始时，须即开具特有财产清册，交付于妻，并因妻之请求，有定期开具清册及随时报告管理情形之义务。

第一千一百三十九条　夫管理特有财产，负与自己事务同一注意之责任。

第一千一百四十条　夫在管理、使用及收益期内，有担负下列各款费用之义务：

一、因管理使用及收益而生之必要费用；

二、因保存财产标的物之费用；

三、属于特有财产债务之利息及其他法律上或契约上应支出之担负。

改良财产费用，由特有财产孳息内支付。如有不足，于管理终止时，妻得依其选择，偿还所费实额，或所增之现存价额。

第一千一百四十一条　夫以妻之名义借债，或让与特有财产，或以其特有财产供担保或增加重大担负者，须得妻之同意。但在管理目的范围内，处分特有财产孳息者，不在此限。

夫不得妻同意而为前项前段之行为时，妻得不经夫参与在裁判上对第三人主张权利。

第一千一百四十二条 归夫管理之特有财产，有对第三人发生诉讼时，夫为妻之代理人。

第一千一百四十三条 在夫管理期内，如有必要情形，妻得向夫请求提供相当之担保。

第一千一百四十四条 在夫管理期内，妻欲处分其特有财产，夫无正当理由不与允许，而妻能证明其处分为有利益者，无须经夫允许。

第一千一百四十五条 管理终止时，夫或其继承人，须即清算交代，将所管财产交还。

第一千一百四十六条 第五百六十一条第三项、第六百二十九条、第六百三十条之规定，于管理终止时准用之。

（注：本条系准用使用贷借中，借主回复原状取去附属物，及委任中委任人未能处理事务，受任人应为必要处分及通知委任终了事由之规定。）

第四节　离　婚

第一千一百四十七条 夫妇俩愿离婚者，得行离婚。

第一千一百四十八条 前条离婚，准用第一千一百零五条之规定。

第一千一百四十九条 两愿离婚，须呈报于户籍吏登记后，发生效力。

第一千一百五十条 违反第一千一百四十八条之规定而离婚者，户籍吏得不受理其呈报。

第一千一百五十一条 夫妇之一方，以下列情事为限，得提起离婚之诉：

一、重婚者；

二、妻与人通奸者；

三、夫因奸非罪而被处刑者；

四、彼方谋杀害自己者；

五、夫妇之一方受彼方不堪同居之虐待或重大侮辱者；

六、妻虐待夫之直系尊属或重大侮辱者；

七、受夫直系尊属之虐待或重大侮辱者；

八、夫妇之一方以恶意遗弃彼方者；

九、夫妇之一方逾三年以上生死不明者。

第一千一百五十二条 夫妇之一方于彼方犯前条第一款至第三款之行为，同意在前者，不得提起离婚之诉。

除前条第四、第七、第九各款外，夫妇之一方，于彼方犯前条之行为，与以宥恕者，亦同。

第一千一百五十三条 因第一千一百五十一条第一款至第八款所列情事而有提起离婚权之人，须于明知离婚之事实时起，六个月内呈诉之。若离婚原因事实发生后，已逾十年者，不得呈诉。

第一千一百五十四条 因第一千一百五十一条第九款之情形，于生死分明时，不得呈诉离婚。

第一千一百五十五条 依第一千一百五十一条规定而离婚者，无责任之一方，对于有责任之一方，得请求损害赔偿或抚慰金。

第一千一百五十六条 不问离婚原因如何，无责任之一方，因离婚而陷于非常贫困者，他之一方纵亦无责任，应按其资力，对彼方给以相当之扶养费。

前项前段情形如有变更，而义务人之资力与所负义务不相当时，义务人得请求停给或减给扶养费。

扶养费若用定期金名义给与，其给与义务，于权利人再婚时终止。

第一千一百五十七条 离婚时，妻不得享有第一千一百一十八条之权利。

妻于离婚后，专称母家本姓。

再醮之妇离婚后，如归前夫家，得于本姓之上，冠上前夫家之姓。归母家，则专称本姓。

第一千一百五十八条 离婚时，不问夫妇财产关系如何，夫妇双方，应即清算、交代，各将所管财产交还。

但婚姻中，夫管理妻之特有财产者，其损失由夫任之。

第一千一百五十九条 离婚后，子之监护人，由父任之。未及五岁者，母代任之。若订有特别契约者，从其契约。

如系呈诉离婚，法院得不拘前项规定，审核子之利益，酌定监护之人。

第一千一百六十条 无前条监护之责者，对于子之扶养、教育诸费，有按其资力给与补助之义务。但以有监护责任人无力负担者为限。

无监护之责者，对于其子有互为相当往来之权利。

第一千一百六十一条 有监护责任人，如因结婚、远适、亡故或其他原因，有必要情形时，父或母对于子之监护，得请求另为处置。

第四章 亲 子

第一节 亲 权

第一款 总 则

第一千一百六十二条 亲权由父行之，父亡故或在事实上不能行使亲权时，由母行之。但能营独立生计之成年者，不在此限。

第一千一百六十三条 母行亲权时，得自行指定亲属一人为补助人。但父别以遗嘱指定者，从其遗嘱。

补助人，须应母咨询，陈述意见，或关于监护事项，受母委任为代理人。

第一千一百六十四条 行亲权者为嫡母或继母时，准用第一千二百四十四条之规定（注：准用监督人之规定）。

第一千一百六十五条 为子者，毕生负孝敬父母之义务。

第二款　亲权之效力

第一千一百六十六条　行亲权之父母，须护养并教育其子。

第一千一百六十七条　子除依第一千零七十七条规定外，并须于行亲权之父或母所指定之处，定其居所。

第一千一百六十八条　行亲权之父母，于必要之范围内，可亲自惩戒其子。 或呈请法院送入惩戒所惩戒之。

法院定惩戒日期，不得逾六个月，且其日期定后，父或母仍得请求缩短。

第一千一百六十九条　子营职业，须经行亲权之父或母允许。

子有总则第一千一百六十七条第二项规定情形时，行亲权之父或母，得将其允许撤销或限制之。

第一千一百七十条　子之财产，由行亲权之父或母管理。 关于其财产上之法律行为，由行亲权之父或母为之代表。 但因法律行为负有义务，系以子之行为为目的，须得本人之同意。

第一千一百七十一条　子达成年，有营独立生计之能力时，行亲权之父或母，须将所管财产交还。 但子愿由父或母续管者，不在此限。

前项前段情形，其以前所用子之教育费及财产管理费，视为与其子之财产收益相抵销。

第一千一百七十二条　前条第二项规定，由第三人不索报酬给子财产而有反对之意思表示者，不适用之。

第一千一百七十三条　第三人不索报酬给子财产，并表示不归行亲权之父或母管理者，除第三人指定有管理人外，其财产由子自行管理。 但关于财产上之法律行为，须经行亲权之父或母同意。

指定管理人管理财产时，准用第六百二十四条至六百四十条之规定（注：准用不在者及委任之规定）。

第一千一百七十四条　子应管理妻之财产时，关于其财产上之法律行为，须经行亲权之父或母同意。

第一千一百七十五条　行亲权之父或母，代子行子亲权。

第三款　亲权之丧失

第一千一百七十六条　子为承嗣或为人养子者，本生父母，不得行其亲权。

第一千一百七十七条　行亲权之母，于再嫁后，不得行其亲权。

第一千一百七十八条　行亲权之父母，于女出嫁后，不得行其亲权。

第一千一百七十九条　父母滥用亲权，或品行不捡，确有滥用亲权之虞者，法院因子之亲属或检察官之请求，得宣示丧失亲权。

第一千一百八十条　行亲权之父或母，若因管理失当，危及其子之财产者，法院因子之亲属或检察官之请求，得宣示丧失其管理权。

第一千一百八十一条　前二条所定原因终止时，法院因本人或其亲属之请求，得撤销失权之宣示。

第一千一百八十二条　行亲权之母，得辞管理财产之责。

第二节　亲子关系

第一千一百八十三条　父母与成年之子，在共同生活利益上，有互为必要扶助之责。

第一千一百八十四条　依第一千一百七十一条第一项但书规定，父或母续管子之财产，如因维持家用，由子财产或其收益内为支出者，以子无特别意思表示为限，视为无请求返还之意思。

子因维持家用，以其财产之某部委付于父或母者，亦同。

第一千一百八十五条　续管财产之父或母，关于管理费用，认为适当者，得以其子之财产收益支付之。其余支出非子义务所必要者，须征问子之意见。

第一千一百八十六条　子达成年，尚须续受教育者，父或母以子无财产或续管子之财产为限，无负支付教育费之责。

续管财产之父或母，如资力不胜或有其他特别情形时，得以其子财产之一定数额，拨充教育费用。

第一千一百八十七条 子之财产或其收益，除支付前三条所定费用外，如尚有赢余，续管财产之父或母，须以子之名义，妥为处置。

第一千一百八十八条 父于女成婚时，有准其资力给与嫁赀之责。父无资力或亡故者，母任其责。

第三节 嫡 子

第一千一百八十九条 妻所生之子，为嫡子。

第一千一百九十条 嫡子，以妻之受胎时期在婚姻有效中，并于受胎时期内，夫曾与妻同居者，推定之。

第一千一百九十一条 从子之出生日，回溯第一百八十一日起至第三百二日止为受胎时期。

受胎时期，有与前项异者，若能证明事实，以其时期为受胎时期。

第一千一百九十二条 第一千一百九十条之推定，若事实与之相异者，夫得否认之。

第一千一百九十三条 前条之否认，夫须提起诉讼。前项诉讼，以妻及其子为对手人。

第一千一百九十四条 否认之诉，自夫知子出生时起，于一年内为之。

第一千一百九十五条 夫承认嫡子之后，不得撤销。

第四节 庶 子

第一千一百九十六条 非妻所生之子，为庶子。

第一千一百九十七条 第一千一百九十条至一千一百九十五条之规定，关于庶子，准用之。

第一千一百九十八条 庶子，由父与其母成婚后，即为嫡子。

第一千一百九十九条 妻年逾五十无子者，夫得立庶长子为嫡子。

第一千二百条 立庶长子为嫡子，自呈报户籍吏登记之日，发生效力。

第五节 嗣　　子

第一千二百零一条 依继承法第二章第一节规定所生之子，为嗣子。

第一千二百零二条 出嗣，自呈报户籍登记之日，发生效力。

第一千二百零三条 违反第一千零七十八条第一项及继承法第一千三百一十五条、第一千三百一十八条者，户籍吏不得受理其呈报。

前项情形，准用第一千一百零八条但书之规定。

第一千二百零四条 嗣子，除本法别有规定外，取得与嫡子同一之身份。

第六节 私生子

第一千二百零五条 由苟合或无效婚姻所生之子，为私生子。

第一千二百零六条 未经父认领之私生子，从母姓。

第一千二百零七条 私生子经父认领，始为父之私生子。 但认领已成年之私生子，须得本人承诺。

第一千二百零八条 经私生子之母承诺者，虽在胎内之子，父亦得认领之。

第一千二百零九条 私生子已亡故而有直系卑属者，父亦得认领。 但其直系卑属已成年者，须得本人承诺。

第一千二百十条 前三条之认领，自呈报与户籍吏登记之日，发生效力。

认领，得以遗嘱为之。

第一千二百十一条 前条之认领，不得撤销。

第一千二百十二条 父虽为无能力人或限制能力人，得不经法定代理人或监护人之同意而认领私生子。

第一千二百十三条　认领私生子之效力，溯及出生时。但不得害及第三人已得之权利。

第一千二百十四条　私生子之母、私生子或其他利害关系人，得举反对之事实，呈请撤销其认领。

第一千二百十五条　私生子之母、私生子或其直系卑属、或私生子及其直系卑属之法定代理人，得据事实，请求其父认领。

第一千二百十六条　经父认领之私生子，父或其母成婚后，即为嫡子。成婚后认领者，从认领时起为嫡子。

前项规定，于私生子亡故时，准用之。

第七节　养　　子

第一千二百十七条　三岁以下遗弃小儿，被人收养，或以义男名义入异姓人家为人子者，为养子。

第一千二百十八条　非达成年之人，不得以他人为养子。

第一千二百十九条　有配偶者，非经其配偶人同意不得以他人为养子。

为人养子者，亦同。

前二项之配偶人，如所在不分明或亡故或不能表示意思时，无须取得同意。

第一千二百二十条　以他人为养子者，除依第一千零七十七条第一项规定外，须经父母允许。父母双方亡故，或在事实上不能表示意思时，须经祖父母允许。

为人养子者，亦同。

第一项情形，准用第一千一百零五条第二项、第三项之规定。第二项情形准用第一千一百零五条第二项至第四项之规定。

第一千二百二十一条　年在十五岁以下为人养子者，得由其父母代为允许。

嫡母、继母，非得亲属会同意，不得为前项之允许。

第一千二百二十二条　以他人为养子者，自呈请户籍吏登记之日，发生效力。

第一千二百二十三条 违反第一千零七十七条第一项、第一千二百一十八条至第一千二百二十一条之规定者，户籍吏不得受理其呈报。

前项情形，准用第一千一百零八条之规定。

第一千二百二十四条 违反第一千二百一十八条规定，以他人为养子者，养亲及其法定代理人，得向法院呈请撤销。但养亲达成年后，经过六个月或与追认者，其撤销权消灭。

第一千二百二十五条 违反第一千二百一十九条、第一千二百二十条规定，以他人为养子或为人养子者，有同意权人或有允许权人，得撤销之。

前二项之权利人或亲属会，知有养子关系事实后逾六个月或与追认者，其撤销权消灭。自登记之日起逾二年者，亦同。

违反第一千二百二十一条第一项规定者，养子之本生父母，得撤销之。违反第一千二百二十一条第二项之规定者，养子或亲属会得撤销之。

第一千二百二十六条 第一千一百一十三条、第一千一百一十四条第一项第二项末段、第一千一百一十五条第二项、第一千一百一十六条规定，于养子关系准用之。

第一千二百二十七条 为人养子者，入养亲家，从养亲之姓。

第一千二百二十八条 为人养子者，除继承法关于遗产继承别有规定外，养亲不得以之继承宗祧。

第一千二百二十九条 为人养子者，对于本宗财产，准用继承法第一千二百五十二条之规定。

第一千二百三十条 养亲、养子两相情愿者，得随时解除养子关系。

前项情形，准用第一千二百二十二条之规定。

第一千二百三十一条 养子关系发生后，如有重大事由，养亲或养子，得向法院呈请解除。

第一千二百三十二条　前二条之解除权，如养亲亡故或不能在事实表示意思者，由养亲之直系尊属行之。

养子未满十五岁者，由其本生父母或直系尊属行之。

第一千二百三十三条　养子关系解除后，养子应归本宗，回复其原有身份。但不得害及第三人已得之权利。

第七章　扶养之义务

第一千二百八十六条　凡直系宗亲及兄弟姊妹，互负扶养之义务。妻之父母及婿，亦同。

第一千二百八十七条　负扶养义务者有数人时，须依下列之次序而履行义务：

一、宗亲直系卑属；

二、夫或妻；

三、家长；

四、宗亲直系尊属；

五、兄弟姊妹；

六、家属；

七、妻之父母及婿。

同系直系尊属或直系卑属者，以亲等最近者为先。

第一千二百八十八条　同一等亲之负扶养义务者有数人时，须准其资力，分担义务。

第一千二百八十九条　受扶养权利者有数人时，负扶养义务者，须依下列次序扶养之：

一、宗亲直系尊属；

二、夫或妻；

三、宗亲直系卑属；

四、家长或家属；

五、兄弟姊妹；

六、妻之父母或婿。

第一千二百八十七条第二项之规定，于前项情形准用之。

第一千二百九十条 同一亲等之受扶养权利者有数人时，各准其需要而受扶养。

第一千二百九十一条 负扶养之义务人，以有扶养之资力或其身份足胜扶养之任者为限。

第一千二百九十二条 受扶养之权利人，以不能自存或无力受相当教育者为限。但第一千二百八十九条第一项第四款、第六款所列各人，自有过失者，无受扶养之权利。

第一千二百九十三条 扶养之程度，以受扶养之权利者之需要，及负扶养义务者之资力，或其身份为准。

第一千二百九十四条 扶养之方法，得由负扶养义务者定之。但有正当之事由时，法院得因受扶养权利者之呈请，定扶养之方法。

第一千二百九十五条 扶养之程度及方法，经法院判定时，其为裁判根据之事实如有变迁，当事人得请求变更或撤销其裁判。

第一千二百九十六条 扶养权利，不得处分。

第一千二百九十七条 扶养之权利义务，因受扶养权利人或负扶养义务人之亡故而消灭。但法律特有规定者，不在此限。

受扶养权利人亡故时，其继承人不能支付丧葬费者，由负扶养义务人任之。

附3 《中华民国民法》(亲属编)

(1930年12月26日国民政府公布,自1931年5月5日施行)

第四编 亲 属

第一章 总 则

第九百六十七条 称直系血亲者，谓己身所从出或从己身所出之血亲。

称旁系血亲者，谓非直系血亲，而与己身出于同源之血亲。

第九百六十八条 血亲亲等之计算，直系血亲，从己身上下数，以一世为一亲等；旁系血亲，从己身数至同源之直系血亲，再由同源之直系血亲，数至与之计算亲等之血亲，以其总世数为亲等之数。

第九百六十九条 称姻亲者，谓血亲之配偶、配偶之血亲及配偶之血亲之配偶。

第九百七十条 姻亲之亲系及亲等之计算如左：

一、血亲之配偶，从其配偶之亲系及亲等。

二、配偶之血亲，从其与配偶之亲系及亲等。

三、配偶之血亲之配偶，从其与配偶之亲系及亲等。

第九百七十一条 姻亲关系，因离婚而消灭；结婚经撤销者亦同。

第二章 婚 姻

第一节 婚 约

第九百七十二条 婚约，应由男女当事人自行订定。

第九百七十三条 男未满十七岁，女未满十五岁者，不得订定婚约。

第九百七十四条 未成年人订定婚约，应得法定代理人之同意。

第九百七十五条 婚约，不得请求强迫履行。

第九百七十六条 婚约当事人之一方，有左列情形之一者，他方得解除婚姻约：

一、婚约订定后，再与他人订定婚约，或结婚者。

二、故违结婚期约者。

三、生死不明已满一年者。

四、有重大不治之病者。

五、有花柳病或其他恶疾者。

六、婚约订定后成为残废者。

七、婚约订定后与人通奸者。

八、婚约订定后受徒刑之宣告者。

九、有其他重大事由者。

依前项规定解除婚约者，如事实上不能向他方为解除之意思表示时，无须为意思表示，自得为解除时起，不受婚约之拘束。

第九百七十七条 依前条之规定，婚约解除时，无过失之一方，得向有过失之他方，请求赔偿其因此所受之损害。

第九百七十八条 婚约当事人之一方，无第九百七十六条之理由而违反婚约者，对于他方因此所受之损害，应负赔偿之责。

第九百七十九条 前条情形，虽非财产上之损害，受害人亦得请求赔偿相当之金额。但以受害人无过失者为限。

前项请求权，不得让与或继承。但已依契约承诺或已起诉者，不在此限。

第二节 结 婚

第九百八十条 男未满十八岁者，女未满十六岁者，不得结婚。

第九百八十一条 未成年人结婚，应得法定代理人之同意。

第九百八十二条 结婚应有公开之仪式，及二人以上之证人。

第九百八十三条 与左列亲属，不得结婚：

一、直系血亲及直系姻亲。

二、旁系血亲及旁系姻亲之辈分不相同者，但旁系血亲，在八亲等之外，旁系姻亲在五亲等之外者，不在此限。

三、旁系血亲之辈分相同而在八亲等以内者，但表兄弟姊妹不在此限。

前项姻亲结婚之限制，于姻亲关系消灭后，亦适用之。

第九百八十四条 监护人与受监护人，于监护关系存续中，不得结婚。但经受监护人父母之同意者，不在此限。

第九百八十五条 有配偶者，不得重婚。一人不得同时与二人以上结婚。

第九百八十六条 因奸之判决离婚或受刑之宣告者不得与相奸者结婚。

第九百八十七条 女子自婚姻关系消灭后非逾六个月不得再行结婚。但于六个月内已分娩者不在此限。

第九百八十八条 结婚有左列情形之一者，无效：

一、不具备第九百八十二条之方式。

二、违反第九百八十三条所定亲属结婚之限制者。

第九百八十九条 结婚违反第九百八十条之规定者，当事人或其法定代理人得向法院请求撤销之。但当事人已达该条所定年龄或已怀胎者，不得请求撤销。

第九百九十条 结婚违反第九百八十一条之规定者，法定代理人得向法院请求撤销之。但自知悉其事实之日起，已逾六个月，或结婚后已逾一年，或已怀胎者，不得请求撤销。

第九百九十一条 结婚违反第九百八十四条之规定者，受监护人或其最近亲属得向法院请求撤销之。但结婚已逾一年者，不得请求撤销。

第九百九十二条 结婚违反第九百八十五条之规定者，利害关系人得向法院请求撤销之。但在前婚姻关系消灭后不得请求撤销。

第九百九十三条 结婚违反第九百八十六条之规定者，前配偶得向法院请求撤销之。但结婚已逾一年者不得请求撤销。

第九百九十四条 结婚违反第九百八十七条之规定者，前夫或其直系血亲得向法院请求撤销之。但自前婚姻关系消灭后已满六个月或已在再婚后怀胎者不得请求撤销。

第九百九十五条 当事人之一方于结婚时不能人道而不能治者，他方得向法院请求撤销之。但自知悉其不能治之时起已逾三年者，不得请求撤销。

第九百九十六条 当事人之一方，于结婚时系在精神错乱中者，得于常态回复后六个月内，向法院请求撤销之。

第九百九十七条 因被诈欺或被胁迫而结婚者，得于发见诈欺或胁迫终止后，六个月内向法院请求撤销之。

第九百九十八条 结婚撤销之效力，不溯及既往。

第九百九十九条 当事人之一方因结婚无效或被撤销而受有损害者，得向他方请求赔偿。但他方无过失者，不在此限。

前项情形，虽非财产上之损害，受害人亦得请求赔偿相当之金额，但以受害人无过失者为限。

前项请求权，不得让与或继承。但已依契约承诺或已起诉者，不在此限。

第三节 婚姻之普通效力

第一千条 妻以其本姓冠以夫姓，赘夫以其本姓冠以妻姓。但当事人另有订定者不在此限。

第一千零一条 夫妻互负同居之义务。但有不能同居之正当理由者，不在此限。

第一千零二条 妻以夫之住所，赘夫以妻之住所为其住所。

第一千零三条 夫妻于日常家务，互为代理人。

夫妻之一方滥用前项代理权时，他方得限制之。但不得对抗善意第三人。

第四节 夫妻财产制

第一款 通 则

第一千零四条 夫妻得于结婚前或结婚后，以契约就本法所定之约定财产制中，选择其一，为其夫妻财产制。

第一千零五条 夫妻未以契约订立夫妻财产制者，除本法另有规定外，以法定财产制，为其夫妻财产制。

第一千零六条 夫妻财产制契约之订立、变更或废止，当事人如为未成年人或为禁治产人时应得其法定代理人之同意。

第一千零七条 夫妻财产制契约之订立、变更或废止，应以书面为之。

第一千零八条 夫妻财产制契约之订立、变更或废止，非经登记，不得以之对抗第三人。前项登记，另以法律定之。

第一千零九条 夫妻之一方受破产宣告时，其夫妻财产制，当然成为分别财产制。

第一千一十条 夫妻之一方有左列各款情形之一时，法院因他方之请求，得宣告改用分别财产制：

一、依法应给付家庭生活费用而不给付时。

二、夫或妻之财产不足清偿其债务时。

三、夫妻之一方为财产上之处分，依法应得他方之同意而他方无正当理由拒绝同意时。

第一千零一十一条 债权人对于夫妻一方之财产已为扣押，而未得受清偿时，法院因债权人之声请，得宣告改用分别财产制。

第一千零一十二条 夫妻于婚姻关系存续中，得以契约废止其财产契约，或改用他种约定财产制。

第一千零一十三条 左列财产为特有财产：

一、专供夫或妻个人使用之物。

二、夫或妻职业上必需之物。

三、夫或妻所受之赠物，经赠与人声明为其特有财产者。

四、妻因劳力所得之报酬。

第一千零一十四条 夫妻得以契约订定以一定之财产为特有财产。

第一千零一十五条 前二条所定之特有财产适用关于分别财产制之规定。

第二款 法定财产制

第一千零一十六条 结婚时属于夫妻之财产及婚姻关系存续中夫妻所取得之财产为其联合财产，但依第一千零十三条规定妻之特有财产不在其内。

第一千零一十七条 联合财产中，妻于结婚时所有之财产及婚姻关系存续中因继承或其他无偿取得之财产，妻之原有财产保有其所有权。

联合财产中，夫之原有财产及不属于妻之原有财产之部分为夫所有。

由妻之原有财产所生之孳息，其所有权属于夫。

第一千零一十八条 夫或妻各自管理、联合财产由夫管理，其管理费用由夫负担。

第一千零一十九条 夫对于妻之原有财产有使用收益之权。

第一千零二十条 夫对于妻之原有财产为处分时，应得妻之同意，但为管理上所必要之处分不在此限。

前项同意之欠缺不得对抗善意第三人，但第三人已知或可得知其欠缺或依情形可认为该财产属于妻者不在此限。

第一千零二十一条 妻对于联合财产于第1003条所定代理权限内得处分之。

第一千零二十二条 关于妻之原有财产，夫因妻之请求有随时报告其状况之义务。

第一千零二十三条 左列债务由夫负清偿之责：

一、夫于结婚之前所负之债务。

二、夫于婚姻关系存续中所负之债务。

三、妻因第一千零三条所定代理行为而生之债务。

第一千零二十四条 左列债务由妻就其财产之全部负清偿之责：

一、妻于结婚前所负之债务。

二、妻因职务或业务所生之债务。

三、妻因继承财产所负之债务。

四、妻因侵权行为所生之债务。

第一千零二十五条 左列债务由妻仅就其特有财产负清偿之责：

一、妻就其特有财产设定之债务。

二、妻逾越第一千零三条代理权限之行为所生之债务。

第一千零二十六条 家庭生活费用夫无支付能力时由妻就其财产之全部负担之。

第一千零二十七条 妻之原有财产所负债务而以夫之财产清偿或夫之债务而以妻之原有财产清偿者，夫或妻有补偿请求权。但在联合财产关系消灭前不得请求补偿。

妻之特有财产所负债务而以联合财产清偿或联合财产所负债务

而以妻之特有财产清偿者，虽于婚姻关系存续中亦得为补偿之请求。

第一千零二十八条 妻死亡时，妻之原有财产归属于妻之继承人。

如有短少，夫应补偿之，但以其短少系因归责于夫之事由而生者为限。

第一千零二十九条 夫死亡时妻取回其原有财产如有短少并得向夫之继承人请求补偿。但其短少系由可归责于妻之事由而生者不在此限。

第一千零三十条 联合财产之分割除另有规定外，妻取回其原有财产如有短少，由夫或其继承人负担。

但其短少系由可归责于妻之事由而生者不在此限。

第三款 约定财产制

第一目 共同财产制

第一千零三十一条 夫妻之财产及所得，除特有财产外，合并为共同财产，属于夫妻共同共有。共同财产夫妻之一方不得处分其应有部分。

第一千零三十二条 共同财产，由夫管理。其管理费用，由共同财产负担。

第一千零三十三条 夫妻之一方，对于共同财产为处分时，应得他方之同意。但为管理上所必要之处分不在此限。

前项同意之欠缺，不得对抗第三人。但第三人已知或可得而知其欠缺，或依情形，可认为该财产属于共同财产者，不在此限。

第一千零三十四条 左列债务由夫个人并就共同财产负清偿之责：

一、夫于结婚前所负之债务。

二、夫于婚姻关系存续中所负之债务。

三、妻因第一千零三条所定代理行为而为生之债务。

四、除前款规定外，妻于婚姻关系存续中以共同财产为负担之债务。

第一千零三十五条　左列债务由妻个人并就共同财产负清偿之责：

一、妻于结婚前所负之债务。

二、妻因职务或营业所生之债务。

三、妻因继承财产所负之债务。

四、妻因侵权行为所生之债务。

第一千零三十六条　左列债务由妻仅就特有财产负清偿之责：

一、妻就特有财产所负担之债务。

二、妻逾越第一千零三条代理权限之行为所生之债务。

第一千零三十七条　家庭生活费用于共同财产不足负担时，妻个人亦应负担。

第一千零三十八条　共同财产所负之债务，而以共同财产清偿者，夫妻间不生补偿请求权。

共同财产之债务，而以特有财产清偿，或特有财产之债务，而以共同财产清偿者，有补偿请求权，虽于婚姻关系存续中，亦得请求。

第一千零三十九条　夫妻之一方死亡时，共同财产之半数，归属于死亡者之继承人，其他半数，归属于生存之他方。

前项财产之分划，其数额另有约定者，从其约定。

第一项情形，如该生存之他方，依法不得为继承人时，其对于共同财产得请求之数额，不得超过于离婚时所应得之数额。

第一千零四十条　共同财产制关系消灭时，除法律另有规定或契约另有订定外，夫妻各得共同财产之半数。

第一千零四十一条　夫妻得以契约订定仅以所得为限为共同财产。

婚姻关系存续中，夫妻因劳力所得之财产及原有财产之孳息为前项之所得，适用关于共同财产制之规定。

结婚时及婚姻关系存续中属于夫妻之原有财产适用关于法定财产制之规定。

第二目　统一财产制

第一千零四十二条　夫妻得以契约订定将妻之财产除特有财产外估定价额，移转其所有权于夫而取得该估定价额之返还请求权。

第一千零四十三条　统一财产制除前条规定外准用关于法定财产制之规定。

第三目　分别财产制

第一千零四十四条　分别财产，夫妻各保有其财产之所有权，管理权及使用收益权。

第一千零四十五条　妻以其财产之管理权付与于夫者，推定夫有以该财产之收益供家庭生活费用之权。

前项管理权妻得随时取回，取回权不得抛弃。

第一千零四十六条　左列债务由夫负清偿之责：

一、夫于结婚前所负之债务。

二、夫于婚姻关系存续中所负之债务。

三、妻因第一千零三条所定代理行为而生之债务。

第一千零四十七条　左列债务由妻负清偿之责：

一、妻于结婚前所负之债务。

二、妻于婚姻关系存续中所负之债务。

夫妻因家庭生活费用所负之债务，如夫无支付能力时由妻负担。

第一千零四十八条　夫得请求妻对于生活费用为相当之负担。

第五节　离　　婚

第一千零四十九条　夫妻俩愿离婚者，得自行离婚。但未成年人，应得法定代理人之同意。

第一千零五十条　两愿离婚，应以书面为之，并应有二人以上证人之签名。

第一千零五十一条 两愿离婚后，关于子女之监护由夫任之。但另有约定者从其约定。

第一千零五十二条 夫妻之一方，以他方有左列情形之一者，得向法院请求离婚：

一、重婚者。

二、与人通奸者。

三、夫妻之一方受他方不堪同居之虐待者。

四、妻对于夫之直系亲属为虐待，或受夫之直系亲属之虐待，致不堪为共同生活者。

五、夫妻之一方以恶意遗弃他方在继续状态中者。

六、夫妻之一方意图杀害他方者。

七、有不治之恶疾者。

八、有重大不治之精神病者。

九、生死不明已逾三年者。

十、被处三年以上徒刑或因犯不名誉之罪被处徒刑者。

第一千零五十三条 对于前条第一款、第二款之情事，有请求权之一方，于事前同意或事后宥恕，或知悉后已逾六个月，或自其情事发生后已逾二年者，不得请求离婚。

第一千零五十四条 对于第一千零五十二条第六款及第十款之情事，有请求权之一方，自知悉后已逾一年，或自其情事发生后已逾五年者，不得请求离婚。

第一千零五十五条 判决离婚者，关于子女之监护，适用第一千零五十一条之规定。但法院得为其子女之利益酌定监护人。

第一千零五十六条 夫妻之一方，因判决离婚而受有损害者，得向有过失之他方，请求赔偿。

前项情形，虽非财产上之损害，受害人亦得请求赔偿相当之金额。但以受害人无过失者为限。

前项请求权，不得让与或继承。但已依契约承诺或已起诉者，不在此限。

第一千零五十七条 夫妻无过失之一方，因判决离婚而陷于生活困难者，他方纵无过失，亦应给与相当之赡养费。

第一千零五十八条 夫妻离婚时，无论其原用何种夫妻财产制，各取回其固有财产。如有短少，由夫负担，但其短少系由非可归责于夫之事由而生者不在此限。

第三章 父母子女

第一千零五十九条 子女从父姓，赘夫之子女从母姓。但另有约定者从其约定。

第一千零六十条 未成年之子女，以其父之住所为住所。赘夫之子女以其母之住所为住所。

第一千零六十一条 称婚生子女者，谓由婚姻关系受胎而生之子女。

第一千零六十二条 从子女出生日回溯第一百八十一日起至第三百零二日止，为受胎期间。

能证明受胎回溯在前项第三百零二日以前者，以其期间为受胎期间。

第一千零六十三条 妻之受胎，系在婚姻关系存续中者，推定其所生子女为婚生子女。

前项推定，如夫能证明于受胎期间内未与妻同居者得提起否认之诉，但应于知悉子女出生之日起一年内为之。

第一千零六十四条 非婚生子女，其生父与生母结婚者，视为婚生子女。

第一千零六十五条 非婚生子女经生父认领者，视为婚生子女。其经生父抚育者，视为认领。

非婚生子女与其生母之关系，视为婚生子女，无须认领。

第一千零六十六条 非婚生子女或其生母，对于生父之认领，得否认之。

第一千零六十七条 有左列情形之一者，非婚生子女父母或其法定代理人，得请求其生父认领：

一、受胎期间生父与生母有同居之事实者。

二、由生父所作之文书可证明其为生父者。

三、生母为生父强奸或略诱成奸者。

四、生母因生父滥用权势成奸者。

前项请求权，自子女出生后五年间不行使而消灭。

第一千零六十八条 生母于受胎期间内，曾与他人通奸或为放荡之生活者，不适用前条之规定。

第一千零六十九条 非婚生子女认领之效力，溯及于出生时。但第三人已得之权利，不因此而受影响。

第一千零七十条 生父认领非婚生子女后，不得撤销其认领。

第一千零七十一条 （删除）

第一千零七十二条 收养他人之子女为子女时，其收养者为养父或养母，被收养者为养子或养女。

第一千零七十三条 收养者之年龄，应长于被收养者十五岁以上。

第一千零七十四条 有配偶者收养子女时，应与其配偶共同为之。

第一千零七十五条 除前条之规定外，一人不得同时为二人之养子女。

第一千零七十六条 有配偶者被收养时，应得其之配偶之同意。

第一千零七十七条 养子女与养父母之关系，除法律另有规定外，与婚生子女同。

第一千零七十八条 养子女从收养者之姓。

第一千零七十九条 收养应以书面为之，但自幼抚养为子女者不在此限。

第一千零八十条 养父母与养子女之关系，得由双方合意终止之。

前项终止，应以书面为之。

第一千零八十一条 养父母、养子女之一方，有下列各款情形之一者，法院因他方之请求，得宣告终止其收养关系：

一、对于他方为虐待或重大侮辱时。

二、恶意遗弃他方使。

三、养子女被处二年以上之徒刑时。

四、养子女有浪费财产之情事时。

五、养子女生死不明已逾三年时。

六、有其他重大事由时。

第一千零八十二条 收养关系经判决终止时，无过失之一方因而陷于生活困难者，得请求他方给与相当之金额。

第一千零八十三条 养子女自收养关系终止时起，回复其本姓，并回复其与本生父母之关系。但第三人已取得之权利不因此而受影响。

第一千零八十四条 父母对于未成年之子女，有保护及教养之权利义务。

第一千零八十五条 父母得于必要范围内，惩戒其子女。

第一千零八十六条 父母为其未成年子女之法定代理人。

第一千零八十七条 未成年子女，因继承、赠与或其他无偿取得之财产，为其特有财产。

第一千零八十八条 子女之特有财产，由父管理，父不能管理时，由母管理。

父母对于子女之特有财产，有使用、收益之权。但非为子女之利益，不得处分之。

第一千零八十九条 对于未成年子女之权利义务，除法律另有规定外，由父母共同行使或负担之。

父母对于权利之行使意思不一致时，由父行使之，父母之一方不能行使权利时，由他方行使之。父母不能共同负担义务时，由有能力者负担之。

第一千零九十条 父母之一方滥用其对于子女之权利时，其最近尊亲属或亲属会议得纠正之。纠正无效时，得请求法院宣告停止其权利之全部或一部。

第四章 监 护

第一节 未成年人之监护

第一千零九十一条 未成年人无父母，或父母均不能行使、负担对于其未成年子女之权利、义务时，应置监护人。但未成年人已结婚者，不在此限。

第一千零九十二条 父母对其未成年之子女，得因特定事项，于一定期限内，委托他人行使监护之职务。

第一千零九十三条 后死之父母，得以遗嘱指定监护人。

第一千零九十四条 父母均不能行使、负担对于未成年子女之权利义务或父母

死亡而无遗嘱指定监护人时，依左列顺序定其监护人：

一、与未成年人同居之祖父母。

二、家长。

三、不与未成年人同居之祖父母。

四、伯父或叔父。

五、由亲属会议选定之。

第一千零九十五条 依前项规定为监护人者，非有正当理由，不得辞其职务。

第一千零九十六条 未成年人及禁治产人不得为监护人。

第一千零九十七条 除另有规定外，监护人于保护、增进受监护人利益之范围内，行使、负担父母对于未成年子女之权利、义务。但由父母暂时委托者，以所委托之职务为限。

第一千零九十八条 监护人为受监护人之法定代理人。

第一千零九十九条 监护开始时，监护人对于受监护人之财产，应会同亲属会议所指定之人，开具财产清册。

第一千一百条 受监护人之财产，由监护人管理，其管理费用，由受监护人之财产负担。

监护人管理受监护人之财产，应与处理自己事务为同一之注意。

第一千一百零一条 监护人对于受监护人之财产，非为受监护人之利益，不得使用，或处分。为不动产之处分时，并应得亲属会议之允许。

第一千一百零二条 监护人不得受让受监护人之财产。

第一千一百零三条 监护人应将受监护人之财产状况，向亲属会议每年至少详细报告一次。

第一千一百零四条 监护人得请求报酬，其数额由亲属会议按其劳力及受监护人财产收益之状况酌定之。

第一千一百零五条 第一千零九十九条、第一千一百零一条至第一千一百零四条之规定，于与未成年人同居之祖父母为监护人时，不适用之。

第一千一百零六条 监护人有左列情形之一时，亲属会议得撤退之：

一、违反法定义务时；

二、无支付能力时；

三、由亲属会议选定之监护人，违反亲属会议之指示时。

第一千一百零七条 监护人于监护关系终止时，应即会同亲属会议所指定之人，为财产之清算，并将财产移交于新监护人；如受监护人已成年时，交还于受监护人；如受监护人死亡时，交还于继承人。

亲属会议对于前项清算之结果未为承认前，监护人不得免其责任。

第一千一百零八条 监护人死亡时，前条清算由其继承人为之。

第一千一百零九条 监护人对于受监护人之财产所致之损害，其赔偿请求权，自亲属会议对于清算结果拒绝承认之时起，二年间不行使而消灭。

第二节 禁治产人之监护

第一千一百一十条 禁治产人应置监护人。

第一千一百一十一条 禁治产人之监护人，依左列顺序定之：

一、配偶。

二、父母。

三、与禁治产人同居之祖父母。

四、家长。

五、后死之父或母以遗嘱指定之人。

不能依前项选定定其监护人时，由法院征求亲属会议之意见选定之。

第一千一百一十二条 监护人为受监护人之利益，应按受监护人之财产状况，护养疗治其身体。

监护人如将受监护人送入精神病医院或监禁于私宅者，应得亲属会议之同意。但父母或与禁治产人同居之祖父母为监护人时，不在此限。

第一千一百一十三条 禁治产人之监护，除本节有规定者外，准用关于未成年人监护之规定。

第一千零九十九条及第一千一百零一条至第一千一百零四条之规定，于父母为监护人时亦适用之。

第五章 扶　养

第一千一百一十四条 左列亲属，互负扶养之义务：

一、直系血亲相互间。

二、夫妻之一方与他方之父母同居者，其相互间。

三、兄弟姊妹相互间。

四、家长家属相互间。

第一千一百一十五条 负扶养义务者有数人时，应依左列顺序定其履行义务之人：

一、直系血亲卑亲属。

二、直系血亲尊亲属。

三、家长。

四、兄弟姊妹。

五、家属。

六、子妇、女婿。

七、夫妻之父母。

同系直系尊亲属或直系卑亲属者，以亲等近者为先。

负扶养义务者有数人而其亲等同一时，应各依其经济能力，分担义务。

第一千一百一十六条 受扶养权利者有数人，而负扶养义务者之经济能力，不足扶养其全体时，依左列顺序定其受扶养之人：

一、直系血亲尊亲属。

二、直系血亲卑亲属。

三、家属。

四、兄弟姊妹。

五、家长。

六、夫妻之父母。

七、子妇、女婿。

同系直系尊亲属或直系卑亲属者，以亲等近者为先。

受扶养权利者有数人而其亲等同一时，应按其需要之状况，酌为扶养。

第一千一百一十七条 受扶养权利者，以不能维持生活而无谋生能力者为限。

前项无谋生能力之限制，于直系血亲尊亲属，不适用之。

第一千一百一十八条 因负担扶养义务而不能维持自己生活者，免除其义务。

第一千一百一十九条 扶养之程度，应按受扶养权利者之需要与负扶养义务者之经济能力及身份定之。

第一千一百二十条 扶养之方法，由当事人协议定之；不能协议时，由亲属会议定之。

第一千一百二十一条 扶养之程度及方法，当事人得因情事之变更，请求变更之。

第六章 家

第一千一百二十二条 称家者，谓以永久共同之生活为目的而同居之亲属团体。

第一千一百二十三条 家置家长。

同家之人，除家长外，均为家属。

虽非亲属，而以永久共同生活为目的同居一家者，视为家属。

第一千一百二十四条 家长由亲属团体中推定之；无推定时，以家中之最尊辈者为之；尊辈同者，以年长者为之；最尊或最长者不能或不愿管理家务时，由其指定家属一人代理之。

第一千一百二十五条 家务由家长管理。但家长得以家务之一部，委托家属处理。

第一千一百二十六条 家长管理家务，应注意于家属全体之利益。

第一千一百二十七条 家属已成年或虽未成年而已结婚者，得请求由家分离。

第一千一百二十八条 家长对于已成年或虽未成年而已结婚之家属，得令其由家分离，但以有正当理由时为限。

第一千一百二十九条 依本法之规定应开亲属会议时，由当事人、法定代理人或其他利害关系人召集之。

第一千一百三十条 亲属会议，以会员五人组织之。

第一千一百三十一条 亲属会议之会员，应就未成年人、禁治产人或被继承人之左列亲属与顺序定之：

一、直系血亲尊亲属。

二、三亲等内旁系血亲尊亲属。

三、四亲等内之同辈血亲。

前项同一顺序之人，以亲等近者为先；亲等同者，父亲之亲属为先，同系而亲等同者，以年长者为先。

第一千一百三十二条 无前条规定之亲属，或亲属不足法定人数时，法院得因有召集权人之声请，于其他亲属中指定之。

第一千一百三十三条 监护人、未成年人及禁治产人，不得为亲属会议之会员。

第一千一百三十四条 依法应为亲属会议会员之人，非有正当理由，不得辞其职务。

第一千一百三十五条 亲属会议，非有三人以上之出席，不得开会；非有出席会员过半数之同意，不得为决议。

第一千一百三十六条 亲属会议之会员，于所议事件有个人利害关系者，不得加入决议。

第一千一百三十七条 第一千一百二十九条所定有召集权之人，对于亲属会议之决议有不服者，得于三个月内向法院声诉。

附4 《中华苏维埃共和国婚姻法》

（1934年中华苏维埃共和国中央执行委员会命令（中字第七号））

第一章 总 则

第一条 确定男女婚姻以自由为原则，废除一切包办强迫和买卖的婚姻制度。禁止童养媳。

第二条 实行一夫一妻，禁止一夫多妻与一妻多夫。

第二章 结 婚

第三条 结婚的年龄男子需满二十岁，女子须满十八岁。

第四条 男女结婚须双方同意，不许任何一方或第三者加以强迫。

第五条 禁止男女在三代以内亲族血统的结婚。

第六条 禁止患花柳病、麻风、肺病等危险性传染病者的结婚。但经医生验明认为可以结婚，不在此例。

第七条 禁止患神经病及风瘫者的结婚。

第八条 男女结婚须同到乡苏维埃或“市区”苏维埃举行登

记，领取结婚证。

第九条 凡男女实行同居者不论登记与否均以结婚论。

第三章 离 婚

第十条 确定离婚自由，男女一方坚决要求离婚的，即可离婚。

第十一条 红军战士之妻要求离婚，须得其夫同意。但在通信便利的地方，经过两年其夫无信回家者，其妻可向当地政府请求登记离婚，在通信困难的地方，经过四年其夫无信回家者，其妻可向当地政府请求登记离婚。

第十二条 男女离婚，须向乡苏维埃或“市区”苏维埃登记。

第四章 离婚后男女财产的处理

第十三条 离婚后男女原来的土地，财产，债务，各自处理。在结婚满一年，男女共同经营所增加的财产，男女平分。如有小孩，则按人口平分。男女同居时所负的公共债务，则归男子负责清偿。

第十四条 离婚后女子如果移居到别的乡村，得依照新居乡村的土地分配法分得土地，如新居乡村已无土地可分，则女子仍领有原有的土地，其处置办法或出租或出卖或与别人交换，由女子自己决定。决定归女子抚养的小孩，随母移居后，其土地分配或处理办法，完全适用上述的规定。

第十五条 离婚后女子如未再行结婚，并缺乏劳动力，或没有固定职业，因而不能维持生活者，男子须帮助女子耕种土地，或维持其生活。但如男子自己缺乏劳动力，或没有固定职业，不能维持生活者，不在此例。

第五章 离婚后小孩的处理

第十六条 离婚前所生的小孩及怀孕的小孩均归女子抚养。

如女子不愿抚养，则归男子抚养，但年长的小孩同时须尊重小孩的意见。

第十七条 所有归女子抚养的小孩，由男子担负小孩必需的生活费的三分之二，直至十六岁为止，其支付办法，或支现金，或为小孩耕种分得土地。

第十八条 女子再行结婚，其新夫愿抚养小孩的，小孩的亲父才可不负担前条规定的小孩生活费用之责。领养小孩的新夫，必须向乡苏维埃或市苏维埃登记，经登记后，须负责抚养成年，不得中途停止和虐待。

第六章 私生子处理

第十九条 一切私生子女得享受本婚姻法上关于合法小孩的一切权利。禁止虐待抛弃私生子。

附 则

第二十条 违反本法的，按照刑法处以应得之罪。

第二十一条 本法自公布之日起施行。

附5 《中华人民共和国婚姻法》(1950)

(1950年3月3日政务院第二十二次政务会议通过 1950年4月13日中央人民政府委员会第七次会议通过)

第一章 原 则

第一条 废除包办强迫、男尊女卑、漠视子女利益的封建主义婚姻制度。实行男女婚姻自由、一夫一妻、男女权利平等、保护妇女和子女合法权益的新民主主义婚姻制度。

第二条 禁止重婚、纳妾。禁止童养媳。禁止干涉寡妇婚姻自由。禁止任何人藉婚姻关系问题索取财物。

第二章 结 婚

第三条 结婚须男女双方本人完全自愿，不许任何一方对他方加以强迫或任何第三者加以干涉。

第四条 男二十岁，女十八岁，始得结婚。

第五条 男女有下列情形之一者，禁止结婚：

一、为直系血亲，或为同胞的兄弟姊妹和同父异母或同母异父的兄弟姊妹者；

其他五代内的旁系血亲间禁止结婚的问题，从习惯。

二、有生理缺陷不能发生性行为者。

三、患花柳病或精神失常未经治愈，患麻风或其他在医学上认为不应结婚之疾病者。

第六条 结婚应男女双方亲到所在地（区、乡）人民政府登记。凡合于本法规定的结婚，所在地人民政府应即发给结婚证。

凡不合于本法规定的结婚，不予登记。

第三章 夫妻间的权利和义务

第七条 夫妻为共同生活的伴侣，在家庭中地位平等。

第八条 夫妻有互爱互敬、互相帮助、互相扶养、和睦团结、劳动生产、抚育子女，为家庭幸福和新社会建设而共同奋斗的义务。

第九条 夫妻双方均有选择职业、参加工作和参加社会活动的自由。

第十条 夫妻双方对于家庭财产有平等的所有权与处理权。

第十一条 夫妻有各用自己姓名的权利。

第十二条 夫妻有互相继承遗产的权利。

第四章 父母子女间的关系

第十三条 父母对于子女有抚养教育的义务；子女对于父母有赡养扶助的义务；双方均不得虐待或遗弃。

养父母与养子女相互间的关系，适用前项规定。

溺婴或其他类似的犯罪行为，严加禁止。

第十四条 父母子女有互相继承遗产的权利。

第十五条 非婚生子女享受与婚生子女同等的权利，任何人不得加以危害或歧视。

非婚生子女经生母或其他人证物证证明其生父者，其生父应负担子女必需的生活费和教育费全部或一部；直至子女十八岁为止。

如经生母同意，生父可将子女领回抚养。

生母和他人结婚，原生子女的抚养，适用第二十二条的规定。

第十六条 夫对于其妻所抚养与前夫所生的子女或妻对于其夫所抚养与前妻所生的子女，不得虐待或歧视。

第五章 离 婚

第十七条 男女双方自愿离婚的，准予离婚。男女一方坚决要求离婚的，经区人民政府和司法机关调解无效时，亦准予离婚。

男女双方自愿离婚的，双方应向区人民政府登记，领取离婚证；区人民政府查明确系双方自愿并对子女和财产问题确有适当处理时，应即发给离婚证。男女一方坚决要求离婚的，得由区人民政府进行调解；如调解无效时，应即转报县或市人民法院处理；区人民政府并不得阻止或妨碍男女任何一方向县或市人民法院申诉。县或市人民法院对离婚案件，也应首先进行调解；如调解无效时，即行判决。

离婚后，如男女双方自愿恢复夫妻关系，应向区人民政府进行恢复结婚的登记；区人民政府应予以登记，并发给恢复结婚证。

第十八条 女方怀孕期间，男方不得提出离婚；男方要求离婚，须于女方分娩一年后，始得提出。但女方提出离婚的，不在此限。

第十九条 现役革命军人与家庭有通讯关系的，其配偶提出离婚，须得革命军人的同意。

自本法公布之日起，如革命军人与家庭两年无通讯关系，其配偶要求离婚，得准予离婚。在本法公布前，如革命军人与家庭已有两年以上无通讯关系，而在本法公布后，又与家庭有一年无通讯关系，其配偶要求离婚，也得准予离婚。

第六章 离婚后子女的抚养和教育

第二十条 父母与子女间的血亲关系，不因父母离婚而消灭。

离婚后，子女无论由父方或母方抚养，仍是父母双方的子女。

离婚后父母对于所生的子女，仍有抚养和教育的责任。

离婚后，哺乳期内的子女，以随哺乳的母亲为原则。哺乳期后的子女，如双方均愿抚养发生争执不能达成协议时，由人民法院根据子女的利益判决。

第二十一条 离婚后，女方抚养的子女，男方应负担必需的生活费和教育费全部或一部，负担费用的多寡及期限的长短，由双方协议；协议不成时，由人民法院判决。费用支付的办法，为付现金或实物或代小孩耕种分得的田地等。

离婚时，关于子女生活费和教育费的协议或判决，不妨碍子女向父母任何一方提出超过协议或判决原定数额的请求。

第二十二条 女方再行结婚后，新夫如愿负担女方原生子女的生活费和教育费全部或一部，则子女的生父的负担可酌情减少或免除。

第七章 离婚后的财产和生活

第二十三条 离婚时，除女方婚前财产归女方所有外，其他家庭财产如何处理，由双方协议；协议不成时，由人民法院根据家庭财产具体情况、照顾女方及子女利益和有利发展生产的原则判决。

如女方及子女分得的财产足以维持子女的生活费和教育费时，则男方可不再负担子女的生活费和教育费。

第二十四条 离婚时，原为夫妻共同生活所负担的债务，以共同生活时所得财产偿还；如无共同生活时所得财产或共同生活时所得财产不足清偿时，由男方清偿。男女一方单独所负的债务，由本人偿还。

第二十五条 离婚后，一方如未再行结婚而生活困难，他方应帮助维持其生活；帮助的办法及期限，由双方协议；协议不成时，由人民法院判决。

第八章　附　　则

第二十六条　违反本法者，依法制裁。

凡因干涉婚姻自由而引起被干涉者的死亡或伤害者，干涉者一律应并负刑事的责任。

第二十七条　本法自公布之日起施行。

在少数民族聚居的地区，大行政区人民政府（或军政委员会）或省人民政府得依据当地少数民族婚姻问题的具体情况，对本法制定某些变通的或补充的规定，提请政务院批准施行。

附6 《中华人民共和国婚姻法》(1980)

（中华人民共和国第五届全国人民代表大会第三次会议于1980年9月10日通过了修改的《中华人民共和国婚姻法》，现予公布，自1981年1月1日起施行。1950年4月13日中央人民政府委员会第七次会议通过）

目　录

第一章　总　　则

第一条　本法是婚姻家庭关系的基本准则。

第二条　实行婚姻自由、一夫一妻、男女平等的婚姻制度。保护妇女、儿童和老人的合法权益。实行计划生育。

第三条 禁止包办、买卖婚姻和其他干涉婚姻自由的行为。禁止借婚姻索取财物。禁止重婚。禁止家庭成员间的虐待和遗弃。

第二章 结 婚

第四条 结婚必须男女双方完全自愿，不许任何一方对他方加以强迫或任何第三者加以干涉。

第五条 结婚年龄，男不得早于二十二周岁，女不得早于二十周岁。晚婚晚育应予鼓励。

第六条 有下列情形之一的，禁止结婚：

一、直系血亲和三代以内的旁系血亲；

二、患麻风病未经治愈或患其他在医学上认为不应当结婚的疾病。

第七条 要求结婚的男女双方必须亲自到婚姻登记机关进行结婚登记。符合本法规定的，予以登记，发给结婚证，取得结婚证，即确立夫妻关系。

第八条 登记结婚后，根据男女双方约定，女方可以成为男方家庭的成员，男方也可以成为女方家庭的成员。

第三章 家庭关系

第九条 夫妻在家庭中地位平等。

第十条 夫妻双方都有各用自己姓名的权利。

第十一条 夫妻双方都有参加生产、工作、学习和社会活动的自由，一方不得对他方加以限制或干涉。

第十二条 夫妻双方都有实行计划生育的义务。

第十三条 夫妻在婚姻关系存续期间所得的财产，归夫妻共同所有，双方另有约定的除外。

夫妻对共同所有的财产，有平等的处理权。

第十四条 夫妻有互相扶养的义务。

一方不履行扶养义务时，需要扶养的一方，有要求对方付给扶养费的权利。

第十五条 父母对子女有抚养教育的义务；子女对父母有赡养扶助的义务。

父母不履行抚养义务时，未成年的或不能独立生活的子女，有要求父母付给抚养费的权利。

子女不履行赡养义务时，无劳动能力的或生活困难的父母，有要求子女付给赡养费的权利。

禁止溺婴和其他残害婴儿的行为。

第十六条 子女可以随父姓，也可以随母姓。

第十七条 父母有管教和保护未成年子女的权利和义务。在未成年子女对国家、集体或他人造成损害时，父母有赔偿经济损失的义务。

第十八条 夫妻有相互继承遗产的权利。

父母和子女有相互继承遗产的权利。

第十九条 非婚生子女享有与婚生子女同等的权利，任何人不得加以危害和歧视。

非婚生子女的生父，应负担子女必要的生活费和教育费的一部或全部，直至子女能独立生活为止。

第二十条 国家保护合法的收养关系。养父母和养子女间的权利和义务，适用本法对父母子女关系的有关规定。

养子女和生父母间的权利和义务，因收养关系的成立而消除。

第二十一条 继父母与继子女间，不得虐待或歧视。

继父或继母和受其抚养教育的继子女间的权利和义务，适用本法对父母子女关系的有关规定。

第二十二条 有负担能力的祖父母、外祖父母，对于父母已经死亡的未成年的孙子女、外孙子女，有抚养的义务。有负担能力的孙子女、外孙子女，对于子女已经死亡的祖父母、外祖父母，有赡养的义务。

第二十三条 有负担能力的兄、姊，对于父母已经死亡或父母无力抚养的未成年的弟、妹，有抚养的义务。

第四章 离 婚

第二十四条 男女双方自愿离婚的，准予离婚。双方须到婚姻登记机关申请离婚。婚姻登记机关查明双方确实是自愿并对子女和财产问题已有适当处理时，应即发给离婚证。

第二十五条 男女一方要求离婚的，可由有关部门进行调解或直接向人民法院提出离婚诉讼。

人民法院审理离婚案件，应当进行调解；如感情确已破裂，调解无效，应准予离婚。

第二十六条 现役军人的配偶要求离婚，须得军人同意。

第二十七条 女方在怀孕期间和分娩后一年内，男方不得提出离婚。女方提出离婚的，或人民法院认为确有必要受理男方离婚请求的，不在此限。

第二十八条 离婚后，男女双方自愿恢复夫妻关系的，应到婚姻登记机关进行复婚登记。婚姻登记机关应予以登记。

第二十九条 父母与子女间的关系，不因父母离婚而消除。离婚后，子女无论由父方或母方抚养，仍是父母双方的子女。

离婚后，父母对于子女仍有抚养和教育的权利和义务。

离婚后，哺乳期内的子女，以随哺乳的母亲抚养为原则。哺乳期后的子女，如双方因抚养问题发生争执不能达成协议时，由人民法院根据子女的权益和双方的具体情况判决。

第三十条 离婚后，一方抚养的子女，另一方应负担必要的生活费和教育费的一部或全部，负担费用的多少和期限的长短，由双方协议；协议不成时，由人民法院判决。

关于子女生活费和教育费的协议或判决，不妨碍子女在必要时向父母任何一方提出超过协议或判决原定数额的合理要求。

第三十一条 离婚时，夫妻的共同财产由双方协议处理；协议不成时，由人民法院根据财产的具体情况，照顾女方和子女权益的原则判决。

第三十二条 离婚时，原为夫妻共同生活所负的债务，以共同财产偿还。如该项财产不足清偿时，由双方协议清偿；协议不成时，由人民法院判决。男女一方单独所负债务，由本人偿还。

第三十三条 离婚时，如一方生活困难，另一方应给予适当的经济帮助。具体办法由双方协议；协议不成时，由人民法院判决。

第五章 附 则

第三十四条 违反本法者，得分别情况，依法予以行政处分或法律制裁。

第三十五条 对拒不执行有关扶养费、抚养费、赡养费、财产分割和遗产继承等判决或裁定的，人民法院得依法强制执行。有关单位应负协助执行的责任。

第三十六条 民族自治地方人民代表大会和它的常务委员会可以依据本法的原则，结合当地民族婚姻家庭的具体情况，制定某些变通的或补充的规定。自治州、自治县制定的规定，须报请省、自治区人民代表大会常务委员会批准。自治区制定的规定，须报全国人民代表大会常务委员会备案。

第三十七条 本法自1981年1月1日起施行。

1950年5月1日颁行的《中华人民共和国婚姻法》，自本法施行之日起废止。

附 7 《中华人民共和国婚姻法》(2001)

目　　录

第一章　总　　则

第一条　本法是婚姻家庭关系的基本准则。

第二条　实行婚姻自由、一夫一妻、男女平等的婚姻制度。

保护妇女、儿童和老人的合法权益。实行计划生育。

第三条　禁止包办、买卖婚姻和其他干涉婚姻自由的行为。禁止借婚姻索取财物。

禁止重婚。禁止有配偶者与他人同居。禁止家庭暴力。禁止家庭成员间的虐待和遗弃。

第四条 夫妻应当互相忠实，互相尊重;家庭成员间应当敬老爱幼，互相帮助，维护平等、和睦、文明的婚姻家庭关系。

第二章 结 婚

第五条 结婚必须男女双方完全自愿，不许任何一方对他方加以强迫或任何第三者加以干涉。

第六条 结婚年龄，男不得早于二十二周岁，女不得早于二十周岁。晚婚晚育应予鼓励。

第七条 有下列情形之一的，禁止结婚:

（一）直系血亲和三代以内的旁系血亲;

（二）患有医学上认为不应当结婚的疾病。

第八条 要求结婚的男女双方必须亲自到婚姻登记机关进行结婚登记。符合本法规定的，予以登记，发给结婚证。取得结婚证，即确立夫妻关系。未办理结婚登记的，应当补办登记。

第九条 登记结婚后，根据男女双方约定，女方可以成为男方家庭的成员，男方可以成为女方家庭的成员。

第十条 有下列情形之一的，婚姻无效:

（一）重婚的;

（二）有禁止结婚的亲属关系的;

（三）婚前患有医学上认为不应当结婚的疾病，婚后尚未治愈的;

（四）未到法定婚龄的。

第十一条 因胁迫结婚的，受胁迫的一方可以向婚姻登记机关或人民法院请求撤销该婚姻。受胁迫的一方撤销婚姻的请求，应当自结婚登记之日起一年内提出。被非法限制人身自由的当事人请求撤销婚姻的，应当自恢复人身自由之日起一年内提出。

第十二条 无效或被撤销的婚姻，自始无效。当事人不具有夫妻的权利和义务。同居期间所得的财产，由当事人协议处理;协议不成时，由人民法院根据照顾无过错方的原则判决。对重婚导致的婚姻无效的财产处理，不得侵害合法婚姻当事人的财产权益。当事人所生的子女，适用本法有关父母子女的规定。

第三章　家庭关系

第十三条　夫妻在家庭中地位平等。

第十四条　夫妻双方都有各用自己姓名的权利。

第十五条　夫妻双方都有参加生产、工作、学习和社会活动的自由，一方不得对他方加以限制或干涉。

第十六条　夫妻双方都有实行计划生育的义务。

第十七条　夫妻在婚姻关系存续期间所得的下列财产，归夫妻共同所有：

（一）工资、奖金；

（二）生产、经营的收益；

（三）知识产权的收益；

（四）继承或赠与所得的财产，但本法第十八条第三项规定的除外；

（五）其他应当归共同所有的财产。

夫妻对共同所有的财产，有平等的处理权。

第十八条　有下列情形之一的，为夫妻一方的财产：

（一）一方的婚前财产；

（二）一方因身体受到伤害获得的医疗费、残疾人生活补助费等费用；

（三）遗嘱或赠与合同中确定只归夫或妻一方的财产；

（四）一方专用的生活用品；

（五）其他应当归一方的财产。

第十九条　夫妻可以约定婚姻关系存续期间所得的财产以及婚前财产归各自所有、共同所有或部分各自所有、部分共同所有。约定应当采用书面形式。没有约定或约定不明确的，适用本法第十七条、第十八条的规定。

夫妻对婚姻关系存续期间所得的财产以及婚前财产的约定，对双方具有约束力。

夫妻对婚姻关系存续期间所得的财产约定归各自所有的，夫或妻一方对外所负的债务，第三人知道该约定的，以夫或妻一方所有的财产清偿。

第二十条 夫妻有互相扶养的义务。

一方不履行扶养义务时，需要扶养的一方，有要求对方付给扶养费的权利。

第二十一条 父母对子女有抚养教育的义务；子女对父母有赡养扶助的义务。

父母不履行抚养义务时，未成年的或不能独立生活的子女，有要求父母付给抚养费的权利。

子女不履行赡养义务时，无劳动能力的或生活困难的父母，有要求子女付给赡养费的权利。

禁止溺婴、弃婴和其他残害婴儿的行为。

第二十二条 子女可以随父姓，可以随母姓。

第二十三条 父母有保护和教育未成年子女的权利和义务。在未成年子女对国家、集体或他人造成损害时，父母有承担民事责任的义务。

第二十四条 夫妻有相互继承遗产的权利。

父母和子女有相互继承遗产的权利。

第二十五条 非婚生子女享有与婚生子女同等的权利，任何人不得加以危害和歧视。

不直接抚养非婚生子女的生父或生母，应当负担子女的生活费和教育费，直至子女能独立生活为止。

第二十六条 国家保护合法的收养关系。养父母和养子女间的权利和义务，适用本法对父母子女关系的有关规定。

养子女和生父母间的权利和义务，因收养关系的成立而消除。

第二十七条 继父母与继子女间，不得虐待或歧视。

继父或继母和受其抚养教育的继子女间的权利和义务，适用本法对父母子女关系的有关规定。

第二十八条 有负担能力的祖父母、外祖父母，对于父母已经死亡或父母无力抚养的未成年的孙子女、外孙子女，有抚养的义务。有负担能力的孙子女、外孙子女，对于子女已经死亡或子女无力赡养的祖父母、外祖父母，有赡养的义务。

第二十九条 有负担能力的兄、姐，对于父母已经死亡或父母无力抚养的未成年的弟、妹，有扶养的义务。由兄、姐扶养长大的有负担能力的弟、妹，对于缺乏劳动能力又缺乏生活来源的兄、姐，有扶养的义务。

第三十条 子女应当尊重父母的婚姻权利，不得干涉父母再婚以及婚后的生活。子女对父母的赡养义务，不因父母的婚姻关系变化而终止。

第四章 离　　婚

第三十一条 男女双方自愿离婚的，准予离婚。双方必须到婚姻登记机关申请离婚。婚姻登记机关查明双方确实是自愿并对子女和财产问题已有适当处理时，发给离婚证。

第三十二条 男女一方要求离婚的，可由有关部门进行调解或直接向人民法院提出离婚诉讼。

人民法院审理离婚案件，应当进行调解；如感情确已破裂，调解无效，应准予离婚。

有下列情形之一，调解无效的，应准予离婚：

（一）重婚或有配偶者与他人同居的；

（二）实施家庭暴力或虐待、遗弃家庭成员的；

（三）有赌博、吸毒等恶习屡教不改的；

（四）因感情不和分居满两年的；

（五）其他导致夫妻感情破裂的情形。

一方被宣告失踪，另一方提出离婚诉讼的，应准予离婚。

第三十三条 现役军人的配偶要求离婚，须得军人同意，但军人一方有重大过错的除外。

第三十四条 女方在怀孕期间、分娩后一年内或中止妊娠后六个月内，男方不得提出离婚。女方提出离婚的，或人民法院认为确有必要受理男方离婚请求的，不在此限。

第三十五条 离婚后，男女双方自愿恢复夫妻关系的，必须到婚姻登记机关进行复婚登记。

第三十六条 父母与子女间的关系，不因父母离婚而消除。离婚后，子女无论由父或母直接抚养，仍是父母双方的子女。

离婚后，父母对于子女仍有抚养和教育的权利和义务。

离婚后，哺乳期内的子女，以随哺乳的母亲抚养为原则。哺乳期后的子女，如双方因抚养问题发生争执不能达成协议时，由人民法院根据子女的权益和双方的具体情况判决。

第三十七条 离婚后，一方抚养的子女，另一方应负担必要的生活费和教育费的一部或全部，负担费用的多少和期限的长短，由双方协议；协议不成时，由人民法院判决。

关于子女生活费和教育费的协议或判决，不妨碍子女在必要时向父母任何一方提出超过协议或判决原定数额的合理要求。

第三十八条 离婚后，不直接抚养子女的父或母，有探望子女的权利，另一方有协助的义务。

行使探望权利的方式、时间由当事人协议；协议不成时，由人民法院判决。

父或母探望子女，不利于子女身心健康的，由人民法院依法中止探望的权利；中止的事由消失后，应当恢复探望的权利。

第三十九条 离婚时，夫妻的共同财产由双方协议处理；协议不成时，由人民法院根据财产的具体情况，照顾子女和女方权益的原则判决。

夫或妻在家庭土地承包经营中享有的权益等，应当依法予以保护。

第四十条 夫妻书面约定婚姻关系存续期间所得的财产归各自所有，一方因抚育子女、照料老人、协助另一方工作等付出较多义务的，离婚时有权向另一方请求补偿，另一方应当予以补偿。

第四十一条 离婚时，原为夫妻共同生活所负的债务，应当共同偿还。共同财产不足清偿的，或财产归各自所有的，由双方协议清偿；协议不成时，由人民法院判决。

第四十二条 离婚时，如一方生活困难，另一方应从其住房等个人财产中给予适当帮助。具体办法由双方协议；协议不成时，由人民法院判决。

第五章 救助措施与法律责任

第四十三条 实施家庭暴力或虐待家庭成员，受害人有权提出请求，居民委员会、村民委员会以及所在单位应当予以劝阻、调解。

对正在实施的家庭暴力，受害人有权提出请求，居民委员会、村民委员会应当予以劝阻；公安机关应当予以制止。

实施家庭暴力或虐待家庭成员，受害人提出请求的，公安机关应当依照治安管理处罚的法律规定予以行政处罚。

第四十四条 对遗弃家庭成员，受害人有权提出请求，居民委员会、村民委员会以及所在单位应当予以劝阻、调解。

对遗弃家庭成员，受害人提出请求的，人民法院应当依法作出支付扶养费、抚养费、赡养费的判决。

第四十五条 对重婚的，对实施家庭暴力或虐待、遗弃家庭成员构成犯罪的，依法追究刑事责任。受害人可以依照刑事诉讼法的有关规定，向人民法院自诉；公安机关应当依法侦查，人民检察院应当依法提起公诉。

第四十六条 有下列情形之一，导致离婚的，无过错方有权请求损害赔偿：

（一）重婚的；

（二）有配偶者与他人同居的；

（三）实施家庭暴力的；

（四）虐待、遗弃家庭成员的。

第四十七条 离婚时，一方隐藏、转移、变卖、毁损夫妻共同财产，或伪造债务企图侵占另一方财产的，分割夫妻共同财产时，对隐藏、转移、变卖、毁损夫妻共同财产或伪造债务的一方，可以少分或不分。离婚后，另一方发现有上述行为的，可以向人民法院提起诉讼，请求再次分割夫妻共同财产。

人民法院对前款规定的妨害民事诉讼的行为，依照民事诉讼法的规定予以制裁。

第四十八条 对拒不执行有关扶养费、抚养费、赡养费、财产分割、遗产继承、探望子女等判决或裁定的，由人民法院依法强制执行。有关个人和单位应负协助执行的责任。

第四十九条 其他法律对有关婚姻家庭的违法行为和法律责任另有规定的，依照其规定。

第六章 附　　则

第五十条 民族自治地方的人民代表大会有权结合当地民族婚姻家庭的具体情况，制定变通规定。自治州、自治县制定的变通规定，报省、自治区、直辖市人民代表大会常务委员会批准后生效。自治区制定的变通规定，报全国人民代表大会常务委员会批准后生效。

第五十一条 本法自1981年1月1日起施行。

附8　最高人民法院《关于适用〈中华人民共和国婚姻法〉若干问题的解释(一)》

(《最高人民法院关于适用〈中华人民共和国婚姻法〉若干问题的解释(一)》已于2001年12月24日由最高人民法院审判委员会第1202次会议通过。现予公布,自2001年12月27日起施行。)

为了正确审理婚姻家庭纠纷案件,根据《中华人民共和国婚姻法》(以下简称婚姻法)、《中华人民共和国民事诉讼法》等法律的规定,对人民法院适用婚姻法的有关问题作出如下解释:

第一条　婚姻法第三条、第三十二条、第四十三条、第四十五条、第四十六条所称的“家庭暴力”,是指行为人以殴打、捆绑、残害、强行限制人身自由或者其他手段,给其家庭成员的身体、精神等方面造成一定伤害后果的行为。持续性、经常性的家庭暴力,构成虐待。

第二条　婚姻法第三条、第三十二条、第四十六条规定的“有配偶者与他人同居”的情形,是指有配偶者与婚外异性,不以夫妻名义，持续、稳定地共同居住。

第三条 当事人仅以婚姻法第四条为依据提起诉讼的，人民法院不予受理；已经受理的，裁定驳回起诉。

第四条 男女双方根据婚姻法第八条规定补办结婚登记的，婚姻关系的效力从双方均符合婚姻法所规定的结婚的实质要件时起算。

第五条 未按婚姻法第八条规定办理结婚登记而以夫妻名义共同生活的男女，起诉到人民法院要求离婚的，应当区别对待：

（一）1994 年 2 月 1 日民政部《婚姻登记管理条例》公布实施以前，男女双方已经符合结婚实质要件的，按事实婚姻处理；

（二）1994 年 2 月 1 日民政部《婚姻登记管理条例》公布实施以后，男女双方符合结婚实质要件的，人民法院应当告知其在案件受理前补办结婚登记；未补办结婚登记的，按解除同居关系处理。

第六条 未按婚姻法第八条规定办理结婚登记而以夫妻名义共同生活的男女，一方死亡，另一方以配偶身份主张享有继承权的，按照本解释第五条的原则处理。

第七条 有权依据婚姻法第十条规定向人民法院就已办理结婚登记的婚姻申请宣告婚姻无效的主体，包括婚姻当事人及利害关系人。利害关系人包括：

（一）以重婚为由申请宣告婚姻无效的，为当事人的近亲属及基层组织。

（二）以未到法定婚龄为由申请宣告婚姻无效的，为未达法定婚龄者的近亲属。

（三）以有禁止结婚的亲属关系为由申请宣告婚姻无效的，为当事人的近亲属。

（四）以婚前患有医学上认为不应当结婚的疾病，婚后尚未治愈为由申请宣告婚姻无效的，为与患病者共同生活的近亲属。

第八条 当事人依据婚姻法第十条规定向人民法院申请宣告婚姻无效的，申请时，法定的无效婚姻情形已经消失的，人民法院不予支持。

第九条 人民法院审理宣告婚姻无效案件，对婚姻效力的审理不适用调解，应当依法作出判决；有关婚姻效力的判决一经作出，即发生法律效力。

涉及财产分割和子女抚养的，可以调解。调解达成协议的，另行制作调解书。对财产分割和子女抚养问题的判决不服的，当事人可以上诉。

第十条 婚姻法第十一条所称的“胁迫”，是指行为人以给另一方当事人或者其近亲属的生命、身体健康、名誉、财产等方面造成损害为要挟，迫使另一方当事人违背真实意愿结婚的情况。

因受胁迫而请求撤销婚姻的，只能是受胁迫一方的婚姻关系当事人本人。

第十一条 人民法院审理婚姻当事人因受胁迫而请求撤销婚姻的案件，应当适用简易程序或者普通程序。

第十二条 婚姻法第十一条规定的“一年”，不适用诉讼时效中止、中断或者延长的规定。

第十三条 婚姻法第十二条所规定的自始无效，是指无效或者可撤销婚姻在依法被宣告无效或被撤销时，才确定该婚姻自始不受法律保护。

第十四条 人民法院根据当事人的申请，依法宣告婚姻无效或者撤销婚姻的，应当收缴双方的结婚证书并将生效的判决书寄送当地婚姻登记管理机关。

第十五条 被宣告无效或被撤销的婚姻，当事人同居期间所得的财产，按共同共有处理。但有证据证明为当事人一方所有的除外。

第十六条 人民法院审理重婚导致的无效婚姻案件时，涉及财产处理的，应当准许合法婚姻当事人作为有独立请求权的第三人参加诉讼。

第十七条 婚姻法第十七条关于“夫或妻对夫妻共同所有的财

产，有平等的处理权”的规定，应当理解为：

（一）夫或妻在处理夫妻共同财产上的权利是平等的。因日常生活需要而处理夫妻共同财产的，任何一方均有权决定。

（二）夫或妻非因日常生活需要对夫妻共同财产做重要处理决定，夫妻双方应当平等协商，取得一致意见。他人有理由相信其为夫妻双方共同意思表示的，另一方不得以不同意或不知道为由对抗善意第三人。

第十八条 婚姻法第十九条所称“第三人知道该约定的”，夫妻一方对此负有举证责任。

第十九条 婚姻法第十八条规定为夫妻一方所有的财产，不因婚姻关系的延续而转化为夫妻共同财产。但当事人另有约定的除外。

第二十条 婚姻法第二十一条规定的“不能独立生活的子女”，是指尚在校接受高中及其以下学历教育，或者丧失或未完全丧失劳动能力等非因主观原因而无法维持正常生活的成年子女。

第二十一条 婚姻法第二十一条所称“抚养费”，包括子女生活费、教育费、医疗费等费用。

第二十二条 人民法院审理离婚案件，符合第三十二条第二款规定“应准予离婚”情形的，不应当因当事人有过错而判决不准离婚。

第二十三条 婚姻法第三十三条所称的“军人一方有重大过错”，可以依据婚姻法第三十二条第二款前三项规定及军人有其他重大过错导致夫妻感情破裂的情形予以判断。

第二十四条 人民法院作出的生效的离婚判决中未涉及探望权，当事人就探望权问题单独提起诉讼的，人民法院应予受理。

第二十五条 当事人在履行生效判决、裁定或者调解书的过程中，请求中止行使探望权的，人民法院在征询双方当事人意见后，认为需要中止行使探望权的，依法作出裁定。中止探望的情形消失后，人民法院应当根据当事人的申请通知其恢复探望权的行使。

第二十六条 未成年子女、直接抚养子女的父或母及其他对未成年子女负担抚养、教育义务的法定监护人，有权向人民法院提出中止探望权的请求。

第二十七条 婚姻法第四十二条所称“一方生活困难”，是指依靠个人财产和离婚时分得的财产无法维持当地基本生活水平。

一方离婚后没有住处的，属于生活困难。

离婚时，一方以个人财产中的住房对生活困难者进行帮助的形式，可以是房屋的居住权或者房屋的所有权。

第二十八条 婚姻法第四十六条规定的“损害赔偿”，包括物质损害赔偿和精神损害赔偿。涉及精神损害赔偿的，适用最高人民法院《关于确定民事侵权精神损害赔偿责任若干问题的解释》的有关规定。

第二十九条 承担婚姻法第四十六条规定的损害赔偿责任的主体，为离婚诉讼当事人中无过错方的配偶。

人民法院判决不准离婚的案件，对于当事人基于婚姻法第四十六条提出的损害赔偿请求，不予支持。

在婚姻关系存续期间，当事人不起诉离婚而单独依据该条规定提起损害赔偿请求的，人民法院不予受理。

第三十条 人民法院受理离婚案件时，应当将婚姻法第四十六条等规定中当事人的有关权利义务，书面告知当事人。在适用婚姻法第四十六条时，应当区分以下不同情况：

（一）符合婚姻法第四十六条规定的无过错方作为原告基于该条规定向人民法院提起损害赔偿请求的，必须在离婚诉讼的同时提出。

（二）符合婚姻法第四十六条规定的无过错方作为被告的离婚诉讼案件，如果被告不同意离婚也不基于该条规定提起损害赔偿请求的，可以在离婚后一年内就此单独提起诉讼。

（三）无过错方作为被告的离婚诉讼案件，一审时被告未基于婚姻法第四十六条规定提出损害赔偿请求，二审期间提出的，人民法院应当进行调解，调解不成的，告知当事人在离婚后一年内另行起诉。

第三十一条 当事人依据婚姻法第四十七条的规定向人民法院提起诉讼，请求再次分割夫妻共同财产的诉讼时效为两年，从当事人发现之次日起计算。

第三十二条 婚姻法第四十八条关于对拒不执行有关探望子女等判决和裁定的，由人民法院依法强制执行的规定，是指对拒不履行协助另一方行使探望权的有关个人和单位采取拘留、罚款等强制措施，不能对子女的人身、探望行为进行强制执行。

第三十三条 婚姻法修改后正在审理的一、二审婚姻家庭纠纷案件，一律适用修改后的婚姻法。此前最高人民法院作出的相关司法解释如与本解释相抵触，以本解释为准。

第三十四条 本解释自公布之日起施行。

附9　最高人民法院《关于适用〈中华人民共和国婚姻法〉若干问题的解释（二）》

为正确审理婚姻家庭纠纷案件，根据《中华人民共和国婚姻法》（以下简称婚姻法）、《中华人民共和国民事诉讼法》等相关法律规定，对人民法院适用婚姻法的有关问题作出如下解释：

第一条　当事人起诉请求解除同居关系的，人民法院不予受理。但当事人请求解除的同居关系，属于婚姻法第三条、第三十二条、第四十六条规定的“有配偶者与他人同居”的，人民法院应当受理并依法予以解除。

当事人因同居期间财产分割或者子女抚养纠纷提起诉讼的，人民法院应当受理。

第二条　人民法院受理申请宣告婚姻无效案件后，经审查确属无效婚姻的，应当依法作出宣告婚姻无效的判决。原告申请撤诉的，不予准许。

第三条　人民法院受理离婚案件后，经审查确属无效婚姻的，应当将婚姻无效的情形告知当事人，并依法作出宣告婚姻无效的判决。

第四条 人民法院审理无效婚姻案件，涉及财产分割和子女抚养的，应当对婚姻效力的认定和其他纠纷的处理分别制作裁判文书。

第五条 夫妻一方或者双方死亡后一年内，生存一方或者利害关系人依据婚姻法第十条的规定申请宣告婚姻无效的，人民法院应当受理。

第六条 利害关系人依据婚姻法第十条的规定，申请人民法院宣告婚姻无效的，利害关系人为申请人，婚姻关系当事人双方为被申请人。

夫妻一方死亡的，生存一方为被申请人。

夫妻双方均已死亡的，不列被申请人。

第七条 人民法院就同一婚姻关系分别受理了离婚和申请宣告婚姻无效案件的，对于离婚案件的审理，应当待申请宣告婚姻无效案件作出判决后进行。

前款所指的婚姻关系被宣告无效后，涉及财产分割和子女抚养的，应当继续审理。

第八条 离婚协议中关于财产分割的条款或者当事人因离婚就财产分割达成的协议，对男女双方具有法律约束力。

当事人因履行上述财产分割协议发生纠纷提起诉讼的，人民法院应当受理。

第九条 男女双方协议离婚后一年内就财产分割问题反悔，请求变更或者撤销财产分割协议的，人民法院应当受理。

人民法院审理后，未发现订立财产分割协议时存在欺诈、胁迫等情形的，应当依法驳回当事人的诉讼请求。

第十条 当事人请求返还按照习俗给付的彩礼的，如果查明属于以下情形，人民法院应当予以支持：

（一）双方未办理结婚登记手续的；

（二）双方办理结婚登记手续但确未共同生活的；

（三）婚前给付并导致给付人生活困难的。

适用前款第（二）、（三）项的规定，应当以双方离婚为条件。

第十一条 婚姻关系存续期间，下列财产属于婚姻法第十七条规定的“其他应当归共同所有的财产”：

（一）一方以个人财产投资取得的收益；

（二）男女双方实际取得或者应当取得的住房补贴、住房公积金；

（三）男女双方实际取得或者应当取得的养老保险金、破产安置补偿费。

第十二条 婚姻法第十七条第三项规定的“知识产权的收益”，是指婚姻关系存续期间，实际取得或者已经明确可以取得的财产性收益。

第十三条 军人的伤亡保险金、伤残补助金、医药生活补助费属于个人财产。

第十四条 人民法院审理离婚案件，涉及分割发放到军人名下的复员费、自主择业费等一次性费用的，以夫妻婚姻关系存续年限乘以年平均值，所得数额为夫妻共同财产。

前款所称年平均值，是指将发放到军人名下的上述费用总额按具体年限均分得出的数额。其具体年限为人均寿命七十岁与军人入伍时实际年龄的差额。

第十五条 夫妻双方分割共同财产中的股票、债券、投资基金份额等有价证券以及未上市股份有限公司股份时，协商不成或者按市价分配有困难的，人民法院可以根据数量按比例分配。

第十六条 人民法院审理离婚案件，涉及分割夫妻共同财产中以一方名义在有限责任公司的出资额，另一方不是该公司股东的，按以下情形分别处理：

（一）夫妻双方协商一致将出资额部分或者全部转让给该股东的配偶，过半数股东同意、其他股东明确表示放弃优先购买权的，该股东的配偶可以成为该公司股东；

（二）夫妻双方就出资额转让份额和转让价格等事项协商一致后，过半数股东不同意转让，但愿意以同等价格购买该出资额的，人民法院可以对转让出资所得财产进行分割。过半数股东不同意转让，也不愿意以同等价格购买该出资额的，视为其同意转让，该股东的配偶可以成为该公司股东。

用于证明前款规定的过半数股东同意的证据，可以是股东会决议，也可以是当事人通过其他合法途径取得的股东的书面声明材料。

第十七条 人民法院审理离婚案件，涉及分割夫妻共同财产中以一方名义在合伙企业中的出资，另一方不是该企业合伙人的，当夫妻双方协商一致，将其合伙企业中的财产份额全部或者部分转让给对方时，按以下情形分别处理：

（一）其他合伙人一致同意的，该配偶依法取得合伙人地位；

（二）其他合伙人不同意转让，在同等条件下行使优先受让权的，可以对转让所得的财产进行分割；

（三）其他合伙人不同意转让，也不行使优先受让权，但同意该合伙人退伙或者退还部分财产份额的，可以对退还的财产进行分割；

（四）其他合伙人既不同意转让，也不行使优先受让权，又不同意该合伙人退伙或者退还部分财产份额的，视为全体合伙人同意转让，该配偶依法取得合伙人地位。

第十八条 夫妻以一方名义投资设立独资企业的，人民法院分割夫妻在该独资企业中的共同财产时，应当按照以下情形分别处理：

（一）一方主张经营该企业的，对企业资产进行评估后，由取得企业一方给予另一方相应的补偿；

（二）双方均主张经营该企业的，在双方竞价基础上，由取得企业的一方给予另一方相应的补偿；

（三）双方均不愿意经营该企业的，按照《中华人民共和国个人独资企业法》等有关规定办理。

第十九条 由一方婚前承租、婚后用共同财产购买的房屋，房屋权属证书登记在一方名下的，应当认定为夫妻共同财产。

第二十条 双方对夫妻共同财产中的房屋价值及归属无法达成协议时，人民法院按以下情形分别处理：

（一）双方均主张房屋所有权并且同意竞价取得的，应当准许；

（二）一方主张房屋所有权的，由评估机构按市场价格对房屋作出评估，取得房屋所有权的一方应当给予另一方相应的补偿；

（三）双方均不主张房屋所有权的，根据当事人的申请拍卖房屋，就所得价款进行分割。

第二十一条 离婚时双方对尚未取得所有权或者尚未取得完全所有权的房屋有争议且协商不成的，人民法院不宜判决房屋所有权的归属，应当根据实际情况判决由当事人使用。

当事人就前款规定的房屋取得完全所有权后，有争议的，可以另行向人民法院提起诉讼。

第二十二条 当事人结婚前，父母为双方购置房屋出资的，该出资应当认定为对自己子女的个人赠与，但父母明确表示赠与双方的除外。

当事人结婚后，父母为双方购置房屋出资的，该出资应当认定为对夫妻双方的赠与，但父母明确表示赠与一方的除外。

第二十三条 债权人就一方婚前所负个人债务向债务人的配偶主张权利的，人民法院不予支持。但债权人能够证明所负债务用于婚后家庭共同生活的除外。

第二十四条 债权人就婚姻关系存续期间夫妻一方以个人名义所负债务主张权利的，应当按夫妻共同债务处理。但夫妻一方能够证明债权人与债务人明确约定为个人债务，或者能够证明属于婚姻法第十九条第三款规定情形的除外。

第二十五条　当事人的离婚协议或者人民法院的判决书、裁定书、调解书已经对夫妻财产分割问题作出处理的，债权人仍有权就夫妻共同债务向男女双方主张权利。

一方就共同债务承担连带清偿责任后，基于离婚协议或者人民法院的法律文书向另一方主张追偿的，人民法院应当支持。

第二十六条　夫或妻一方死亡的，生存一方应当对婚姻关系存续期间的共同债务承担连带清偿责任。

第二十七条　当事人在婚姻登记机关办理离婚登记手续后，以婚姻法第四十六条规定为由向人民法院提出损害赔偿请求的，人民法院应当受理。但当事人在协议离婚时已经明确表示放弃该项请求，或者在办理离婚登记手续一年后提出的，不予支持。

第二十八条　夫妻一方申请对配偶的个人财产或者夫妻共同财产采取保全措施的，人民法院可以在采取保全措施可能造成损失的范围内，根据实际情况，确定合理的财产担保数额。

第二十九条　本解释自 2004 年 4 月 1 日起施行。

本解释施行后，人民法院新受理的一审婚姻家庭纠纷案件，适用本解释。

本解释施行后，此前最高人民法院作出的相关司法解释与本解释相抵触的，以本解释为准。

附 10　最高人民法院《关于适用〈中华人民共和国婚姻法〉若干问题的解释（三）》

（2011 年 7 月 4 日最高人民法院审判委员会第 1525 次会议通过）

为正确审理婚姻家庭纠纷案件，根据《中华人民共和国婚姻法》《中华人民共和国民事诉讼法》等相关法律规定，对人民法院适用婚姻法的有关问题作出如下解释：

第一条　当事人以婚姻法第十条规定以外的情形申请宣告婚姻无效的，人民法院应当判决驳回当事人的申请。

当事人以结婚登记程序存在瑕疵为由提起民事诉讼，主张撤销结婚登记的，告知其可以依法申请行政复议或者提起行政诉讼。

第二条　夫妻一方向人民法院起诉请求确认亲子关系不存在，并已提供必要证据予以证明，另一方没有相反证据又拒绝做亲子鉴定的，人民法院可以推定请求确认亲子关系不存在一方的主张成立。

当事人一方起诉请求确认亲子关系，并提供必要证据予以证明，另一方没有相反证据又拒绝做亲子鉴定的，人民法院可以推定请求确认亲子关系一方的主张成立。

第三条 婚姻关系存续期间，父母双方或者一方拒不履行抚养子女义务，未成年或者不能独立生活的子女请求支付抚养费的，人民法院应予支持。

第四条 婚姻关系存续期间，夫妻一方请求分割共同财产的，人民法院不予支持，但有下列重大理由且不损害债权人利益的除外：

（一）一方有隐藏、转移、变卖、毁损、挥霍夫妻共同财产或者伪造夫妻共同债务等严重损害夫妻共同财产利益行为的；

（二）一方负有法定扶养义务的人患重大疾病需要医治，另一方不同意支付相关医疗费用的。

第五条 夫妻一方个人财产在婚后产生的收益，除孳息和自然增值外，应认定为夫妻共同财产。

第六条 婚前或者婚姻关系存续期间，当事人约定将一方所有的房产赠与另一方，赠与方在赠与房产变更登记之前撤销赠与，另一方请求判令继续履行的，人民法院可以按照合同法第一百八十六条的规定处理。

第七条 婚后由一方父母出资为子女购买的不动产，产权登记在出资人子女名下的，可按照婚姻法第十八条第（三）项的规定，视为只对自己子女一方的赠与，该不动产应认定为夫妻一方的个人财产。

由双方父母出资购买的不动产，产权登记在一方子女名下的，该不动产可认定为双方按照各自父母的出资份额按份共有，但当事人另有约定的除外。

第八条 无民事行为能力人的配偶有虐待、遗弃等严重损害无民事行为能力一方的人身权利或者财产权益行为，其他有监护资格的人可以依照特别程序要求变更监护关系；变更后的监护人代理无民事行为能力一方提起离婚诉讼的，人民法院应予受理。

第九条 夫以妻擅自中止妊娠侵犯其生育权为由请求损害赔偿的，人民法院不予支持；夫妻双方因是否生育发生纠纷，致使感情确已破裂，一方请求离婚的，人民法院经调解无效，应依照婚姻法第三十二条第三款第（五）项的规定处理。

第十条 夫妻一方婚前签订不动产买卖合同，以个人财产支付首付款并在银行贷款，婚后用夫妻共同财产还贷，不动产登记于首付款支付方名下的，离婚时该不动产由双方协议处理。

依前款规定不能达成协议的，人民法院可以判决该不动产归产权登记一方，尚未归还的贷款为产权登记一方的个人债务。双方婚后共同还贷支付的款项及其相对应财产增值部分，离婚时应根据婚姻法第三十九条第一款规定的原则，由产权登记一方对另一方进行补偿。

第十一条 一方未经另一方同意出售夫妻共同共有的房屋，第三人善意购买、支付合理对价并办理产权登记手续，另一方主张追回该房屋的，人民法院不予支持。

夫妻一方擅自处分共同共有的房屋造成另一方损失，离婚时另一方请求赔偿损失的，人民法院应予支持。

第十二条 婚姻关系存续期间，双方用夫妻共同财产出资购买以一方父母名义参加房改的房屋，产权登记在一方父母名下，离婚时另一方主张按照夫妻共同财产对该房屋进行分割的，人民法院不予支持。购买该房屋时的出资，可以作为债权处理。

第十三条 离婚时夫妻一方尚未退休、不符合领取养老保险金条件，另一方请求按照夫妻共同财产分割养老保险金的，人民法院不予支持；婚后以夫妻共同财产缴付养老保险费，离婚时一方主张将养老金账户中婚姻关系存续期间个人实际缴付部分作为夫妻共同财产分割的，人民法院应予支持。

第十四条 当事人达成的以登记离婚或者到人民法院协议离婚为条件的财产分割协议，如果双方协议离婚未成，一方在离婚诉讼中反悔的，人民法院应当认定该财产分割协议没有生效，并根据实际情况依法对夫妻共同财产进行分割。

第十五条 婚姻关系存续期间，夫妻一方作为继承人依法可以继承的遗产，在继承人之间尚未实际分割，起诉离婚时另一方请求分割的，人民法院应当告知当事人在继承人之间实际分割遗产后另行起诉。

第十六条 夫妻之间订立借款协议，以夫妻共同财产出借给一方从事个人经营活动或用于其他个人事务的，应视为双方约定处分夫妻共同财产的行为，离婚时可按照借款协议的约定处理。

第十七条 夫妻双方均有婚姻法第四十六条规定的过错情形，一方或者双方向对方提出离婚损害赔偿请求的，人民法院不予支持。

第十八条 离婚后，一方以尚有夫妻共同财产未处理为由向人民法院起诉请求分割的，经审查该财产确属离婚时未涉及的夫妻共同财产，人民法院应当依法予以分割。

第十九条 本解释施行后，最高人民法院此前作出的相关司法解释与本解释相抵触的，以本解释为准。

附11　最高人民法院《关于人民法院审理离婚案件如何认定夫妻感情确已破裂的若干具体意见》

（1989年11月21日）

（人民法院审理离婚案件，准予或不准离婚应以夫妻感情是否确已破裂作为区分的界限。判断夫妻感情是否确已破裂，应当从婚姻基础、婚后感情、离婚原因、夫妻关系的现状和有无和好的可能等方面综合分析。根据婚姻法的有关规定和审判实践经验，凡属下列情形之一的，视为夫妻感情确已破裂。一方坚决要求离婚，经调解无效，可依法判决准予离婚。）

1. 一方患有法定禁止结婚疾病的，或一方有生理缺陷，或其他原因不能发生性行为，且难以治愈的。

2. 婚前缺乏了解，草率结婚，婚后未建立起夫妻感情，难以共同生活的。

3. 婚前隐瞒了精神病，婚后经治不愈，或者婚前知道对方患有精神病而与其结婚，或一方在夫妻共同生活期间患精神病，久治不愈的。

4. 一方欺骗对方，或者在结婚登记时弄虚作假，骗取《结婚证》的。

5. 双方办理结婚登记后，未同居生活，无和好可能的。

6. 包办、买卖婚姻，婚后一方随即提出离婚，或者虽共同生活多年，但确未建立起夫妻感情的。

7. 因感情不和分居已满3年，确无和好可能的，或者经人民法院判决不准离婚后又分居满1年，互不履行夫妻义务的。

8. 一方与他人通奸、非法同居，经教育仍无悔改表现，无过错一方起诉离婚，或者过错方起诉离婚，对方不同意离婚，经批评教育、处分，或在人民法院判决不准离婚后，过错方又起诉离婚，确无和好可能的。

9. 一方重婚，对方提出离婚的。

10. 一方好逸恶劳、有赌博等恶习，不履行家庭义务，屡教不改，夫妻难以共同生活的。

11. 一方被依法判处长期徒刑，或其违法、犯罪行为严重伤害夫妻感情的。

12. 一方下落不明满2年，对方起诉离婚，经公告查找确无下落的。

13. 受对方的虐待、遗弃，或者受对方亲属虐待，或虐待对方亲属，经教育不改，另一方不谅解的。

14. 因其他原因导致夫妻感情确已破裂的。

附 12 最高人民法院《关于人民法院审理未办结婚登记而以夫妻名义同居生活案件的若干意见》

（1989 年 11 月 21 日）

人民法院审理未办结婚登记而以夫妻名义同居生活的案件，应首先向双方当事人严肃指出其行为的违法性和危害性，并视其违法情节给予批评教育或民事制裁。但基于这类“婚姻”关系形成的原因和案件的具体情况复杂，为保护妇女和儿童的合法权益，有利于婚姻家庭关系的稳定，维护安定团结，在一定时期内，有条件的承认其事实婚姻关系，是符合实际的。为此，我们根据法律规定和审判实践经验，对此类案件的审理提出以下意见：

1. 1986 年 3 月 15 日《婚姻登记办法》施行之前，未办结婚登记手续即以夫妻名义同居生活，群众也认为是夫妻关系的，一方向人民法院起诉“离婚”，如起诉时双方均符合结婚的法定条件，可认定为事实婚姻关系；如起诉时一方或双方不符合结婚的法定条件，应认定为非法同居关系。

2. 1986 年 3 月 15 日《婚姻登记办法》施行之后，未办结婚登记手续即以夫妻名义同居生活，群众也认为是夫妻关系的，一方向人民法院起诉“离婚”，如同居时双方均符合结婚的法定条件，可认定为事实婚姻关系；如同居时一方或双方不符合结婚的法定条件，应认定为非法同居关系。

3. 自民政部新的婚姻登记管理条例施行之日起，未办结婚登记即以夫妻名义同居生活，按非法同居关系对待。

4. 离婚后双方未再婚，未履行复婚登记手续，又以夫妻名义共同生活，一方起诉“离婚”的，一般应解除其非法同居关系。

5. 已登记结婚的一方又与第三人形成事实婚姻关系，或事实婚姻关系的一方又与第三人登记结婚，或事实婚姻关系的一方又与第三人形成新的事实婚姻关系，凡前一个婚姻关系的一方要求追究重婚罪的，无论其行为是否构成重婚罪，均应解除后一个婚姻关系。前一个婚姻关系的一方如要求处理离婚问题，应根据其婚姻关系的具体情况进行调解或者作出判决。

6. 审理事实婚姻关系的离婚案件，应当先进行调解。经调解和好或撤诉的，确认婚姻关系有效，发给调解书或裁定书；经调解不能和好的，应调解或判决准予离婚。

7. 未办结婚登记而以夫妻名义同居生活的男女，一方要求“离婚”或解除同居关系，经查确属非法同居关系的，应一律判决予以解除。

8. 人民法院审理非法同居关系的案件，如涉及非婚生子女抚养和财产分割问题，应一并予以解决。具体分割财产时，应照顾妇女、儿童的利益，考虑财产的实际情况和双方的过错程度，妥善分割。

9. 解除非法同居关系时，双方所生的非婚生子女，由哪一方抚养，双方协商；协商不成时，应根据子女的利益和双方的具体情况判决。哺乳期内的子女，原则上应由母方抚养，如父方条件好，母方同意，也可由父方抚养。子女为限制民事行为能力人的，应征求子女本人的意见，一方将未成年的子女送他人抚养，须征得另一方的同意。

10. 解除非法同居关系时，同居生活期间双方共同所得的收入和购置的财产，按一般共有财产处理。同居生活前，一方自愿赠送给对方的财物可比照赠与关系处理；一方向另一方索取的财物，可参照最高人民法院(84)法办字第112号《关于贯彻执行民事政策法律若干问题的意见》第(18)条规定的精神处理。

11. 解除非法同居关系时，同居期间为共同生产、生活而形成的债权、债务，可按共同债权、债务处理。

12. 解除非法同居关系时，一方在共同生活期间患有严重疾病未治愈的，分割财产时，应予适当照顾，或者由另一方给予一次性的经济帮助。

13. 同居生活期间一方死亡，另一方要求继承死者遗产，如认定为事实婚姻关系的，可以配偶身份按继承法的有关规定处理；如认定为非法同居关系，而又符合继承法第十四条规定的，可根据相互扶助的具体情况处理。

14. 人民法院在审理未办结婚登记而以夫妻名义同居生活的案件时，对违法情节严重的，应按照婚姻法、民法通则、《关于贯彻执行〈民法通则〉若干问题的意见》和其他法律、法规的有关规定，给予适当的民事制裁。

15. 本意见自颁布之日起施行。凡最高人民法院过去的规定与本意见相抵触的，均按本意见执行。

附13　最高人民法院《关于人民法院审理离婚案件处理财产分割问题的若干具体意见》

（法发[1993]32号）

人民法院审理离婚案件对夫妻共同财产的处理，应当依照《中华人民共和国婚姻法》《中华人民共和国妇女权益保障法》及有关法律规定，分清个人财产、夫妻共同财产和家庭共同财产，坚持男女平等，保护妇女、儿童的合法权益，照顾无过错方，尊重当事人意愿，有利生产、方便生活的原则，合情合理地予以解决。根据上述原则，结合审判实践，提出如下具体意见：

1. 夫妻双方对财产归谁所有以书面形式约定的，或以口头形式约定，双方无争议的，离婚时应按约定处理。但规避法律的约定无效。

2. 夫妻双方在婚姻关系存续期间所得的财产，为夫妻共同财产，包括：

（1）一方或双方劳动所得的收入和购置的财产；

（2）一方或双方继承、受赠的财产；

(3)一方或双方由知识产权取得的经济利益;

(4)一方或双方从事承包、租赁等生产、经营活动的收益;

(5)一方或双方取得的债权;

(6)一方或双方的其他合法所得;

3. 在婚姻关系存续期间,复员、转业军人所得的复员费、转业费,结婚时间10年以上的,应按夫妻共同财产进行分割。复员军人从部队带回的医药补助费和回乡生产补助费,应归本人所有。

4. 夫妻分居两地分别管理、使用的婚后所得财产,应认定为夫妻共同财产。在分割财产时,各自分别管理、使用的财产归各自所有。双方所分财产相差悬殊的,差额部分,由多得财产的一方以与差额相当的财产抵偿另一方。

5. 已登记结婚,尚未共同生活,一方或双方受赠的礼金、礼物应认定为夫妻共同财产,具体处理时应考虑财产来源、数量等情况合理分割。各自出资购置、各自使用的财物,原则上归各自所有。

6. 一方婚前个人所有的财产,婚后由双方共同使用、经营、管理的,房屋和其他价值较大的生产资料经过8年,贵重的生活资料经过4年,可视为夫妻共同财产。

7. 对个人财产还是夫妻共同财产难以确定的,主张权利的一方有责任举证。当事人举不出有力证据,人民法院又无法查实的,按夫妻共同财产处理。

8. 夫妻共同财产,原则上均等分割。根据生产、生活的实际需要和财产的来源等情况,具体处理时也可以有所差别。属于个人专用的物品,一般归个人所有。

9. 一方以夫妻共同财产与他人合伙经营的,入伙的财产可分给一方所有,分得入伙财产的一方对另一方应给予相当于入伙财产一半价值的补偿。

10. 属于夫妻共同财产的生产资料,可分给有经营条件和能力的一方。分得该生产资料的一方对另一方应给予相当于该财产一半价值的补偿。

11. 对夫妻共同经营的当年无收益的养殖、种植业等，离婚时应从有利于发展生产、有利于经营管理考虑，予以合理分割或折价处理。

12. 婚后8年内双方对婚前一方所有的房屋进行过修缮、装修、原拆原建，离婚时未变更产权的，房屋仍归产权人所有，增值部分中属于另一方应得的份额，由房屋所有权人折价补偿另一方；进行过扩建的，扩建部分的房屋应按夫妻共同财产处理。

13. 对不宜分割使用的夫妻共有的房屋，应根据双方住房情况和照顾抚养子女方或无过错方等原则分给一方所有。分得房屋的一方对另一方应给予相当于该房屋一半价值的补偿。在双方条件等同的情况下，应照顾女方。

14. 婚姻存续期间居住的房屋属于一方所有，另一方以离婚后无房居住为由，要求暂住的，经查实可据情予以支持，但一般不超过两年。

无房一方租房居住经济上确有困难的，享有房屋产权的一方可给予一次性经济帮助。

15. 离婚时一方尚未取得经济利益的知识产权，归一方所有。在分割夫妻共同财产时，可根据具体情况，对另一方予以适当的照顾。

16. 婚前个人财产在婚后共同生活中自然毁损、消耗、灭失，离婚时一方要求以夫妻共同财产抵偿的，不予支持。

17. 夫妻为共同生活或为履行抚养、赡养义务等所负债务，应认定为夫妻共同债务，离婚时应当以夫妻共同财产清偿。

下列债务不能认定为夫妻共同债务，应由一方以个人财产清偿：

（1）夫妻双方约定由个人负担的债务，但以逃避债务为目的的除外。

（2）一方未经对方同意，擅自资助与其没有抚养义务的亲朋所负的债务。

（3）一方未经对方同意，独自筹资从事经营活动，其收入确未用于共同生活所负的债务。

(4)其他应由个人承担的债务。

18. 婚前一方借款购置的房屋等财物已转化为夫妻共同财产的,为购置财物借款所负债务,视为夫妻共同债务。

19. 借婚姻关系索取的财物,离婚时,如结婚时间不长,或者因索要财物造成对方生活困难的,可酌情返还。

对取得财物的性质是索取还是赠与难以认定的,可按赠与处理。

20. 离婚时夫妻共同财产未从家庭共同财产中析出,一方要求析产的,可先就离婚和已查清的财产问题进行处理,对一时确实难以查清的财产的分割问题可告知当事人另案处理;或者中止离婚诉讼,待析产案件审结后再恢复离婚诉讼。

21. 一方将夫妻共同财产非法隐藏、转移拒不交出的,或非法变卖、毁损的,分割财产时,对隐藏、转移、变卖、毁损财产的一方,应予以少分或不分。具体处理时,应把隐藏、转移、变卖、毁损的财产作为隐藏、转移、变卖、毁损财产的一方分得的财产份额,对另一方的应得的份额应以其他夫妻共同财产折抵,不足折抵的,差额部分由隐藏、转移、变卖、毁损财产的一方折价补偿对方。对非法隐藏、转移、变卖、毁损夫妻共同财产的一方,人民法院可依照《中华人民共和国民事诉讼法》第一百零二条的规定进行处理。

22. 属于事实婚姻的,其财产分割适用本意见。属于非法同居的,其财产分割按最高人民法院《关于人民法院审理未办结婚登记而以夫妻名义同居生活案件的若干意见》的有关规定处理。

附 14 《婚姻登记条例》

（2003 年 7 月 30 日国务院第 16 次常务会议通过，现予公布，自 2003 年 10 月 1 日起施行。）

第一章　总　　则

第一条　为了规范婚姻登记工作，保障婚姻自由、一夫一妻、男女平等的婚姻制度的实施，保护婚姻当事人的合法权益，根据《中华人民共和国婚姻法》（以下简称婚姻法），制定本条例。

第二条　内地居民办理婚姻登记的机关是县级人民政府民政部门或者乡（镇）人民政府，省、自治区、直辖市人民政府可以按照便民原则确定农村居民办理婚姻登记的具体机关。

中国公民同外国人，内地居民同香港特别行政区居民（以下简称香港居民）、澳门特别行政区居民（以下简称澳门居民）、台湾地区居民（以下简称台湾居民）、华侨办理婚姻登记的机关是省、自治区、直辖市人民政府民政部门或者省、自治区、直辖市人民政府民政部门确定的机关。

第三条　婚姻登记机关的婚姻登记员应当接受婚姻登记业务培训，经考核合格，方可从事婚姻登记工作。

婚姻登记机关办理婚姻登记，除按收费标准向当事人收取工本费外，不得收取其他费用或者附加其他义务。

第二章　结婚登记

第四条　内地居民结婚，男女双方应当共同到一方当事人常住户口所在地的婚姻登记机关办理结婚登记。

中国公民同外国人在中国内地结婚的，内地居民同香港居民、澳门居民、台湾居民、华侨在中国内地结婚的，男女双方应当共同到内地居民常住户口所在地的婚姻登记机关办理结婚登记。

第五条　办理结婚登记的内地居民应当出具下列证件和证明材料：

（一）本人的户口簿、身份证；

（二）本人无配偶以及与对方当事人没有直系血亲和三代以内旁系血亲关系的签字声明。

办理结婚登记的香港居民、澳门居民、台湾居民应当出具下列证件和证明材料：

（一）本人的有效通行证、身份证；

（二）经居住地公证机构公证的本人无配偶以及与对方当事人没有直系血亲和三代以内旁系血亲关系的声明。

办理结婚登记的华侨应当出具下列证件和证明材料：

（一）本人的有效护照；

（二）居住国公证机构或者有权机关出具的、经中华人民共和国驻该国使（领）馆认证的本人无配偶以及与对方当事人没有直系血亲和三代以内旁系血亲关系的证明，或者中华人民共和国驻该国使（领）馆出具的本人无配偶以及与对方当事人没有直系血亲和三代以内旁系血亲关系的证明。

办理结婚登记的外国人应当出具下列证件和证明材料：

（一）本人的有效护照或者其他有效的国际旅行证件；

（二）所在国公证机构或者有权机关出具的、经中华人民共和国驻该国使（领）馆认证或者该国驻华使（领）馆认证的本人无配偶的证明，或者所在国驻华使（领）馆出具的本人无配偶的证明。

第六条　办理结婚登记的当事人有下列情形之一的，婚姻登记机关不予登记：

（一）未到法定结婚年龄的；

（二）非双方自愿的；

（三）一方或者双方已有配偶的；

（四）属于直系血亲或者三代以内旁系血亲的；

（五）患有医学上认为不应当结婚的疾病的。

第七条　婚姻登记机关应当对结婚登记当事人出具的证件、证明材料进行审查并询问相关情况。对当事人符合结婚条件的，应当当场予以登记，发给结婚证；对当事人不符合结婚条件不予登记的，应当向当事人说明理由。

第八条　男女双方补办结婚登记的，适用本条例结婚登记的规定。

第九条　因胁迫结婚的，受胁迫的当事人依据婚姻法第十一条的规定向婚姻登记机关请求撤销其婚姻的，应当出具下列证明材料：

（一）本人的身份证、结婚证；

（二）能够证明受胁迫结婚的证明材料。

婚姻登记机关经审查认为受胁迫结婚的情况属实且不涉及子女抚养、财产及债务问题的，应当撤销该婚姻，宣告结婚证作废。

第三章　离婚登记

第十条　内地居民自愿离婚的，男女双方应当共同到一方当事人常住户口所在地的婚姻登记机关办理离婚登记。

中国公民同外国人在中国内地自愿离婚的，内地居民同香港居民、澳门居民、台湾居民、华侨在中国内地自愿离婚的，男女双方应当共同到内地居民常住户口所在地的婚姻登记机关办理离婚登记。

第十一条 办理离婚登记的内地居民应当出具下列证件和证明材料：

（一）本人的户口簿、身份证；

（二）本人的结婚证；

（三）双方当事人共同签署的离婚协议书。

办理离婚登记的香港居民、澳门居民、台湾居民、华侨、外国人除应当出具前款第（二）项、第（三）项规定的证件、证明材料外，香港居民、澳门居民、台湾居民还应当出具本人的有效通行证、身份证，华侨、外国人还应当出具本人的有效护照或者其他有效国际旅行证件。

离婚协议书应当载明双方当事人自愿离婚的意思表示以及对子女抚养、财产及债务处理等事项协商一致的意见。

第十二条 办理离婚登记的当事人有下列情形之一的，婚姻登记机关不予受理：

（一）未达成离婚协议的；

（二）属于无民事行为能力人或者限制民事行为能力人的；

（三）其结婚登记不是在中国内地办理的。

第十三条 婚姻登记机关应当对离婚登记当事人出具的证件、证明材料进行审查并询问相关情况。对当事人确属自愿离婚，并已对子女抚养、财产、债务等问题达成一致处理意见的，应当当场予以登记，发给离婚证。

第十四条 离婚的男女双方自愿恢复夫妻关系的，应当到婚姻登记机关办理复婚登记。复婚登记适用本条例结婚登记的规定。

第四章 婚姻登记档案和婚姻登记证

第十五条 婚姻登记机关应当建立婚姻登记档案。婚姻登记档案应当长期保管。具体管理办法由国务院民政部门会同国家档案管理部门规定。

第十六条 婚姻登记机关收到人民法院宣告婚姻无效或者撤销婚姻的判决书副本后，应当将该判决书副本收入当事人的婚姻登记档案。

第十七条 结婚证、离婚证遗失或者损毁的，当事人可以持户口簿、身份证向原办理婚姻登记的机关或者一方当事人常住户口所在地的婚姻登记机关申请补领。婚姻登记机关对当事人的婚姻登记档案进行查证，确认属实的，应当为当事人补发结婚证、离婚证。

第五章 罚 则

第十八条 婚姻登记机关及其婚姻登记员有下列行为之一的，对直接负责的主管人员和其他直接责任人员依法给予行政处分：

（一）为不符合婚姻登记条件的当事人办理婚姻登记的；

（二）玩忽职守造成婚姻登记档案损失的；

（三）办理婚姻登记或者补发结婚证、离婚证超过收费标准收取费用的。

违反前款第（三）项规定收取的费用，应当退还当事人。

第六章 附 则

第十九条 中华人民共和国驻外使（领）馆可以依照本条例的有关规定，为男女双方均居住于驻在国的中国公民办理婚姻登记。

第二十条 本条例规定的婚姻登记证由国务院民政部门规定式样并监制。

第二十一条 当事人办理婚姻登记或者补领结婚证、离婚证应当交纳工本费。工本费的收费标准由国务院价格主管部门会同国务院财政部门规定并公布。

第二十二条 本条例自2003年10月1日起施行。1994年1月12日国务院批准、1994年2月1日民政部发布的《婚姻登记管理条例》同时废止。

附15　民政部《关于贯彻执行〈婚姻登记条例〉若干问题的意见》

（民函〔2004〕76号 2004年3月29日）

为切实保障《婚姻登记条例》的贯彻实施，规范婚姻登记工作，方便当事人办理婚姻登记，经商国务院法制办公室、外交部、公安部、解放军总政治部等相关部门，现就《婚姻登记条例》贯彻执行过程中的若干问题提出以下处理意见：

一、关于身份证问题

当事人无法提交居民身份证的，婚姻登记机关可根据当事人出具的有效临时身份证办理婚姻登记。

二、关于户口簿问题

当事人无法出具居民户口簿的，婚姻登记机关可凭公安部门或有关户籍管理机构出具的加盖印章的户籍证明办理婚姻登记；当事人属于集体户口的，婚姻登记机关可凭集体户口簿内本人的户口卡片或加盖单位印章的记载其户籍情况的户口簿复印件办理婚姻登记。

当事人未办理落户手续的，户口迁出地或另一方当事人户口所在地的婚姻登记机关可凭公安部门或有关户籍管理机构出具的证明材料办理婚姻登记。

三、关于身份证、户口簿查验问题

当事人所持户口簿与身份证上的“姓名”“性别”“出生日期”内容不一致的，婚姻登记机关应告知当事人先到户籍所在地的公安部门履行相关项目变更和必要的证簿换领手续后再办理婚姻登记。

当事人声明的婚姻状况与户口簿“婚姻状况”内容不一致的，婚姻登记机关对当事人婚姻状况的审查主要依据其本人书面声明。

四、关于少数民族当事人提供的照片问题

为尊重少数民族的风俗习惯，少数民族当事人办理婚姻登记时提供的照片是否免冠从习俗。

五、关于离婚登记中的结婚证问题

申请办理离婚登记的当事人有一本结婚证丢失的，婚姻登记机关可根据另一本结婚证办理离婚登记；当事人两本结婚证都丢失的，婚姻登记机关可根据结婚登记档案或当事人提供的结婚登记记录证明等证明材料办理离婚登记。当事人应对结婚证丢失情况作出书面说明，该说明由婚姻登记机关存档。

申请办理离婚登记的当事人提供的结婚证上的姓名、出生日期、身份证号与身份证、户口簿不一致的，当事人应书面说明不一致的原因。

六、关于补领结婚证、离婚证问题

申请补领结婚证、离婚证的当事人出具的身份证、户口簿上的姓名、年龄、身份证号与原婚姻登记档案记载不一致的，当事人应书面说明不一致的原因，婚姻登记机关可根据当事人出具的身份证件补发结婚证、离婚证。

当事人办理结婚登记时未达法定婚龄，申请补领时仍未达法定婚龄的，婚姻登记机关不得补发结婚证。 当事人办理结婚登记时未达法定婚龄，申请补领时已达法定婚龄的，当事人应对结婚登记情况作出书面说明；婚姻登记机关补发的结婚证登记日期应为当事人达到法定婚龄之日。

七、关于出国人员、华侨及港澳台居民结婚提交材料的问题

出国人员办理结婚登记应根据其出具的证件分情况处理。当事人出具身份证、户口簿作为身份证件的，按内地居民婚姻登记规定办理；当事人出具中国护照作为身份证件的，按华侨婚姻登记规定办理。

当事人以中国护照作为身份证件，在内地居住满一年、无法取得有关国家或我驻外使领馆出具的婚姻状况证明的，婚姻登记机关可根据当事人本人的相关情况声明及两个近亲属出具的有关当事人婚姻状况的证明办理结婚登记。

八、关于双方均非内地居民的结婚登记问题

双方均为外国人，要求在内地办理结婚登记的，如果当事人能够出具《婚姻登记条例》规定的相应证件和证明材料以及当事人本国承认其居民在国外办理结婚登记效力的证明，当事人工作或生活所在地具有办理涉外婚姻登记权限的登记机关应予受理。

一方为外国人、另一方为港澳台居民或华侨，或者双方均为港澳台居民或华侨，要求在内地办理结婚登记的，如果当事人能够出具《婚姻登记条例》规定的相应证件和证明材料，当事人工作或生活所在地具有相应办理婚姻登记权限的登记机关应予受理。

一方为出国人员、另一方为外国人或港澳台居民，或双方均为出国人员，要求在内地办理结婚登记的，如果当事人能够出具《婚姻登记条例》规定的相应证件和证明材料，出国人员出国前户口所在地具有相应办理婚姻登记权限的登记机关应予受理。

九、关于现役军人的婚姻登记问题

办理现役军人的婚姻登记仍按《民政部办公厅关于印发〈军队贯彻实施〈中华人民共和国婚姻法〉若干问题的规定〉有关内容的通知》（民办函〔2001〕226号）执行。

办理现役军人婚姻登记的机关可以是现役军人部队驻地所在地或户口注销前常住户口所在地的婚姻登记机关，也可以是非现役军人一方常住户口所在地的婚姻登记机关。

十、关于服刑人员的婚姻登记问题

服刑人员申请办理婚姻登记，应当亲自到婚姻登记机关提出申请并出具有效的身份证件；服刑人员无法出具身份证件的，可由监狱管理部门出具有关证明材料。

办理服刑人员婚姻登记的机关可以是一方当事人常住户口所在地或服刑监狱所在地的婚姻登记机关。